독립운동
열전

- 잊힌 인물을 찾아서 -

독립운동 열전

_ 02 _

잊힌 인물을 찾아서

··· 임경석 지음 ···

푸른역사

《독립운동 열전》을
펴내면서

이 책은 한국의 독립을 위해 싸운 사람들 이야기입니다. 일본제국주의에 국권을 빼앗긴 시대에 살았던 한국 사람들이 해방을 위해 투쟁한 이야기이지요. 그것은 제국주의 지배에 맞선 피억압 민족의 해방운동사입니다. 제국주의 열강의 폭압에 저항하여 비서구 약소민족들이 전개한 세계적 규모의 민족해방운동의 일환입니다. 투쟁에 나선 이들은 일본제국으로부터 영토와 인민을 분리시켜 독립 국가를 건설하고자 했습니다. 그런 의미에서 독립운동사이기도 합니다. 1910년에 빼앗겼던 국가 주권을 되찾으려 했다는 뜻으로 보자면 광복운동입니다. 수백만의 민중이 참여하고 폭력을 포함한 온갖 방법으로 식민지 통치 권력을 전복하려 했다는 점에서는 혁명운동사이기도 합니다.

독립운동사를 다룬 책은 이미 많습니다. 그런데 왜 또 독립운동을 제목으로 하는 책을 출간하나요? 이렇게 묻고 싶은 독자들이 있을 것입니다. 그분들께 답합니다. 이 책에는 다른 독립운동사 저술에서는 보기 힘든 특징을 담았습니다.

무엇보다도 먼저, 사회주의를 배제하거나 축소하지 않았습니다. 그러기는커녕 사회주의를 중시했습니다. 왜냐하면 독립운동에 참가한 사람들 다수가 사회주의자였기 때문입니다. 1919년 3·1운동 이후에는 특히 더 그랬습니다. 이런 이유로 독자 여러분은 이 책에서 사회주의자들이 주된 지위를 점하고 있음을 확인할 수 있을 것입니다.

이 점이 이채롭게 느껴지시나요? 그렇게 느끼시더라도 무리는 아닙니다. 오랫동안 공식적인 독립운동 역사서에서 사회주의를 배제해왔기 때문입니다. 해방 이후 정부 기금으로 처음 간행된 《독립운동사》(전10권, 1970~1971)는 좋은 보기입니다. 두터운 벽돌 책들입니다만 그 속에는 사회주의자의 독립운동 정보가 담겨 있지 않습니다. 그 뒤에 나온 방대한 자료집들도 마찬가지입니다. 국사편찬위원회에서 발간한 《한국독립운동사자료》(전43권, 1970~2007)와 《한민족독립운동사자료집》(전70권, 1986~2007)에서도 사회주의에 관한 정보는 찾아보기 어렵습니다. 반공 이데올로기가 작동한 탓이었습니다. 냉전과 남북 분단, 그리고 군사 독재의 소산이었습니다. 그런 까닭에 독립운동과 사회주의를 서로 무관한 것인 양 생각하는 고정관념이 생겨났던 것입니다.

정부기관의 독립유공자 선정 과정도 그렇습니다. 설령 독립운동으로 옥고를 치른 분이라 하더라도 사회주의운동에 가담한 형적이 있으면 유공자 서훈에서 제외됐습니다. 1990년대 중반까지 그랬습니다. 민주정부가 들어선 뒤에야 비로소 조금씩 빗장이 풀렸습니다만, 지금도 여전히 제약이 남아 있습니다. 사회주의 계열의 독립운동가가 해방 이후에도 사회주의 활동을 계속했음이 밝혀질 경우 독립유공자 선정에서 배제되곤 했습니다. 요행히 선정됐다 하더라도 서훈 등급 판정에서 불이익을 받았습니다. 한 등급 낮추곤 하는 일이 자주 있었습니다.

이 책에서는 그러지 않았습니다. 진실을 추구하는 것이 역사가에게는 다른 어떤 가치보다 앞서기 때문입니다. 독립운동사에서 사회주의를 배제하거나 축소하는 것은 역사적 진실에 전혀 부합하지 않습니다. 그러기는커녕 정면으로 배치됩니다. 일제하 사회주의운동은 마땅히 독립운동사에 포함되어야 할 뿐 아니라 역사적 기여만큼 온당한 지위와 비중을 인정받아야 한다고 생각합니다.

또 하나 특징이 있습니다. 무명의 헌신에 주의를 기울였습니다. 독립운동사는 정의에 헌신했으되 잊혀져 버린 이름없는 투사들로 가득차 있기 때문입니다. 3·1운동과 세계대공황기 혁명운동과 같은 독립투쟁의 일대 고조기를 들여다보시기 바랍니다. 수십만, 수백만의 민중이 자신의 개인적 이해관계를 돌보지 않고 공동체의 해방을 위해 기꺼이 헌신하는 모습을 확인할 수 있습니다. 민중의 헌신이 독립운동의 가장 큰 원동력이었던 것이지요. 이 책에서는 그러한 모습을 형상화하고자 했습니다. 대의에 헌신했던 이름 없는 민중을 독립운동사의 주역 자리에 올려놓고자 했습니다.

그래서 잘 알려지지 않은 사람들에 주목했습니다. 지도적 지위에 있던 사람이나 영웅적 업적으로 이름이 알려진 사람보다는 그렇지 않은 사람들을 발굴하고자 했습니다. 독립운동에 헌신했다가 고초를 겪은 당사자뿐만 아니라 그 가족에게도 눈길을 돌렸습니다. 아버지 없이 자라야 했던 어린 자식들, 남편 없이 홀로 어린 자식들을 키워야 했던 아내들, 자식을 잃은 노부모의 애타는 고통을, 해방된 조국에서 살고 있는 후대 사람들은 기억해야 할 의무가 있다고 생각합니다. 그렇다고 지도자나 저명인사를 다루지 않은 것은 아닙니다. 그들의 삶에서는 그늘에 가려 드러나지 않았던 이야기를 발굴하는 데 주의를 기울였습니다. 공적인 업적을 보여주는 정보에 머물지 않고, 개인 신상이나 가족에 관한 정보를 소중히 여겼습니다.

이러한 노력은 박제 속에 갇힌 독립운동사를 구출하는 데 도움이 됩니다. 박제란 전시용 동물을 살아 있는 것처럼 보이게 하기 위해 썩지 않게끔 처리하는 기술입니다. 박제품은 실제와 비슷해 보이지만 온기가 없고 생동감이 느껴지지 않습니다. 오늘날 독립운동사 저서와 논문 대다수가 이러한 약점을 갖고 있습니다. 영웅 서사에 골몰하고 부조적 수법에 의지합니다. 독립운동가 개인이나 독립운동 단체를 돋보이게 하려고 긍정적인 측면만을 도드라지게 부각합니다. 그래서야 되겠습니까. 박제화와 영웅 서사에 따른 부작용은 적지 않습니다. 지루하고 권태롭습니다. 이를 극복하는 것은 오늘날 독립운동사 연구의 과제 중 하나입니다. 민중 서사에 관한 추구가 이 과제를 수행하는 유력한 방법이 될 것입니다.

이 책은 주간지 《한겨레21》의 고정 칼럼 〈임경석의 역사극장〉에 실린 글들을 모은 것입니다. 2017년 5월에 발간한 첫 기고문에서 2022년 2월의 제73회 기고문까지 약 5년간 연재했습니다. 기고문에 담긴 이야기들은 사료 속에서 건져 올린 것입니다. 사료를 읽다가 뜻하지 않게 놀랍고도 눈물겨운 일화를 접하곤 했습니다. 바로 그 일화들을 모아 썼습니다.

이 책이 나올 수 있게 도움을 준 분들이 있습니다. 그동안 마음속에만 품고 있던 고마운 감정을 표하고자 합니다. 제 역사 연구의 결과가 시민사회와 대면할 수 있게끔 주선해주신 《한겨레21》의 역대 편집장님께 감사의 뜻을 표합니다. 길윤형, 류이근, 정은주, 황예랑 편집장님입니다. 제 원고를 한결같이 긍정적으로 평가해주신 덕분에 장기간 연재할 수 있는 동력을 얻었습니다. 푸른역사 출판사 박혜숙 사장님의 후의에 고마움을 느낍니다. 칼럼 연재를 시작하자마자 제게 출판을 제의했지요. 원고에 대한 거듭된 상찬은 제게 큰 용기와 에너지를 주었습니다. 편집자 정호영 선생님께도 감사의 인사를 드립니다. 거친 원고를 다듬어 예쁜 책을 만들어 주셨습니다. 아내 강선미에게 마음속 깊은 곳에서 솟는 형언하기 어려운 고마움을 전합니다. 그녀는 제 연구 활동의 가장 가깝고 오랜 협력자입니다. 긴 강사 시절 가난을 같이 견뎠고, 제 연구 활동의 가치를 항상 인정해 주었습니다. 언젠가 좋은 책을 내면 감사의 뜻을 표해야겠다 생각해 왔는데요, 이제 그때가 됐습니다. 두 손으로 나팔을 만들어 큰 소리로 전합니다. 고맙습니다.

2022년 8월

임경석

1장

김사국과 가족。

01

'혁명'에 몸 바친 김사국·사민 형제

어린 시절

김사국 씨의 출생지인 충남 연산에서 씨가 다섯 살 때 씨의 진 아우 사민 군과 24세 된 어머니를 남겨두고 가장 사랑해 주던 아버지가 세상을 떠났다. 이때로부터 씨의 가정에는 눈물의 바다를 이루기 시작이다. 어머니 안국당 씨는 어린아이들을 데리고 눈물겨운 상청 앞에서 3년간이나 보냈다.[1]

두 형제의 불행한 어린 시절에 대해 뒷날 한 신문기사는 이렇게 전했다. 아버지가 예기치 않게 일찍 돌아가셨다고 한다. 형은 다섯 살, 동생은 이제 막 갓난아기 때였다. 두 사람은 인생의 첫 출발점에서부터 아버지 없이 홀어머니 밑에서 자라야 했다. 그것은 엄청난 결핍의 고통으로 이어졌다.

아버지 김경수金慶秀가 어린 아들들에게 전혀 아무것도 남겨주지 않은 것은 아니었다. 그는 지주였다. 떵떵거리는 대지주는 아니었지만 그래도 한 해에 수백 석의 소작료를 거두는 유복한 집안이었다. 거주지인 충남 연산은 물론이고 강원도에도 땅이 있었다.[2]

이뿐만이 아니었다. 그는 두 아들에게 범상치 않은 이름을 남겨주었다. 큰아들에게는 '생각 사思'에 '나라 국國' 자를 붙였고, 작은아들에게는 '백성 민民' 자를 지어줬다. 국가와 민중을 생각하면서 살라는 뜻이었으리라. 가운데에 위치한 '생각 사思' 자는 항렬이었다. 연안 김씨 22세손의 항렬자는 'ㅇ수秀'이고 23세손은 '사思ㅇ'였다. 젊은 아버지는 문중의 항렬에 따라서 자식들의 이름을 짓되, 그 속에 바람직한 삶의 규범을 담고 싶었던 것 같다. 제국주의 열강의 각축 속에서 약소국 조선의 운명이 위태롭던 시절이었다. 어린 아들들이 공동체의 선과 정의를 위해 살기를 바랐던 아버지의 강렬한 의지가 느껴진다. 젊어서 요절한 김경수의 인물됨에 대해서는 유감스럽게도 더 이상의 자료가 남아 있지 않다.

기가 막힌 이는 젊은 아내였다. 20대 중반의 새파란 나이에 남편을 잃고 말았다. 문자 그대로 청상과부가 된 안씨 부인의 처지는 참으로 딱했다. 평생을 남편 없이 홀로 지내야 했을 뿐 아니라 어린 두 자식까지 키워야 했다. 그녀는 당대의 일반화된 규범을 따랐다. 어린 자식들을 거두는 한편 남편 삼년상을 치렀다. 사후 2주년에 지내는 제사인 대상大祥도 마쳤다.

삼년상을 마친 안씨 부인은 시댁을 떠나 친정에 의지하기로 결심했다. 어린 자식들을 데리고 친정붙이가 사는 충주로 이사했다. 친정 부모와 오라비, 자매들에게 의지하면서 두 아이를 잘 키우고 싶었다. 두 아이는 이제 그녀의 삶의 이유이자 목적이 되었다.

두 아이는 병치레가 잦았던 것 같다. 진맥을 위해 한의원들이 자주 출입했다고 한다. 더러 용하다고 소문난 무당들도 다녀갔다. 그들에게서 안씨 부인은 불길한 얘기를 듣곤 했다. 형제가 둘 다 오래 살 운명이 아니라는 말이었다. 스무 살이 되기 전에 요절한다는 소리도 들었다. 어떻게 해야 할까? 안씨 부인은 그들의 말을 심각하게 받아들였던 듯하다. 두 아이의 무병장수를 기원하기 위해 특단의 조치를 실행에 옮긴 것을 보면 말이다. 그녀는 절대자에게 귀의하여 가호를 빌기로 결심했다. 멀리 떨어진 금강산의 유명한 사찰 유점사를 택했다.

안씨 부인은 어린 두 아들을 데리고 입산했다. 자신은 머리를 깎고 장삼을 몸에 둘렀으며, 아이들에게는 독선생을 붙여서 한학 교육을 시켰다. 그녀는 지극정성으로 불공을 드렸다. 호적부에 기재된 '안국당'이라는 그녀의 이름은 아마 유점사 시절에 불리던 당호인 듯하다. 다행히 아이들은 영특했다. 부처님의 도움이 있었는지 두 아이는 아픈 데 없이 건강히 잘 자라주었다. 그뿐인가. 몇 번만 일러주면 곧 돌아앉아서 줄줄 외울 만큼 공부에 재능이 있었다고 한다.

'국민대회 사건'을 주도한 김사국

어머니 안국당은 분별 있는 여성이었다. 산중에서 한학만 배우다가는 사람 노릇 하기 어려운 시대가 왔음을 잘 알고 있었다. 그녀는 결단을 내려 서울로 거처를 옮겼다. 점점 자라나는 아이들에게 신교육이 필요하다고 판단했기 때문이었다.

김사국은 보성학교에서 수학했다. 보성학교는 1906년에 신입생 240명을 모집하여 개교한 중등교육기관으로, 오늘날 조계사 자리인 수송동 44번지에 있었다. 학업을 마친 뒤 그는 함경도 덕원소학교에서 교사로 재임했다. 1918년에는 만주로 건너가서 요동반도에 위치한 관동도독부 육영학교에 들어가 고등교육을 이수했다. 중국어를 배운 것도 이때였다.

김사민은 어느 학교를 다녔는지 분명하진 않지만, 아마도 소학교를 마친 것으로 보인다. 그 뒤 조선보병대에 입대했다. 조선보병대는 1910년 일본의 한국병합 이후 이왕가 경비를 위해 잔존시켰던 조선인 군대였다. 1931년까지 존속했는데, 해산 당시 병력은 200명이었다. 무기와 탄약, 인사관리 등을 조선 주둔 일본군이 관장했다. 그는 기질적으로 무관에 가까웠던 것 같다. 이 부대에서 3년간 근무했다.

두 형제는 아버지의 기대를 저버리지 않았다. 일본의 식민지로 전락한, 망해버린 조국의 해방을 위한 길에 기꺼이 나섰다. 두 사람은 1919년 3·1운동의 참가자였다.

3·1운동 당시 학생대표를 지냈던 강기덕康基德의 회고에 의하면, 만주에서 활동하던 김사국이 입국하여 학생층의 독립선언문을 따로 기

김사국
1926년 5월 12일 40개 사회운동 단체 연합장으로 치른
김사국의 영결식 때 배포된 사진.

초했다고 한다.[3] 그뿐만이 아니다. 3·1운동의 전환점 중 하나인 한성 정부 수립의 계기를 만든 이도 김사국이었다. 그는 1919년 4월에 13도 대표자들로 조직된 국민대회를 개최하여 임시정부를 수립하고자 했다. 이 사건을 가리켜 '국민대회 사건'이라고 부른다. 김사국은 국민대회 사건을 주도한 혐의로 체포되어 1년 6개월 징역형을 선고받았다.

형이 체포되자 아우가 새로운 투쟁을 조직했다. 1920년 8월 미국 의원단이 조선을 내방했을 때, 그에 호응하여 조선독립청원서를 제출하고 일대 시위운동을 기획한 것이다. 김사민은 이 사건으로 동료 15인과 함께 체포됐다. 그 결과 인천 앞바다의 외딴 섬 덕적도에 1년간 거주 제한 명령을 받았다.

김사국·사민 형제는 민족독립운동의 투사였을 뿐 아니라 사회주의 운동의 개척자이기도 했다. 비합법 영역에서는 공산주의 비밀결사를 조직하고, 합법 공개 영역에서는 노동운동과 청년운동, 사상단체운동의 확장을 꾀했다. 두 사람이 참여한 비밀결사는 조선공산당(약칭 중립당)과 고려공산청년회였다. 특히 김사국은 중립당의 손꼽히는 지도자였다. 김한金翰과 더불어 양대 지도자로 불렸다. 김한이 사회주의운동의 '책사형' 지도자라면, 김사국은 '투사형' 지도자로 평가받았다.[4]

서울파 공산 그룹의 유력한 지도자

김사국·사민 형제는 1922년 8월에 고려공산청년회 중앙총국의 5인 간부진에 나란히 취임했다. 국제공산청년회 가입 단체로서 조선의 공산주의 청년운동을 지휘하는 막중한 자리였다.

합법 공개 영역에서 두 사람의 활동 거점이 된 단체들이 있었다. 청년운동에서는 서울청년회가, 노동운동에서는 노동대회가 그런 역할을 맡았다. 두 형제는 이 단체들을 거점으로 사회주의의 대중적 영향력을 확장하기 위해 노력했다. 이들 거점 역할을 한 사회 단체 가운데 서울청년회가 두드러진 활동을 보여 이를 중심으로 활동하는 일군의 사회주의자들을 '서울파'라고 불렀다. 김사국과 김사민은 바로 서울파 공산 그룹의 유력한 지도자였다.

그중에서도 특히 김사국은 동지들로부터 높은 평가를 받았다. 두뇌가 명석하고 언변이 뛰어난 사람이라는 평을 들었다. "군의 머리는 천하에 가장 밝아서, 사물에 대한 날카로운 관찰과 비평은 듣는 자로 하여금 경탄케 한다"는 말을 들을 정도였다.[5]

김사국은 1922년 말부터 2년 동안 해외로 망명해야만 했다. 이른바 '자유노동조합 사건'에 연루됐기 때문이었다. 경찰의 추적을 받은 그는 좁혀오는 체포망을 피해 해외로 망명하는 길을 택했다. 망명지는 북간도와 연해주였다. 한 글자씩 따서 '해도'라고 묶어 부르던 곳이다.

김사국과 김사민은 초창기 한국 사회주의운동에 뚜렷한 족적을 남기고 있다. 그들의 활동은 한국 사회주의운동이 피억압 민족의 해방운동 속에서 배태된 것임을 잘 보여준다. 한국 사회주의운동은 서구에서처럼 노동운동의 한 갈래로서 발전되어 나온 것이 아니었다. 이러한 특징은 식민지를 경유하여 근대사회로 진입한 광범한 비서구 사회주의운동에서 공통적으로 발견된다.

김사민, '조선 최초의 사회주의 재판'에 연루

미래를 예언하는 것이 어찌 가능하겠는가마는, 사람들은 일단 불행에 빠지게 되면 과거의 불길한 예언을 떠올리는 법이다. 우연일지언정 외견상 어쩜 그렇게 잘 들어맞는지 놀라울 때마저 있다. 두 형제의 운명이 그랬다. 마치 예언이 적중한 것만 같았다.

아우 김사민이 먼저 화를 입었다. 26세 되던 1923년 2월 1일이었다. 그는 서대문형무소에 수감 중이었다. '조선 최초의 사회주의 재판'이라는 '신생활사新生活社 필화 사건'에 연루되어 징역 2년형을 선고받은 터였다. 죄목은 "자유노동조합을 설립하고, 그 취지서를 기초했으며, 그 취지서를 《신생활》 잡지에 게재"한 혐의였다.[6] 자유노동조합이란 1922년 10월 29일에 창립된 노동 단체로서, 서울의 지게꾼과 막벌이꾼 200여 명을

신생활사 필화 사건 재판
신생활사 필화 사건 재판을 받고 있는 6명의 피고.
앞줄 왼쪽 흰옷 입은 사람이 김사민으로 추정된다.
김사민은 '조선 최초의 사회주의 재판'이라는 '신생활사 필화 사건'에 연루되어
징역 2년형을 선고받았다. 《동아일보》 1922년 12월 27일.

회원으로 하는 직업별 노동조합이었다. 그즈음 다른 노동 단체들은 주로 지식인 출신자들로 구성되었다. 반면 자유노동조합은 본격적인 노동자 단체로서 일제하 노동운동의 역사에서 획기적 의의를 갖는 조직이었다. 그 단체의 설립을 김사민이 주도하고 있었다. 조선총독부는 자유노동조합을 불온시했다. 김사민을 비롯한 간부들을 체포하여 재판에 부쳤다. 간신히 체포를 피한 다른 간부들은 해외로 망명해야만 했다.

김사민은 재판 결과에 승복하지 않았다. "무슨 이유로 불법 감금을 하느냐"고 항의하면서 옥중 규칙도 무시하기 일쑤였다. 2월 1일도 그랬다. 유죄판결을 받은 지 보름밖에 지나지 않은 시기였다. 그는 옥중 규칙을 위반했다는 이유로 간수장에게서 '단단히 설유說諭'를 받아야 했다. 아마도 가혹한 징벌을 받았음에 틀림없다. 그 후 간수 두 사람의 감시가 붙은 상태에서 구치감 문을 들어설 때였다. "김사민은 용맹하게 간수의 칼을 뺏어 문턱에 섰던 간수 요코 마사이치의 머리를 찍었다"고 한다.[7] 김사민의 꺾이지 않는 기개와 거센 기질을 잘 보여주는 사건이었다.

이 충격적인 사건은 조선인 사회의 큰 주목을 받았다. 하지만 총독부에서 반항심을 조장할 우려가 있다고 판단하여 보도 통제를 행함에 따라 다시는 신문 지상에 거론되지 못했다. 가혹한 보복을 당하지 않았을까, 몸은 무사한가, 사람들이 수군댔다.

무려 석 달이 지난 뒤에야 겨우 가족 면회가 허용됐다. 그해 5월 3일 둘째 아들을 면회하고 나온 어머니 안국당은 터져나오는 울음을 멈추지 못했다. 면회장에 모습을 드러낸 김사민은 홀로 걷지 못하는 상태였다. 앞뒤로 간수 세 사람의 부축을 받아야만 움직일 수 있었다고 한다. 그뿐인가. 어머니가 왔다는 소리를 듣고서도 겨우 눈을 한 번 들어보았을 뿐 아무 소리도 없이 멍하게 허공만 쳐다보더라고 한다.[8] 정신이상 증상이었다. 도대체 얼마나 가혹한 보복과 폭력을 가했기에 그처럼 자긍심 높던 정신이 끝내 파괴되고 말았을까. 사람들이 다시 수군거렸다.

김사민은 온전한 정신상태를 회복하지 못했다. 1924년 7월 만기 출옥했지만 노동운동 일선에 복귀하지도 못했고 정상적인 생활도 영위하지 못했다. 물론 결혼도 할 수 없었다. 그를 가엾게 여긴 옛 동료들의 호의로 청년총동맹회관 한켠에 자그만 숙소를 마련했지만, 평생 어머니 안국당의 보살핌을 받아야만 했다. 머리카락을 길게 늘어뜨리고 수염도 깎지 않은 채 서울 시내를 어슬렁거리며 돌아다녀서 '장발홍염長髮紅髯의 사회주의자'라 불리기도 했다. 그렇게 김사민은 신체는 살아 있었지만 영혼은 26세 때 죽은 존재가 되고 말았다.

조선공산당 창당 논의 주도하던 중 병사

아우 김사민의 삶을 파괴한 것이 식민지 통치기관의 폭력이라면, 형 김사국의 삶을 파괴한 것은 질병이었다. 1924년 5월 망명지에서 서울로 되돌아왔을 때, 그는 이미 폐결핵에 걸려 있었다. 중증이었다. 그는 해외 망명지에서 이 병을 얻었다. 불규칙적인 식사와 불안정한 숙소, 끊임없는 업무 스트레스와 피로 누적이 그의 면역력을 약화시켰던 것이다.

김사국은 귀국 후 가족의 보살핌을 받았다. 아내이자 운동권 동지였던 여성 사회주의자 박원희朴元熙의 병구완을 받았다. 그러나 그 시절에 폐결핵은 치사율이 높은 위험한 질병이었다. 게다가 김사국은 투병 중에도 일손은 놓지 않았다. 당시에는 여러 비밀 공산주의 그룹이 단일한 전국적 전위정당인 조선공산당을 창립하기 위해 밀의를 거듭하고 있었다.

김사국 사망 기사
김사국의 사망 소식을 전하는 신문기사.
《동아일보》 1926년 5월 10일.

김사국 장례식
만장이 수십 개 늘어서 있고, 그중 몇 개는 글자가 보인다.
〈애도 고 김사국 동무〉 등의 문구가 적혀 있다.
《동아일보》 1926년 5월 13일.

그는 조선 내지 중심론을 표방하며 이 논의를 주도했다.

　이러한 긴장과 과로가 그의 병세를 악화시켰다. 급기야 귀국 후 2년째 되던 시점에는 걷잡을 수 없이 병이 깊어졌다. 1926년 5월 초 입원 치료를 위해 관립 총독부병원을 비롯하여 여러 사립병원의 문을 두드렸으나 어디서도 받아주려고 하지 않았다. 병이 너무 깊어 회복할 가망이 없다는 이유였다. 결국 김사국은 1926년 5월 8일 사망했다. 향년 35세였다.

　어머니 안국당은 71세까지 살았다. 그녀의 만년은 궁핍했다. 수중의 재산은 다 흩어지고 없었다. 생활의 방도는 탁발이었다. 머리 깎고 장삼을 갖춰 입고는 집집마다 돌아다니며 경문을 읽어주고 얻는 탁발이 그녀의 유일한 수입원이었다. 그녀는 맏아들 김사국을 보낸 후 한 번도 제사를 지내지 못했다. 그날그날 끼니를 챙기는 것도 어려운데 제사상을 차리는 것은 생각도 못할 일이었다. 맏아들의 기일이 돌아올 때마다 노모의 마음은 무거웠다. "사국이 제사나 한번 지냈으면……." 노인의 탄식은 듣는 이의 가슴을 먹먹하게 만들었노라고, 인터뷰를 위해 찾아갔던 신문기자는 그렇게 썼다.[9]

02

혁명과 사랑의 불꽃, 박원희

북간도 최초의 사회주의 탄압 사건

박원희朴元熙는 두만강 변의 국경도시 회령의 한 여관에서 일본 경찰의 습격을 받았다. 26세 되던 1923년 7월 4일 아침 8시의 일이었다. 더운 때였다. 전날 최고 기온이 섭씨 31.5도까지 올랐다. 아침나절이라 선선했지만 그런 기분을 느낄 여지가 없었다. 그녀는 회령경찰서로 압송됐다.[10] 국경 너머에서 잠입해 들어오는 반일 독립군과 사회주의자들을 적발해내는 데 귀신같은 능력을 발휘한다는 그 경찰서였다.

혼자가 아니었다. 셋이 함께 붙들렸다. 젊은 여성 둘에 남성 하나였다. 모두 북간도의 중심 도시인 용정 소재 중등학교 동양학원의 관계자들이었다. 박원희는 학교 영어교사였고, 32세의 건장한 남성 김정기는 학교 설립자이자 서무주임이었다. 그는 북간도를 기반으로 조선 민족주의를 고취하던 대종교 제2대 교주 김교헌의 아들로도 유명했다. 그간 경영

해오던 《동아일보》 용정지국 경영을 접고 동양학원 설립과 운영에 전념하고 있었다. 일행 중 가장 나이 어린 진규는 동양학원 1학년에 재학 중인 여학생이었다.[11] 세 사람은 동양학원이 파견한 강연단의 멤버들이었다. 군중 앞에서도 거리낌 없이 능숙하게 연설할 수 있는, 말 잘하는 사람들이었다.

1923년 7월 4일은 강연이 예정되어 있었다. 동양학원이 기획한 여름방학 맞이 조선 내지 순회강연이 시작되는 날이었다. 회령을 필두로 해서 청진, 함흥, 원산 등과 같은 함경남북도의 큰 도시들을 돌아 서울에서 마지막을 장식할 참이었다. 7월 한 달 내내 12개의 도시를 방문하여 강연회를 열고 수익을 학교 확장에 사용할 계획이었다.[12]

그해 4월에 설립된 신생 학교인 동양학원은 북간도 조선인들의 뜨거운 호응을 받았다. 학생들이 몰려들었다. 1학년에 204명, 2학년에 54명이 등록하여 학생 총수가 258명에 달했다. 설립 첫해 첫 학기가 지났을 뿐인데도 이미 학생들이 차고 넘쳤다. 학교를 확장할 필요가 있었다. 북간도 동포들의 기부에 힘입어 새 학교 부지 4,000평을 마련하긴 했는데 건축비가 모자랐다. 이 난관을 어떻게 해결할 수 있을까? 학교 관계자들은 순회강연을 고안해냈다. 자금 마련에 도움이 될 뿐만 아니라 전국 각지에 동양학원의 존재를 선전할 수 있는 기회가 될 것이라 믿었다.

경찰은 무슨 혐의로 강연단을 체포했는가? 사람들은 강연 내용이 불온할까봐 미리 검속하는 것이리라 짐작했다. 그러나 예측은 빗나갔다. 경찰의 목표는 강연회를 봉쇄하는 데 있지 않았다. 그보다 훨씬 심각한 것이었다. 박원희 일행은 체포된 이튿날 첫 열차 편으로 용정의 간도 총영사관 경찰서로 이송됐다. 이른바 '동양학원 사건'이라 불리는 북간도 최초의 사회주의 탄압 사건은 그렇게 시작되었다.

망명 중에도 사회주의운동 기지 구축 활동

동양학원은 김사국·박원희 부부에게는 북간도 망명생활의 결실 중 하나였다. 부부가 해외로 뛰쳐나간 것은 1922년 11월 서울에서 발발한 자유노동조합 사건 때였다. 임박한 체포의 위험으로부터 벗어나기 위해서였다. 하지만 부부는 단순한 도피에만 머물러 있지 않았다. 더욱 적극적인 목표를 수립했다. 조선 독립운동의 전통적인 근거지인 '해도'(연해주와 북간도)에 사회주의운동 기지를 구축하는 일이었다.

부부는 용정 시내에 은밀하게 거처를 마련했다. 행정구역상으로는 중국 간도 용정촌 제4구였다. 용정은 북간도 조선인 이주민 사회의 수도라 해도 좋은 곳이었다. 사회주의운동의 기지를 구축하는 데에는 안성맞춤인 도시였다. 부부는 서울에서 조직했던 것과 동일한 유형의 두 가지 사회주의 비밀결사를 결성했다. 하나는 공산당 조직이고 다른 하나는 공산청년회 조직이었다. 전자는 조선공산당(중립당)의 지부에 해당하는, 달리 말하면 서울파 공산 그룹의 북간도 지방조직이었다. 후자는 1923년 4월에 결실을 맺었다. 간도공산청년회라는 명칭의 비밀결사를 회원 13인으로 처음 출범시켰다.[13]

부부는 합법 공개 영역의 활동도 중시했다. 용정에 설립한 동양학원과 영고탑에 세운 대동학원이 대표적인 사례였다. 이 학교들은 서울파 공산 그룹이 사실상 주도하는 합법 교육기관이었다. 특히 동양학원은 급진적 학생운동의 진원지와 같은 역할을 했다. 1923년 5월에는 동양학원 학생회 주최로 강연회가 열렸는데, 이 자리에서 〈현대의 모순을 어이할까〉, 〈현대와 종교〉, 〈지상천국〉이라는 제하의 강연을 맡았던 세 학생이 경찰에 체포되고 말았다. 뒷날 이 강연회는 북간도 사회운동의 효시라는 평가

를 받았다.[14]

김사국·박원희 부부에게 용정 생활은 바쁘고 긴장된 나날이었다. 그와 동시에 젊은 부부 둘만의 달콤한 신혼생활이기도 했다. 결혼 후 둘만의 오붓한 공간이 주어진 것은 이때가 처음이었다.

둘이 결혼한 때는 1921년 7월이었다. 3·1운동에 참가했다가 출옥한 지 얼마 안 되는 남성과 경성여자고등보통학교 사범과를 마치고 현직 교사로 재직 중인 인텔리 여성의 결혼은 사람들의 이목을 끌었다. 그래서일까. 두 사람의 결혼은 신문에까지 보도됐다. 《매일신보》는 〈김사국 씨 결혼식, 금 30일에 거행〉이라는 제하의 기사로 두 사람의 결혼 소식을 알렸다.[15] 결혼 후 두 사람이 신접살림을 차린 곳은 신부의 친정집이었다. 신랑이 처가에 얹혀살게 된 것이다. 당시 행정구역에 따르면 경성부 계동 125번지, 서울 북촌에 위치한 번듯한 기와집이었다. 신부의 아버지가 일찍 사망해서 그 집의 호주는 신부의 큰오빠 박광희였다. 박광희도 입학난구제기성회·조선노농총동맹 창립, 조선사회운동자동맹 발기 등의 활동에 참여하는 등 사회주의자였거나 사회주의운동에 공감하는 동조자였던 것으로 보인다.

박원희
경성여자고등보통학교에 재직 중인 박원희.
ⓒ 전명혁

김사국·박원희 부부는 사상적 동지였다. 사회주의 신념을 지니고 있었고 사회주의운동에 능동적으로 임했다. 이러한 사상적 유대가 두 사람 사이를 더욱 가깝게 했을 것이다. 그런 젊은 부부에게 용정은 자유롭고 오붓한 둘만의 생활을 가능하게 했다. 두 사람이 아이를 갖게 된 것도 바로 이 시절이었다. 젊은 새댁 박원희는 용정 시절에 첫 아이를 잉태했다.

수감 중 헬렌 켈러 자서전 번역

동양학원 사건은 김사국·박원희 부부가 북간도에서 쌓아 올린 공든 탑을 허물어뜨렸다. 합법과 비합법 공간을 오가면서 양성했던 젊은 혁명가들이 대거 잡혀 들어갔다. 근 30여 명의 젊은이들이 간도 총영사관 경찰서 유치장에 수감되었고, 그중에서 16명이 예심에 회부됐다. 박원희도 그 속에 포함되어 있었다.

그녀는 동료들과 함께 용정 감옥에 투옥됐다. 임신 중이었기 때문에 다른 사람들보다 옥고가 더 심했다고 한다. 그래도 박원희의 적극성과 투지는 꺾이지 않았다. 그녀는 옥중에서 미국인 여성 사회주의자이자 시청각 장애인 헬렌 켈러의 자서전을 우리말로 옮겼다. 영문 저술을 번역할 만큼 영어 능력이 출중했음을 엿볼 수 있다.

다행히 박원희의 투옥 기간은 길지 않았다. 그해 10월 중순에 그녀는 예심 종결과 더불어 방면 처분을 받았다. 수감자 가운데 유일한 여성이고 임신 중임이 감안된 것으로 보인다. 석방된 박원희는 귀국길에 올랐다. 남편은 경찰의 수배망을 피해 지하로 잠행 중이었다. 그런 와중에도 블라디보스토크와 용정, 영고탑을 오가면서 비밀결사운동을 계속하고 있었다. 그에 합류할 수도 있었겠지만 출산을 앞둔 임산부임을 감안한 듯하다.

여성동우회 등 각종 여성·사회 단체 간부로 맹활약

서울로 돌아온 박원희는 친정집에서 기거하다가 1924년 4월 29일에 딸을 출산했다.[16] 다행히 순산이었다. 산모와 아이 둘 다 건강했다. 이름은 '사건'이라고 지었다. '역사 史'에 '세울 건建' 자를 썼다. 출산 전에 성별에 상관없이 그 이름으로 하자고 부부 사이에 논의가 있었던 것으로 보인다. 아이가 자라서 역사를 바로 세우는 역할을 수행하는 정의로운 사람이 되기를 바라는, 부모의 염원이 엿보인다. 자식들의 이름을 '조국을 생각하는 사람', '민중을 생각하는 사람'이라고 지었던 할아버지의 뜻이 다음 세대에서도 꿋꿋이 이어졌던 것이다.

박원희는 혁명가의 아내이자 그녀 자신이 견결한 혁명가였다. 출산한 지 얼마 안 지나 운동 일선에 복귀했다. 그해 5월에 조선 최초의 사회주의 여성 단체인 여성동우회 창립에 참여했다. 발기인 14명 중 한 사람이었고, 창립 집행위원 3인 가운데 1인이었다. 창립 집행위원의 면면을 보면 흥미롭다. 배우자가 사회주의자였던 박원희, 허정숙, 주세죽이 창립 집행위원이었던 것이다.[17] 당시 허정숙의 남편은 임원근이었고, 주세죽의 남편은 박헌영이었다. 다시 말해 여성동우회 창립 집행부는 사회주의자 부부로 이루어져 있었다.

박원희는 여성운동의 조직자였다. 각종 여성 단체와 사회 단체의 설립에 참여했고 임원직도 주저하지 않았다. 1925년에만 서울청년회 집행위원, 노동교육회 대회준비위원, 경성여자청년회 집행위원, 경성청년연합회 집행위원, 국제청년데이 기념식 준비위원을 역임했다. 1926년에는 중앙여자청년연맹 집행위원에 취임했고, 1927년에는 여성계의 민족통일전선 단체인 근우회 설립에 참여하여 집행위원에 선임되었다.

박원희는 강연회의 단골 연사이기도 했다. 강연 요청이 있으면 기꺼이 응했다. 1924년 러시아혁명 7주년 기념 사상 단체 연합강연회에서는 〈러시아혁명과 무산계급〉이라는 제목으로 연단에 섰다. 이듬해에는 서울청년회 춘계 강연회, 국제무산부인데이(여성의 날) 기념 강연회에 참여했다. 특히 여성 문제가 그녀의 중점 분야였다. 그녀가 맡았던 강연 제목을 보면, 〈현대사회와 부인의 사명〉, 〈국제무산데이의 유래〉, 〈자유 결혼 문제에 대하여〉, 〈각국 부인운동과 조선 부인운동〉 등이었다. 요청이 있으면 지방 출장도 마다하지 않았다. 전북 이리, 평남 진남포, 평양, 안주, 함남 원산 등이 그녀가 다녀왔던 출장지였다.

일찍이 오빠 박광희는 여동생 박원희의 처녀 시절 인물됨을 "생각이 제법 깊고, 공부 성적도 좋으며, 연설 재주가 있다"라고 했다.[18] 어려서부터 그녀의 언변이 뛰어났음을 짐작할 수 있는 인상적인 평이다. 그녀는 사회 단체 임원진 내에서 역할을 분담할 적에 으레 교양부를 맡곤 했다. 회원과 일반 대중을 상대로 하여 교육과 선전을 담당하는 부서였다.

박원희는 이처럼 바쁘게 돌아다니면서도 어린 딸의 육아를 소홀히 하지 않았다. 어린 시절 사건이는 몸이 약했다. 고열이 나고 앓는 경우가 많았다. 박원희가 딸을 업고 서둘러 병원으로 가는 모습을 본 사람들이 적지 않았다. 목격자에 따르면, "흰 저고리 흰 치마에 어린 아기를 절구통같이 들쳐 업고, 부스스한 트레머리로 더풀더풀하며 재동 네거리를 지나가는" 모습을 자주 볼 수 있었다고 한다.[19]

강연하고 있는 박원희
전북이리여자청년회 발회식에서 강연하고 있는 박원희.
《동아일보》 1926년 11월 7일.

男便死別後奮戰苦鬪中
朴元熙女史도再昨永眠
[一]

◇悲劇接踵하는故金思國氏家庭

團體聯合葬

박원희 사망 기사
박원희의 예기지 않은 사망 소식을 진히는 기사.
《동아일보》 1928년 1월 7일.

딸뿐만 아니라 박원희도 건강에 문제가 있었다. 그녀 역시 남편 김사국과 마찬가지로 건강을 잃었다. 1927년 12월 초에 시작된 몸살감기가 그녀를 중병으로 몰아갔다. 전혀 예기치 않게 급속히 병세가 악화되더니 이듬해 1월 5일에 세상을 떠났다. 향년 31세였다.

갑작스런 그녀의 죽음에 사람들은 몹시 놀랐다. 그뿐이랴. 그 가족에게 거듭 몰려오는 불운에 대해 안타까워했다. 특히 홀로 남은 어린 딸이 사람들의 가슴을 아프게 했다. 철모르는 사건이는 문밖에서 발자국 소리만 나도 엄마 온다고 외치며 울었다고 한다. "이 애를 보는 사람 누군들 눈물을 참을 수 있겠는가?"[20] 비극이 꼬리를 무는 김사국·박원희 집안의 가족사를 취재하던 신문기자는 이렇게 썼다.

박원희의 장례식은 1928년 1월 10일에 거행됐다. 근우회를 비롯한 34개 사회 단체가 합동으로 장례식을 주관했다. 그녀의 영구에는 〈조선 여성운동 선구자 고 박원희〉라는 명정이 덮였다. 그녀는 2년 전에 먼저 간 남편 김사국의 수철리 묘지에 함께 안장됐다.

박원희 옛무덤 묘비
망우리공원묘원에 있는 박원희 옛무덤 앞 묘비.
'여성운동선구자 박원희지묘'라고 적혀 있으나,
하단부가 흙에 묻혀 있다.

근우회 등 34개 사회 단체 합동 장례식

사건이의 운명은 사람들의 가슴을 아프게 했다. 부모 없이 자라야 할 그 아이의 미래가 안쓰러웠다. 북간도 용정에서 박원희와 함께 일했던 옛 동지들이 1주기가 되던 날 추도회를 열었다. 용정의 여자청년회 주최로 열린 이 추도회에 모인 사람들은 어린 사건이에게 위로금 10원과 저고리 하나를 만들어 보내기로 결정했다. 《조선일보》 1928년 4월 8일 자 지면에는 고 박원희의 어린 딸에게 전달할 돈과 물건이 도착했다는 보도 기사가 자그맣게 실렸다.

사건이는 잘 자랐다. 박원희의 친정어머니가 일찍 가버린 딸을 대신하여 어린 피붙이를 길렀다. 박원희가 사망한 지 5년 뒤에, 한 신문기자는 아홉 살 사건이가 서울 북촌의 재동보통학교 2학년에 다니고 있다고 보도했다.[21]

박원희와 딸 사건이
박원희의 사망 기사에 실린 딸을 안고 있는 박원희의 모습.
《중외일보》 1920년 1월 7일.

2장

김한.

03

체포된 혁명가는 어떻게 단련되는가

'김상옥 의거' 연루자 중 최중형 받아

검거 선풍이 불었다. 1923년 1월 17일 삼판통(후암동)과 1월 22일 효제동에서 총격전이 발발한 뒤 일본 경찰은 연루자 체포에 혈안이 됐다. 총격전의 주인공 김상옥이 이미 사망했는데도 그랬다. 현직 경관 4명이 사살당하고 총상을 입자 경찰은 걷잡을 수 없는 분노에 휩싸였다. 김상옥과 조금이라도 접촉했거나 관련된 사람이면 마구잡이로 잡아들였다.

김한金翰도 그 속에 있었다. 한때 상해임시정부 법무부 비서국장을 지냈고 합법적 사상 단체인 무산자동맹회 상임위원으로 재임 중이던 그는 37세의 팔팔한 장년이었다. 그가 종로경찰서 형사들에게 체포된 것은 1월 28일이었다.[1] 효제동 총격전이 일어난 지 열흘이 지난 때였다. 그날 체포된 사람은 김한만이 아니었다. 다른 두 사람이 '김상옥 사건' 연루 혐의로 경찰에 붙잡혔다.[2]

김상옥의 효제동 은신처가 발각된 것은 그렇게 잡힌 연루자의 자백 탓이었다. 경성우편국 소속 우편배달부로 일하던 전우진이 고문에 못 이겨 은신처를 털어놓고 말았던 것이다. 그는 3·1운동 시기에 비밀결사 '혁신단' 활동을 함께한, 김상옥의 오랜 동지였다. 이번에도 비밀리에 잠입해 들어온 김상옥을 변함없이 도와주었다. 경성역 수화물 취급소에 배달된 김상옥의 화물을 대신 수령했고, 비밀편지를 여러 관련자에게 전달했으며, 불온문서 제작을 거들었고, 회합 장소와 숙식 등을 제공하는 역할을 맡았다. 하지만 그는 고문에 꺾이고 말았다. 효제동 은신처를 발설한 데 이어 경찰대를 이끌고 현장으로 안내까지 해야만 했다.[3]

전우진의 배신은 김상옥을 죽음에 이르게 하는 직접적인 원인이 됐다. 이 은밀한 내막에 대해서는 가족들도 알고 있었다. 김상옥의 부인 정진주 여사는 해방 이후 신문 인터뷰에서 그 사실을 밝혔다. '동지였던 전 모 씨의 배신' 탓에 남편이 죽었노라고.[4] 그럼에도 불구하고 전우진은 김상옥 사건에 연루되어 2년 6개월의 징역형을 받았다는 이유로 1990년 한국 정부로부터 독립유공자 애국장을 서훈받았다. 이 사실은 지금도 변함없이 그대로다.[5]

체포된 사람들은 갖은 고초를 겪어야만 했다. 시국 사건이든 일반 형사 사건이든 가리지 않고 피의자를 인간 이하로 대하는 것이 경찰의 평소 모습이었다. 하물며 경찰서에 폭탄을 투척한데다가 현직 경관들을 살해하고 부상을 입히지 않았는가. 경찰들은 분노와 복수심에 휩싸여 체포된 사람들에게 심각한 폭행과 가혹 행위를 했다.

28세 미혼 여성 이혜수도 그중 한 명이었다. 김상옥에게 은신처를 제공했다는 이유로 체포된 그녀는 경찰 취조 중에 얼마나 참혹한 고문을 당했는지 혼수상태에 빠지고 말았다. 그녀의 상태는 위중했다. 심지어 사

김상옥 사건 호외

김상옥 사건은 의거가 일어난 지 두 달 후인 3월이 돼서야 보도할 수 있었다.
고문에 못 이겨 김상옥의 효제동 은신처를 털어놓았던 전우진, 김상옥에게 은신처를
제공했다는 이유로 체포되어 참혹한 고문을 당한 끝에 혼수상태에 빠진 이혜수,
1919년 김상옥과 혁신단에 함께 있던 신화수, 윤익중, 정설교의 모습이 보인다.
《동아일보》 1923년 3월 15일 호외.

건 발생 11개월이 지난 뒤에 열린 재판 때까지도 회복되지 못했다. 그녀는 병상에 누운 채로 재판정에 출정해야만 했고, 침대에 누워서 신음하는 소리로 가족의 입을 거쳐 겨우 문답에 응할 수 있었다. 그녀는 3·1운동 때에도 비밀결사 애국부인단원으로 활동했다. 신문기사의 표현에 따르면 '혁명 부인 중 한 사람'이었다.[6]

경찰 취조가 끝난 뒤 '죄질'이 무겁다는 이유로 검찰에 송치된 이는 도합 19명이었다. 이들은 두 부류로 나눌 수 있었다. 하나는 김상옥과 함께 비밀결사 활동을 같이해온 동료들이었다. 1919년에 '혁신단'에 함께 있던 신화수(27), 윤익중(28), 정설교(27), 전우진(41), 이혜수가 그들이다. 이 중에서 앞의 세 사람은 1920년에 김상옥과 함께 암살단 사건에도 연루됐었다. 상하이에서 국내로 비밀리에 잠입할 때 동행했던 안홍한(21)도 이 범주에 넣을 수 있을 것이다. 이들은 범죄의 형적이 뚜렷하고 증거가 충분하다는 이유로 경성지방법원 검사국에 의해 기소됐다. '불온' 인쇄물을 제작해준 혐의를 받은 서병두(44)도 같은 처분을 받았다.

다른 한 부류는 김상옥에게 숙식과 활동의 편의를 제공한 사람들이었다. 연락과 통신의 편의를 제공한 여관업자 이수영(37)과 승려 이종욱(40), 지방 도시 원산에서 숙소를 제공해준 주광보(19)가 이에 속했다. 효제동 은신처를 제공한 이태성(63) 집안의 경우에는 일가족 6명이 모두 고초를 겪었다. 이 집은 딸 부잣집이었다. 아내 고성녀(61)와 맏딸 이혜수를 비롯한 네 명의 딸들이 다들 경찰 취조를 감당해야 했다. 김상옥의 가족들도 핍박을 받았다. 친동생 김춘원(32)과 매제 고봉근(28)이 곤욕을 치렀다. 이 부류에 속한 사람들은 경찰서에 갇힌 채 두 달 동안 끔찍한 취조를 받은 뒤에야 겨우 석방될 수 있었다. 증거 부족을 이유로 불기소 처분을 받은 것이다.

김한은 이채로운 존재였다. 어느 부류에도 속하지 않았다. 그는 김상옥과 비밀결사 활동을 함께한 적이 없었다. 이렇다 할 네트워크도 맺고 있지 않았다. 혈연이나 출신 지역이 같다는 생래적인 연줄도 없었다. 뭔가 편의를 제공한 적도 없었다. 김한은 다른 피의자들과 아무런 공통점이 없었다. 그럼에도 그는 김상옥과 가장 깊고도 위험한 관계를 맺고 있었다.

김한의 피의 사실은 가장 엄중했다. 그는 적어도 5회에 걸쳐 대리인을 통해 상하이에 있는 의열단장 김원봉과 비밀 교신을 하고 대규모 음모를 계획했다는 혐의를 받았다. 국내에 다량의 폭탄을 몰래 반입하여 조선 내부를 일거에 동란에 빠트린다는 계획이었다. 김한은 이 계획을 실행에 옮기기 위해 김원봉에게서 2,000원의 자금까지 수령했다고 한다.[7] 당시 신문사 기자 월급이 40원이고 총독부 서기관의 월급이 50원이었다. 일용노동자의 하루 품삯이 1원 내지 1원 10전 하던 때였다. 오늘날 구매력으로 환산하면 대략 2억 원쯤 되는 엄청난 돈이었다.

취조 결과에 따르면 폭탄은 미처 반입되지 못했다. 김한은 의열투쟁을 감행하고자 국내에 잠입한 김상옥에게 폭탄을 넘겨줄 수 없었다. 일본 사법 관료들이 보기에는, 범죄 행위는 실행에 옮겨지지 않았지만 죄질이

김한
옥중에 수감 중인 김한.
1920년 7월 20일 촬영한 사진이다.
*출처: 국사편찬위원회

심각했다. 김한은 김상옥 사건 연루자들 가운데 가장 무거운 형을 받았다. 다른 이들은 1년 6개월에서 3년 징역형을 구형받았는데 김한의 구형 형량은 5년이었다. 대략 곱절이었다.

김한과 김사국

김한이 체포되자 그가 몸담은 비밀결사의 구성원들은 잔뜩 긴장했다. 비밀결사의 존재가 탄로 날지 모르는 위험한 상황이 조성됐기 때문이다. 김한이 가담한 조직은 3·1운동 이후 등장한 새로운 형태의 비밀결사였다. 사회주의 이념을 수용하고, 노동자를 비롯한 무산자 대중을 위해 일하며, 조선 혁명의 대의에 헌신하기로 결심한 혁명가들의 결사였다.

이 비밀결사의 명칭은 '조선공산당'이었다. 이름이 같다고 해서 혼동해서는 안 된다. 뒷날 1925년에 전 조선 공산주의자들의 단일한 공산당을 표방하며 결성된 '조선공산당'과는 다른 결사였다. 둘을 구분하기 위해 김한이 가담한 1922년의 비밀결사를 '조선공산당(내지당)', 줄여서 '내지당'이라고 부르고자 한다. 당시 사회주의자들도 그 단체를 가리켜 '내지공산당'이나 '중립당'이라는 호칭으로 즐겨 불렀다.

왜 '중립'인가? 3·1운동 이후 조선 내부로 사회주의 사상과 운동이 도도히 흘러들어왔다. 이 흐름을 주도한 단체는 해외에 기반을 둔 두 개의 '고려공산당'이었다. 그러나 '상해파'와 '이르쿠츠크파'로 불리는 두 공산당은 조선 국내의 신진 사회주의자들에게 환영받지 못했다. 서로 다투는 게 옳지 않은데다가 둘 다 정책이 부적절하다는 것이 김한을 비롯한 국내 신진 사회주의자들의 판단이었다. 그래서 양쪽 어디에도 속하지 않는 독립적인 제3의 공산당을 세우고자 했던 것이다.

내지당이 언제 만들어졌는지에 대해서는 논란의 여지가 있다. 가장 이른 시기로는 1921년 메이데이(5월 1일)에 설립했다는 정재달의 주장이 있지만,[8] 자기 단체의 역사가 오래됐음을 과시하려는 의도에서 소급시킨 것으로 판단된다. 1922년 1월 19일에 '무산자동지회'라는 명칭의 합법적 사상 단체가 등장한 사실을 봤을 때 1922년 1월 즈음에 성립됐다는 추정이 적절한 듯하다. 당시에는 합법 영역의 공개 단체와 비밀결사를 거의 같은 시기에 조직하는 것이 상례였기 때문이다.

내지당에는 3·1운동의 투사들이 속속 가담했다. 감옥에 갇혔다가 이제 막 출옥한 청년들이 사회주의운동 대열에 들어왔다. 조봉암의 회고에 따르면 1922년 경성에서 사회주의운동을 이끌던 지도자는 두 명이었다. 바로 김한과 김사국이었다. 조봉암은 이들을 가리켜 '양웅'이라고 불렀다. 두 사람은 스타일과 개성이 달랐다. 김한은 책사형이고, 김사국은 투사형이었다.[9] 김한은 일을 꾸미고 작전을 짜는 데 탁월한 재능이 있었다. 이와 달리 김사국은 뜻이 굳세고 강직하여 자기가 옳다고 판단한 일에 대해서는 끝까지 백절불굴의 정신으로 나아갔다고 한다.[10]

시인 황석우가 남긴 인물평도 비슷했다. 그가 보기에 김한은 일 재주가 있는 사람이었다. 사업을 추진할 때 자신의 모든 정열과 재략을 넘치도록 발휘했다. 꾀가 많고 신출귀몰하는 재주꾼이었다. 만약 혁명가로서의 사명감과 정열이 없었다면, 김한은 천성으로 미뤄볼 때 전율할 만한 악당의 괴수가 됐을 것이라고 평했다.[11]

두 사람은 내지당 중앙집행위원으로 나란히 선임됐다. 둘이 악수하니 조선의 사상계가 크게 요동쳤다. 두 사람은 신진 사회주의자들을 이끌고 기존의 양대 고려공산당을 배격하는 일련의 캠페인을 전개했다.

그중 첫 번째는 그해 1~2월에 추진된 김윤식 사회장 반대운동이었다. 대한제국 개화파 대신이던 김윤식의 장례식을 조선 최초의 사회장으로 성대하게 치르고자 했던 상해당(상해파 고려공산당) 민족주의 그룹의 의도를 저지시켰던 것이다. 4월에는 조선청년회연합회 제3회 총회 석상에서 서울청년회를 비롯한 5개 회원 단체의 탈퇴를 단행했다. 6월에는 조선노동공제회에서 상해당에 소속된 6명의 임원을 제명시켰다. 또 서울청년회 제5회 총회 석상에서 상해파 출신의 임원 5인을 축출했다. 이는 청년운동 내에서 상해당의 영향력을 약화시켰다. 9월에는 노동대회라는 단체에서 이시당(이르쿠츠크파 고려공산당) 소속의 기존 간부들을 배제하고 노동자적 성격을 강화했다.

조선청년회연합회 제3회 총회
김한과 김사국은 중립당 중앙집행위원으로 선입된 후 신진 사회주의자들을 이끌고
기존의 양대 고려공산당을 배격하는 캠페인을 전개했다.
1922년 4월 조선청년회연합회 제3회 총회에서 서울청년회를 비롯한
5개 회원 단체의 탈퇴를 단행한 것도 이런 캠페인의 일환이었다.
사진은 총회를 통해 선출된 신임 집행위원들의 기념사진.
오른쪽 아래는 신임 위원장 정노식.
《동아일보》 1922년 4월 6일.

놀라운 변화가 일어났다. 경찰 측에서 1922년은 노동자가 비로소 직접 노동운동을 개시한 해라거나, 민중에게 혁명의 씨앗을 뿌리고 해방의 길을 제시한 첫해였다고 평가할 정도였다.[12] 국내 민중운동의 헤게모니는 신진 사회주의자들에게 넘어갔다. 김한과 김사국이 공동으로 이끌던 중립당이 해낸 일이었다.

그러나 두 사람의 협력이 지속됐던 것은 아니다. 1922년 연말 즈음 두 사람은 갈라섰다. 달리 말하면 국내 사회주의운동의 분열 과정에서 중심 인물이 됐다. 김한은 뒷날 화요파라고 지칭된 공산 그룹의 수장이 됐고, 김사국은 서울파라고 불리는 비밀결사를 대표했다.

두 사람은 여러 가지 점에서 의견 불일치를 보였다. 대표적인 것 중 하나가 의열투쟁 전술에 대한 태도였다. 김한은 의열투쟁을 3·1운동 이후 가라앉고 있는 대중의 투쟁 의욕을 북돋을 수 있는 수단이라고 높이 평가했다. 해외의 의열단과 긴밀히 연락을 취하면서 대규모 폭탄 반입 공작을 지휘했던 것은 이런 이유 때문이었다. 반면 김사국은 의열투쟁을 지지하지 않았다. 의열투쟁이 광범한 대중을 투쟁으로 이끌 수 있는 방법이 아니며, 그러기는커녕 대중과 운동 단체와의 괴리를 심화시킬 뿐이라는 판단 때문이었다. 두 사람은 각기 제 갈 길을 걸었다. 이처럼 김상옥 사건은 초창기 국내 사회주의운동이 분열되는 원인 중 하나로 작용했다.

동지들 지키려 혼자 책임 뒤집어써

1923년 5월 17일, 경성지방법원 재판정에서 김상옥 사건 연루자들에 대한 제2차 공판이 열렸다. 피고인 최후진술이 허용되자 김한은 작심한 듯

발언을 토해냈다. 그는 세상을 비웃는 표정을 띤 채 일어서서 한 시간 남짓 물 흐르듯 유창한 일본어로 총독부의 식민지 통치정책을 비판했다.

김한은 총독정치가 얼마나 조선인의 삶을 파괴하고 있는지에 대해 조목조목 설명했다. 교육과 산업은 물론이오 그 밖의 어느 방면을 보더라도 조선 사람은 '불평'과 '원한'을 품지 않을 수 없다, 조선인에게 남겨진 것은 총독부 법령을 위반하거나 아니면 죽는 길밖에 없다, 김상옥 사건도 이 같은 총독정치가 만든 것이라고 토로했다. 한 걸음 더 나아가 혁명을 언급했다. 그는 헤겔과 다윈을 인용하면서 혁명을 위험시하는 사람들도 있지만 실제로는 우주 만물이 살아가는 자연법칙이라고 강조했다. 이는 조선 사람이 자유와 해방을 요구하는 것은 자연스런 일이라는 주장으로 이어졌다.

김한의 진술은 감동적이었다. 신문기자가 전하는 바에 따르면, 입추의 여지 없이 들어찬 방청석을 비롯해서 법정에 있던 모든 사람들이 그의 조리 있는 말을 숙연히 경청했다고 한다.

그러나 김한의 감동적인 진술이 재판부에게는 가 닿지 않았던 듯하다. 그로부터 10일 뒤에 열린 선고 공판에서 재판장 미쓰야 판사는 그에게 징역 7년형을 선고했다. 순간 방청석이 술렁거렸다. 검사 구형보다 2년이나 더 무거운 형량이었던 것이다. 이례적인 일이었다. 방청객들은 법정을 나서면서 울분을 토했다.

김한의 최후진술은 억압자에게 보복의 칼날을 갈게 만들었다. 진실을 얘기했기 때문이었다. 그러나 피억압자들에게는 감동을 주었다. 감동은 당대인들에게만 머물지 않았다. 60년이 지난 뒤, 군사독재정권에 맞서 투쟁하다가 투옥된 그의 외손자 우원식도 외할아버지 김한의 진술에서 자긍심과 위안을 얻었다고 한다.[13]

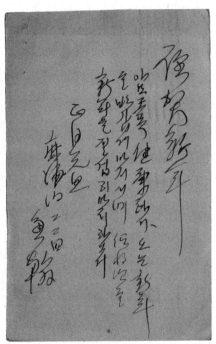

김한의 필적
1928년 1월 1일 김재봉에게 쓴 연하장.
〈마포구 224, 김한〉이라고 쓰여 있다.
ⓒ 김윤

김한의 진술에서 주목해야 할 요소가 또 하나 있다. 끝내 비밀결사 내지당(조선공산당) 존재를 발설하지 않았다는 점이다. 김한은 시종일관 해외 망명자들과 비밀리에 연락하고 폭탄 반입을 모의한 것이 자신의 개인적 판단이었다고 진술했다. 덕분에 내지당은 삼엄한 수사에도 불구하고 노출되지 않을 수 있었다. 김한은 일본 관헌들의 야수적인 취조 속에서도 비밀결사의 동료들을 보호하는 데 성공했다.

04

동지 손에 꺾인 비운의 혁명가 김한

출옥 후에도 요시찰 인물

1927년 4월 24일, 김한은 도쿄 도요타마 형무소에서 형기를 모두 마치고 옥문을 나섰다.[14] 41세, 장년기에 접어든 나이였다. 도쿄 서북쪽 교외에 위치한 신설 형무소였던 도요타마 형무소는 주로 사상범을 수용하는 곳으로 유명했다. 김한은 1923년 1월 28일 체포된 후 그곳에 줄곧 갇혀 있었다. 꼬박 4년 3개월간이었다.

철창에서 되돌아온 김한은 동료들에게 깊은 존경을 받았다. 사회주의 비밀결사운동을 개시한 선구자였을 뿐 아니라 엄혹한 경찰의 취조 속에서도 조직의 비밀을 단 하나도 누설하지 않은 투사였기 때문이다. 그는 조선 내지의 비밀결사 '조선공산당'(일명 내지당)의 창립 멤버이자 지도부 성인이었다. 하지만 경찰 기록과 공판 문서에는 그에 관한 단 하나의 정보도 기록되어 있지 않았다.

도요타마 형무소
1927년 4월 24일 김한이 형기를 마치고 출옥한 형무소.
도쿄 서북쪽 교외에 위치한 신설 형무소로 주로 사상범을 수용했다.
사진은 철거 전 형무소의 모습.

　　그는 자신에게 덧씌워진 혐의를 폭탄 문제 하나로 만드는 데 성공했
다. 해외의 반일 단체 의열단과 손잡고 국내에 폭탄을 반입하여 보관하고
있다가 김상옥이나 박열처럼 필요로 하는 혁명가에게 나눠주는 역할로
축소한 것이다. 덕분에 내지당은 아무런 타격도 입지 않았으며, 이후 조선
내지의 사회주의운동을 이끄는 중심 기관으로 성장할 수 있었다.

　　김한은 오랜만에 집으로 돌아왔다. 아내가 노모와 어린 두 딸을 데리
고 살고 있는 마포 공덕리의 조그만 집이었다. 아내가 10리 떨어진 용산
의 대륙고무공장에 나가 일하고 한 달에 10여 원 받아오는 수입으로 버
티는 가난한 살림이었다.

　　"아버지가 돌아오시던 날은 지금도 생생하게 기억이 난다." 훗날 노년
기에 접어든 둘째 딸 김례정은 열두 살 때 일을 이렇게 회고했다. "나는
이 분이 정말 내 아버지가 맞나 하는 두근두근하는 마음으로 두 팔 벌린
아버지 품 안에 안겼다." 다른 집과 달리 가정을 돌보지 않는 야속한 아버
지, 그러면서도 한편으로는 천하사를 도모하는 자랑스러운 아버지였다.[15]

감옥에서 풀려났지만 김한의 운신은 자유롭지 못했다. 그는 경찰의 엄중한 감시 대상이 됐다. 뭔가 의심스러운 사건이 터졌다 하면 으레 경찰의 주목을 받았다. 연례행사라 해도 좋을 만큼 시달림을 받았다. 예컨대 출감한 그해 가을이었다. 자유의 몸이 된 지 6개월도 채 되지 않은 1927년 10월 21일, 그의 집은 용산경찰서 고등계 형사대에게 가택수색을 당했다. 딱히 구체적인 혐의가 있던 것도 아니었다. 공덕리 경찰 주재소 인근에서 폭탄과 유사한 폭발 현상이 있었다는 이유에서였다. 형사들은 두 차례에 걸쳐 온 집안을 샅샅이 뒤졌고 여러 가지 문서와 도서를 압수해갔다.

이듬해 가을에는 좀 더 심각했다. 이번에는 경기도 경찰부 소속 형사대가 출동했다. 1928년 10월 19일 새벽에 그는 긴급 체포됐다. 잠자던 도중이었다. 여러 대의 자동차에 나눠 타고서 출동한 경관들이 그를 붙잡아

김한
조선총독부 경기도 경찰부에서 만든 일제감시대상 인물카드.
42세(1929) 때 경찰서에서 촬영한 사진.
*출처: 국사편찬위원회

갔다. 비밀결사 조직 혐의였다. 서울, 경기, 황해, 충북 등에 걸쳐서 십수 명의 용의자들이 체포됐다. 경찰은 기대감을 표명했다. 뭔가 거창한 불온 단체를 적발했다고 믿었다. 검거의 발단은 일본 경찰이 관리하는 '밀정배들의 밀고'에 의한 것이었다고 한다. 그러나 사건은 오래가지 않았다. 아무런 증거도 없었고, 취조 결과 무언가를 음모했다는 사실도 발견할 수 없었다. 검거가 개시된 지 4~5일 만에 하나둘 혐의자들이 풀려나기 시작했다. 당시 언론에서는 "그렇게 떠들던 사건이건만 결국 태산명동서일필泰山鳴動鼠一匹 격으로 끝을 맺었다"고 논평했다.[16]

경찰의 주목을 받고 있던 김한이 비밀결사운동에 복귀하는 것은 위험한 일이었다. 자칫하면 김한 혼자만이 아니라 동료들의 안위마저 위태로워질 우려가 있었다. 게다가 그가 감옥에 있을 동안 조선 사회주의운동은 눈부시게 발전했다. 그가 설립했던 비밀결사는 이미 발전적으로 해체된 상태였다. 전국적인 통일 전위정당인 조선공산당이 창당됐고, 그 뒤로도 사회주의운동의 내부 상황은 변화에 변화를 거듭했다. 초창기의 이론과 정책, 운동 방식으로는 더이상 조선 사회주의운동을 이끌기 어려웠다.

'국제선' 그룹 활동을 적극 지원

그럼에도 불구하고 김한은 운동에의 기여를 멈추지 않았다. 출감하자마자 비밀결사운동 복귀를 조심스레 모색했다. 결국 출감 이듬해인 1928년 8월, 마침내 '고려공산청년회' 위상을 갖는 비밀결사를 설립했다.[17] 중립당 계열의 과거 동료들을 재결속한 단체였다. 수감생활을 마치고 되돌아온 옛 동료들과 새로이 운동에 참여한 신진 인사들이 합류했다. 이 단체는 다른 계열의 사회주의자들에게 '화요파' 공산 그룹의 부활로 간주됐다.

시점에 유의할 필요가 있다. 놀랍다. 조직된 지 2개월 만에 경기도경이 이끄는 일제 검거에 휘말렸음에도 어떠한 타격조차 받지 않았으니 말이다. 이 단체의 가담자들이 일본 경찰과의 맞대응에 얼마나 숙련됐는지를 잘 보여주는 부분이다.

이듬해인 1929년 이 비밀결사는 경찰의 억압이 아니라 구성원들 자신의 판단에 의해 스스로 해산했다. 대신 코민테른이 직접 지도하는 새로운 사회주의 비밀결사에 합류했다. "국제공산당의 지시와 노선을 실지에서 수행"하는 사회주의자들과 결합했던 것이다. '국제선'이라고 불리는 사람들이었다.[18] 각파 공산 그룹이 운동 발전에 도움이 되지 않았다고 보았던 이들은 기존의 파벌관계를 단절하고 국제당의 직접 지도하에 조선공산당을 재건한다는 노선을 천명했다.

국제선 국내사업 지도부
모스크바의 국제당 집행위원회가 임명한 '국제선'의 국내사업 지도부 3인
김단야, 김정하, 조두원. 이들은 기존 파벌을 단절하고 국제당의 직접 지도하에
조선공산당을 재건한다는 노선을 천명했다.
*출처: 국사편찬위원회

'국제선'의 국내사업 지도부는 김단야, 김정하, 조두원 3인이었다. 모스크바의 국제당 집행위원회가 임명한 사람들이었다. 비밀리에 비합법적으로 활동하는 환경 속에서 곧잘 채택되곤 하던 트로이카(3두마차) 조직 형태를 염두에 둔 결정이었다. 그들은 1929년 8~9월에 은밀하게 국내에 잠입해 들어왔다. 이들 외에 동방노력자공산대학을 졸업한 모스크바 유학생들도 속속 입국했다. 권오직權五稷을 비롯한 공산대학 졸업생 9명이 '국제선'의 일원으로서 비밀운동에 참여하기 위해 입국했다.

'국제선' 그룹은 유능했다. 본격적인 활동에 임한 지 2개월 만에 당과 공청 조직의 근간을 세웠다. 그해 11월에 5인으로 구성된 '공산당조직준비위원회'를 발족시켰고, 10월에는 3인 지도부로 이루어진 공청 트로이카를 결성했다. 하부 조직도 속속 구축됐다. 서울을 비롯하여 평양, 원산, 부산, 목포, 함흥, 마산, 청진, 웅기, 신의주 등 도시 지역에 지방 당 기관을 설치했다.

김한은 이들의 리더십을 인정했다. 코민테른의 지원과 협력 속에서 활동했던 그들은 자금과 정보가 풍부했고 비전이 뚜렷했다. 비록 열 살 정도 어린 후배들이었지만 성심껏 협력했다. 그중 하나는 신뢰할 만한 은신처 제공이었다. 서울에 밀입국한 '국제선' 간부들에게는 안전하게 체류할 수 있는 숙소를 구하는 것이 무엇보다도 긴요했다. 김한은 자기 가족이 살고 있는 마포에서 숙소를 물색했다. 적당한 곳이 나왔다. 도화동 85번지, 늙은 부부 둘이서 사는 집이었다. 남편은 정신이 온전하지 않아 세상일을 잘 모르는 사람이었다. 안팎살림을 모두 안주인이 감당하고 있었다. 그곳에 '국제선'의 가장 중요한 지도자 김단야가 입주했다. 그는 병을 고치기 위해 서울에 온 안주인의 시골 조카로 위장했다. 늘 한약을 달이며 약 냄새를 풍겼기에 이웃 사람들은 모두 그런 줄로만 알았다.[19]

김한은 직접 국제선 그룹에 가담했다. 그는 '모플' 사업을 전담했다. 모플MОПР이란 혁명가후원회를 뜻하는 러시아 외래어로, 옥중에 수감된 혁명가와 그 가족을 돌보는 구호사업을 뜻했다. 당과 공청의 비밀 조직 사업을 20~30대 젊은 세대가 주로 담당하고 있는 현실에 비춰보면 적절한 역할 분담이었다. 김한은 오랜 시간 옥중생활을 겪어 실정을 꿰뚫고 있는데다 변호사들과의 안면도 넓어 적임자였다. 그는 '국제선' 그룹으로부터 지원받은 상당 금액을 수감자 차입비, 출옥자 치료비, 피검자 가족 구호비 등으로 사용했다. 약 6개월간 그가 집행한 돈은 970엔이었다. 초등학교 초임 교원의 월급이 50엔이고, 신문사 논설부 기자의 월급이 90엔 하던 때였다. 오늘날 화폐 구매력으로 환산하면 대략 3,000만 원쯤 되는 돈이다.

이듬해 2월경 경찰이 냄새를 맡았다. 급속히 조직을 확대해가고 있던 '국제선' 그룹의 존재를 인지하게 된 것이다. 체포가 시작됐다.

일본의 밀정 혐의로 소련 비밀경찰에 잡혀

김한에게 위기가 닥쳐왔다. 조직의 비밀이 탄로났고, 관련자들이 속속 체포되고 있었다. 온갖 노력을 다해 몸을 숨기고 있지만 언제까지 계속 은신할 수 있을지 낙관하기 어려웠다. 특히 서울 바닥에서는 오래 버티기 힘들 것 같았다. 고등경찰의 삼엄한 경계망과 도처에 깔린 밀정들의 눈초리를 피할 수 있다고 장담하기 어려웠다.

자신이 제공했던 도화동 은신처가 수사의 초점이 되고 있었다. 경찰이 최상급 간부라고 지목한 김단야가 그곳을 근거지로 활동하고 있다는 사

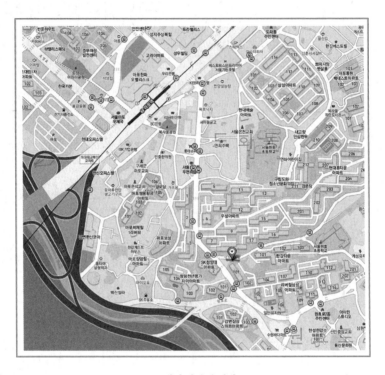

국제선 간부 은신처
김한이 알선한 국제선 간부의 은신처였던 서울 마포구 도화동 85번지 현 위치.
*출처: 다음 지도.

실이 이미 저들에게 탐지됐다. 그뿐인가. 공산당과 공청 지도부에 소속된, 김단야 탈출 이후 가장 중요한 직무를 수행하고 있던 권오직이 바로 그 집에서 체포됐다. 공청 3인 지도부의 한 사람인 김응기도 떡장수로 분장하고 그 집을 방문했다가 잠복 중이던 경찰에게 체포되고 말았다. 도화동 은신처를 둘러싸고 중요 인물들이 거푸 검거된 만큼, 경찰은 그 집을 아지트로 알선한 김한을 기필코 잡아들여야 할 인물로 꼽았다.

김한은 국외로 탈출하기로 결심했다. 3월 16일 김단야의 아내이자 동방노력자공산대학을 졸업한 여성 사회주의자 고명자가 경찰에 체포됐다. 김한은 이 사실을 인지한 즉시 길을 떠난 것으로 보인다. 목적지는 소련이었다.

연해주 블라디보스토크에 도착한 것은 1930년 4월 초순경이었다. 핍박을 피해 망명한 혁명가가 으레 그랬던 것처럼 따뜻한 대우를 받은 듯하다. 그는 태평양노동조합 비서부에서 근무하게 됐다. 1930~1931년 시기에 조선의 적색노동조합운동을 후원하고 독려하는 역할을 맡았다.

망명한 지 2년이 지난 1932년, 김한은 블라디보스토크를 떠나 모스크바로 향했다. 망명지 체류가 장기화될 것을 예상하고 좀 더 장기적이고 유의미한 계획을 세웠던 듯하다. 간부 재교육 기관에 입학한다든가 국제공산당 본부와의 직접 연결 가능성을 모색한다든가 하는 등의 계획이었을 것이다.

그러나 현실은 기대와는 정반대로 흘렀다. 모스크바에서 그를 기다리고 있던 것은 벅찬 미래가 아니라 참담한 현실이었다. 그는 일본제국주의의 '밀정'일지도 모른다는 의심을 받았다. 국제선 검거 사건이 그처럼 대규모로 발발한 이유가 김한에게 있지 않느냐는 혐의였다. 급기야 그는 내무인민위원부НКВД 경찰에 체포됐다. 이 기관은 1934년부터 1941년까지

В СЕКРЕТНУЮ ЧАСТЬ И.К.К.И.

Бывш.члена КП Кореи
КИМ-ЧУН-СЕН /Ли-Сен-Тай/.

З а я в л е н и е.

Я, как долго проживающий в СССР, порвал связь с корейским революционным движением, но все же страстно желаю успеха комдвижению Кореи. Поэтому не могу не сообщить Вам сведения о КИМ-ДАНЯ /члене ВКП/б/ и участнике комдвижения в Корее, ныне живущем в Москве/ которые добыты мною частично из разговоров с корейскими товарищами в Москве, и частично еще на родине, в Корее.

1/ КИМ-ДАНЯ, является выходцем из помещичьей среды, хотя он утверждает, что его родители будто-бы крестьяне. Годовой доход его родителей от земли превышает 300 "коку". т. .2000 пудов рису.

6/ КИМ-ХАН уже в Корее был известен с давних пор, как провокатор /в 1929г. КИМ-ХАН арестован в Москве/ КИМ-ДАНЯ был одним из ближайших его политических друзей с 1919г. вплоть до его ареста, т.е. до 1929г. Во время своей последней поездки в Корею /по командировке УККИ/ КИМ-ДАНЯ был в связи с КИМ-ХАН"ом. КИМ-ХАН в Корее работал вместе с КО-ЕН-ДЗА/женой КИМ-ДАНЯ/ теперь уже известным провокатором. Она выдала ряд корейских коммунистических организаций японской полиции. КИМ-ДАНЯ помогал КИМ-ХАН"у приехать в СССР и рекомендовал последнего Тихоокеанскому Секретариату, где он и работал некоторое время. Затем он /КИМ-ХАН/ приехал в Москву, где и был арестован НКВД.

이성태 의견서
김한을 밀정이라고 지목한 이성태 의견서 첫 페이지. 1937년 9월.

스탈린 대숙청을 앞장서서 수행하던 비밀경찰이었다.

김한이 일본 밀정 혐의를 받게 된 데에는 조선인 사회주의자들 내부에 존재하던 적대감이 어느 정도 작용했다. 좀 더 나중에 작성된 기록이지만 언론계 출신의 저명한 사회주의자 이성태李星泰가 김한을 통렬히 비난하는 의견서를 써 국제당 집행위원회 앞으로 제출했다. 의견서에 따르면 김한은 오래전부터 밀정으로 알려져 왔다고 한다.[20] 이성태가 비단 김한만 겨냥했던 것은 아니다. 김단야, 박헌영, 김찬, 조봉암, 고명자 등도 일본의 밀정이라고 고발했다. 자신이 속했던 공산당 분파와 다른 계열에 속했던 사람들을 모두 밀정이라고 지목했던 것이다. 객관적인 증거는 없었다. 스탈린 대숙청이 기승을 부리던 시절, 말살되기를 바라는 사람을 밀정이라고 고발하는 일은 일종의 유행이었던 듯하다. 이성태가 무슨 이유로 한때 이념적 동지였던 사람들을 죽음으로 이끄는 증오의 화신이 됐는지는 아직 알려져 있지 않다.

김한은 끝내 밀정 혐의를 벗지 못했다. 시기를 특정할 수는 없지만 1932~1934년 어느 때에 그는 내무인민위원부 관료들의 손에 사형당했다.

'국제선' 그룹 검거와 무관

'국제선' 그룹의 1930년 2~4월 검거 사건은 어떻게 일어났는가. 무엇이 단서가 되어 대규모 검거가 자행되었는가. 경찰 보고서를 통해 이 의문에 대한 답을 찾을 수 있다.

건거 사건을 마무리하던 1930년 5월 시점에 조선총독부 경무국장이 작성한 긴 분량의 사건 기록이 있다. 기록에 따르면 수사의 단서는 1930

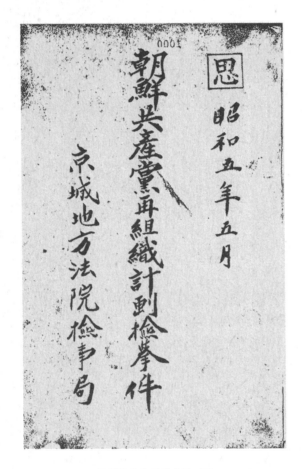

국제선 검거 사건 수사 기록
1930년 국제선 검거 사건 경찰 수사 기록 표지.

년 2월 22일 이른 새벽에 서울 시내 여러 곳에 배포된 격문이었다. 광주 학생운동이 계기가 되어 전국으로 학생운동이 확산되고 있던 때였다. 격문은 학생들의 궐기를 촉구하는 내용이었지만 지질과 인쇄 상태가 통례적인 것과는 달랐다. 대다수 격문은 등사판으로 제작한 값싸고 볼품없는 외양이었다. 하지만 이 격문은 활자로 인쇄된 고급스런 것이었다. 경기도 경찰부는 이 사안을 중히 여겼다. 서울 시내 각 경찰서 고등계 주임들을 소집하여 연석회의를 열었다. 대규모 불온 단체가 잠재해 있음에 틀림없다는 판단하에 본격적인 수사가 시작됐다. 결국 국제선 검거 사건의 발단은 누군가의 밀고가 아니라 반일 격문 사건의 수사망이 확대되는 과정에서 예기치 않게 경찰에게 포착된 것임을 알 수 있다.

3장

김단야.

05

3·1운동의 숨은 공로자, 김단야

학생 동원과 독립선언서 배포에 기여

국제선 공산주의 그룹의 최상급 지도자 김단야는 생애 말년에 자신의 혁명운동 참여 이력에 관해 글을 썼다. 〈자전自傳〉이라는 제목의 10여 쪽짜리 원고였다. 이 글에서 그는 언제 처음으로 혁명운동에 참여했는지를 밝혔다. 바로 3·1운동이었다. 열아홉 살 되던 1919년, 배재고등보통학교 3학년에 재학 중일 때 혁명적 삶을 시작했노라고 썼다.

김단야
3·1운동 이듬해 중국 상하이에 망명했을 무렵의 김단야.

나는 도쿄 조선인 유학생들의 선언문 사본을 입수하여 그것을 일일이 손으로 필사해서 많은 복본을 만든 후 그것들을 고등보통학교 학생들에게 나누어주고, 경성에 있는 모든 고등보통학교의 대표들로 구성된 지하 학생위원회의 조직자로 활동했다. 이 위원회는 3월 봉기를 준비하는 센터와 연락을 취하면서 시위에 학생 대중을 동원하고 경성에서 독립선언서를 배포하는 데 큰 공을 세웠다. 위원회 멤버들은 자기들끼리 역할을 분담하여 선언서를 외국 영사관과 선교단에 전달했고, 나도 그것을 영국 영사 및 프랑스 선교사에게 직접 전해주었다.[1]

'도쿄 조선인 유학생들의 선언문'이란 다름 아닌 〈2·8독립선언서〉를 가리킨다. 도쿄 유학생들의 독립운동이 고보 재학생 김단야에게 커다란 감화와 영향력을 행사했던 것이다. 그는 필사를 통해 많은 복본을 만들었다고 한다. 동료 학생들에게 배포하기 위해서였다. 김단야는 '선언문'을 여러 차례 필사하면서 내용을 숙지했을 것이다. 〈2·8독립선언서〉의 정세관과 정책론 등이 그의 내면에서 큰 공명을 얻지 않았을까 싶다.

김단야가 경성 시내 고보생 대표들로 구성된 학생위원회에 참여했다는 문장이 눈에 들어온다. 그는 배재고보 대표 자격으로 위원회의 일원이 된 것으로 보인다. 3·1운동 전야에 이러한 비밀결사가 존재했다는 사실이 새롭게 느껴진다. 종래에도 학생단의 존재는 알려져 있었다. 1919년 1월 초순과 하순에 중국음식점 대관원에서 경성 시내 각 전문학교 학생대표들이 몰래 모임을 갖고 학생 지도부를 구성했다는 사실 말이다. 이른바 대관원 회합이었다. 하지만 이 지도부는 전문학교 학생대표들로 이뤄져 있을 뿐 고보생 대표들이 포함되어 있지는 않았다. 각 고보별 학생대표 조직이 만들어진 것은 그 뒤의 일이었다. 기존 연구에 의하면, 2월 초쯤

〈2·8독립선언서〉
김단야는 '도쿄 조선인 유학생들의 선언문',
즉 〈2·8독립선언서〉에 영향을 받아 수차례 필사하여 동료 학생들에게 배포했다.
*출처: 독립기념관

전문학교 학생단 대표 강기덕과 김원벽 등이 주도하여 고보생 대표자 조직을 결성했다고 한다. 해당 고보와 대표자들은 다음과 같다.

경성고보: 박쾌인, 김백평, 박노영
중앙학교: 장기욱
보성고보: 장채극, 전옥결
경신학교: 강우열, 신창준
선린상업: 이규송[2]

이 명단은 완전한 것이라고 보기 어렵다. 당시 경성에는 8개 고등보통학교가 있었는데 그중 배재고보, 휘문고보, 양정고보 등 세 곳이 빠져 있다. 위 명단 외에 드러나지 않은 사람들이 더 있었다고 추론할 수 있다. 김단야의 진술은 이러한 역사의 공백을 메울 수 있게 해준다. 누락된 세 학교 가운데 배재고보의 학생대표가 누구였는지 알려주고 있는 것이다.

김단야에 따르면, 고보생 대표들로 이뤄진 비밀학생위원회는 '3월 봉기를 준비하는 센터'와 유기적인 연락을 취했다. 바로 민족대표 33인을 가리킨다. 이러한 진술은 민족대표와 연계를 가지면서도 독립적인 2개의 비밀결사가 존재했음을 알려준다. 바로 전문학교 학생대표 조직과 고보생 대표 조직이다. 이 중에서 고보생 대표 조직, 곧 김단야가 말하는 비합법 학생위원회는 3·1운동에 즈음하여 세 가지 역할을 맡았다고 한다. 첫째, 만세시위 현장에 학생 대중을 동원하는 일, 둘째, 독립선언서를 경성 시내 곳곳에 살포하는 일, 셋째, 독립선언서를 경성에 주재하는 외국 영사관과 선교단에 전달하는 일이었다.

경성의 외국인들에게 독립선언서를 전달했다는 대목에 유의하자. 기존 연구에 따르면, 이 역할은 배재고보 교사 김진호가 맡았다고 한다. 그의 지시에 따라 배재고보 학생대표들이 3월 1일 정오에 각자 담당한 외국 영사관에 독립선언서를 전달했다는 것이다. 이 중에서 실명을 확인할 수 있는 이는 중국 영사관에 전달한 장용하뿐이었다. 그는 김진호의 지시에 따라 2월 27일에 중국 영사관의 위치와 구조를 확인하기 위해 사전 답사를 했다. 이튿날 독립선언서를 넘겨받았으며, 3월 1일 정오에 중국 영사관으로 가서 이를 전달했다고 한다.[3]

기존 연구 성과와 김단야의 진술 사이에는 역할 책임자가 누구였는지에 대해 어긋나는 점이 있지만 공통점도 있음에 주목할 필요가 있다. 배재고보 학생대표들이 선언서 전달에 중요한 역할을 맡았다는 점이다. 김단야와 장용하 등이 영국 영사관과 프랑스 선교사, 중국 영사관에 독립선언서를 전하는 역할을 성공적으로 수행했음은 의심할 여지가 없는 것으로 보인다.

지하유인물 제작·시위운동 참여

김단야는 3·1운동 준비 과정에만 멈추지 않았다. 3월 1일 이후에도 쉼 없이 반일운동에 참여했다. 그의 진술을 들어보자.

> 3월 1일 후에 나는 학교 동무들과 함께 〈반도의 목탁〉이라는 이름의 지하인쇄물을 만들었다. 3월 중순에 고향 쪽으로 내려가 시위를 두 곳에서 성공적으로 조직했으나 일본 경찰에 체포되어 투옥되었다. 그로부터 서 달 후, 징역 3개월 대신에 태형 90대를 선고받았는데, 그 이유가

판사의 말로는 내가 미성년자이기 때문이었다. 나는 3일에 걸쳐 매 90대를 맞고 난 후 석방되었다.

지하인쇄물 〈반도의 목탁〉 제작에 참여했다는 정보에 눈길이 간다. 만세시위운동이 활발하게 전개되던 1919년 3~4월에는 수많은 지하인쇄물이 조선 전역에 유포됐다. 경성에서 발간된 정기간행물만 해도 《조선독립신문》, 《자유민보》, 《진민보》, 《국민신보》, 《경성단신문》, 《자유신종보》 등이 있었다. 이외에도 경고문, 격문이라는 제하에 숱한 반일 격문이 나왔다.

〈반도의 목탁〉은 경찰에 적발된 탓에 관련자들이 누군지 이미 알려져 있다. 경성지방법원 판결문에 따르면, 배재고보 3학년 학생 장용하, 이봉순, 염형우와 경성고보생 이춘봉, 중앙학교 학생 서정기 등 5인의 고보생이 그 주역이었다. 이들은 출판법과 보안법 위반 혐의로 각각 1~3년 징역형을 선고받았다.[4]

하지만 이들이 〈반도의 목탁〉 팀의 전부가 아니었다. 김단야 외에도 체포되지 않은 구성원들이 있었다. 뒷날 프롤레타리아 문예운동을 개척한 팔봉 김기진이 대표적이다. 배재고보 3학년에 재학 중이던 김기진은 같은 반 반장이던 장용하와 함께 비합법 유인물을 만드는 작업에 참가했다고 회고했다. 3월 1일 밤부터 장용하의 하숙집에서 여러 동지와 함께 새우잠을 자면서 인쇄물을 만들었다고 한다. 도구는 등사판이었다. 새벽에 일어나 관훈동에서 소격동에 이르는 골목을 걸으면서 집집마다 대문 안으로 인쇄물을 집어넣었다고 한다.[5] 김기진은 3월 5일 남대문 시위 현장에서 체포된 까닭에, 김단야는 3월 중순에 귀향하면서 이 비밀 단체 검거 사건에서 벗어났던 것으로 보인다.

一、四月十三日京城ハ判洞一六四元毎日新報社員
卜一方ニ於テ發見シタルモノ
半島ノ大鐸第二号編輯兼發行所少年半嶋社
公約ヲ遵守スヘシ吾民族我等ノ獨宣言スルハ人道ノ
仁義ト大勢ノ公理ニ依リ光明正大ナル行動ト和平
莊重ナル態度ナリ我ノ獨立ヲ唱ヘル彼ノ顚覆ヲ
祝賀スルニアラス我ノ生存ヲ維持セントスルノテ彼
嫌死スルニ報復セントスルニアラス我同胞愼シメ彼等
カ近日被笞勞働者ヨリ我朝鮮衣服ヲ假裝セシメ
電車或ハ商店ノ窓戸ヲ破壞シ外人ノ耳目ヲ眩乱

〈반도의 목탁〉

김단야 등이 소속된 비밀결사가 간행한

〈만노의 목탁〉 제2호 필사본.

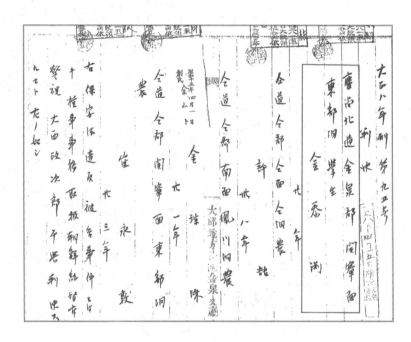

김천 3·1운동 판결문

1919년 3월 24일 경북 김천군 개령면 동부동 시위 사건 판결문에
김단야의 본명 김태연이 기재되어 있다.

경북 김천 개령면 동부동이 김단야의 고향이었다. 귀향한 후에도 그는 쉬지 않았다. 고향에 내려간 3월 중하순은 3·1운동이 '개시 국면'을 넘어 시위군중과 탄압 군경 사이에 일진일퇴를 되풀이하던 '파상 국면'에 접어든 시기였다. 김단야는 김천의 청년들을 결속하여 만세시위운동을 꾀했다. 그 결과 두 차례 시위운동을 성사시켰다.

그중 한 번은 3월 24일 고향 마을 뒷산에서 벌어진 산상 만세시위운동이었다. 이 시위운동은 일본 관헌의 탄압에 노출되고 말았다. 만세시위를 벌였다고 의심받는 사람들은 닥치는 대로 체포됐으며, 그중에서 네 사람이 재판에 회부됐다. 20~38세에 이르는 청년들이었다. 그 속에는 학생 김태연金泰淵이 포함되어 있었다. 바로 김단야의 본명이었다. 피고인들은 그해 4월 15일 대구지방법원 김천지청에서 보안법 위반 혐의로 유죄판결을 받았다. 재판부는 징역 3개월에 처해야 하지만 연령 등 여러 가지를 감안하여 태형 90대에 처한다고 선고했다. 속사정은 따로 있었다. 사실은 3·1운동 수감자가 급격히 늘어나서 수감 시설이 부족했기 때문이었다.

태형이란 엉덩이를 나무막대로 내려치는 형벌을 말한다. 조선강점 직후 1912년에 제정된 〈조선태형령〉으로 법제화된, 일본제국주의의 무단 통치를 상징하는 제도였다. 식민지 토착민인 조선인에게만 적용하는 차별적이자 모욕적인 징벌이었고, 인간의 신체에 직접 고통을 가하는 야만적인 형벌이었다. 김단야와 그 동료들은 하루 30대씩 3일에 걸쳐서 도합 90대의 매질을 당했다.

3·1운동이 혁명가로서의 첫걸음

김단야는 3·1운동의 숨은 공로자였다. 숱한 무명 유공자와 희생자들처럼 그의 3·1운동 참가 사실도 오랫동안 역사의 그늘에 가려져 있었다. 하지만 이제는 다르다. 김단야의 3·1운동 행적이 밝은 햇빛 아래 드러났다. 그는 3·1운동 발발 이전에 이미 비밀학생위원회 구성원이었고, 시위가 발발한 뒤에도 비밀결사 〈반도의 목탁〉의 일원으로서 반일 유인물의 제작과 배포에 헌신했다. 3월 중순에는 농촌 만세시위운동의 조직화에 참여했고, 그에 대한 보복으로 야만적인 형벌을 감내해야 했다. 3·1운동은 김단야에게는 혁명가로서의 삶을 시작하는 첫걸음이었다. 비밀결사 참여, 해외 망명, 사회주의 수용, 귀국 도중 체포 및 형무소 수감, 고려공산청년회와 조선공산당 결성 등으로 숨 가쁘게 이어지는 그의 혁명운동사의 첫 페이지에는 3·1운동이 자리 잡고 있었다.

06

민완 기자 김단야가
상하이에 특파된 까닭

기자 신분으로 세포 단체 연락책 역할

김단야도 합법 신분을 가진 때가 있었다. 1924~1925년 두 해가 그랬다. 24~25세 젊은 시절이었다. 그땐 식민지 수도 경성의 대로를 마음껏 활보할 수 있었다. 한평생 혁명운동에 몸담은 까닭에 비합법 영역에서 남의 이목을 피해 다니거나 해외 여러 나라로 망명해야 했던 그에게는 예외적인 시간이었다.

1924년 1월 신의주 감옥에서 출옥한 후 그러한 자유를 얻었다. 수감된 이유는 사회주의를 신진했다는 혐의였다. 압록강을 넘어 국내로 잠입하려다가 국경에서 그만 경찰에 체포되고 말았다. 1년 6개월 징역형을 선고받았는데, 실제로는 1년 10개월이나 갇혀 있었다. 경찰 신문과 검사국 예심 기간이 터무니없이 긴 까닭이었다.

김단야는 출옥 후 곧 운동 일선에 복귀했다. 그해 3월에 비밀결사 고려공산청년회의 중앙총국 위원으로 선임됐다. 체포될 때 재임했던 자리로 되돌아간 것이었다. 그뿐만이 아니다. 김단야는 합법 공개 영역에서도 활동의 거점을 마련했다. 그해 4월에 설립된 조선청년총동맹의 집행위원 가운데 한 사람으로 선임됐다. 합법·비합법 양 영역에서 조선 청년 운동의 진행 과정에 영향력을 미칠 수 있는 여건을 만든 것이다.

그의 합법 신분이 공고해진 데에는 또 다른 이유가 있었다. 바로 신문사 덕분이었다. 김단야는 그해 8월 조선일보사에 입사했다. 신문기자 직은 비밀결사의 중앙간부 역할을 수행하는 데 유용했다. 기자가 되면 여러 가지 활동의 편의를 얻을 수 있었기 때문이다. 먼저 철도를 이용한 지방 출장이 가능했다. 식민지 시대 철도 여행은 비합법 활동을 하는 사람에게는 매우 위험한 행위였다. 기차역 개찰구와 열차에는 어느 때건 경찰이 상주했다. 그들은 의심스러운 자가 있으면 불시에 검문했고, 소지품 검사를 했으며, 조금만 이상하다 싶으면 수시로 연행했다. 그러나 기자 신분증만 있으면 무사통과였다. 심지어 국경도 쉽게 넘을 수 있었다. 신의주를 통해 중국 영토로 나가거나 부산에서 배편을 통해 일본으로 도항하는 데 별다른 장애가 없었다.

김단야
1924년 1월 신의주 감옥에서 출옥한 후
8월 조선일보사에 입사한 김단야는 합법 신분으로
각 지방을 돌아다니며 비밀결사 세포 단체들과
연락하고 통신하는 업무를 수행했다.

김단야는 합법 신분을 활용하여 각 지방을 자유롭게 돌아다녔다. 표면상으로는 취재 활동이라 둘러댔지만 사실은 비밀결사 세포 단체들과 연락·통신 업무를 수행했다. 경찰이 막아서면 어디든 신문사 명함만 제시하면 그만이었다.

기자는 선전에도 유리했다. 해방의 이념과 자유의 서사를 전파하는 데 신문지면 이상으로 큰 영향력을 갖는 것은 없었다. 총독부의 검열과 정간의 위협 때문에 표현상 제약이 있긴 했지만, 대중의 마음을 획득할 여지는 남아 있었다. 김단야는 그 여지를 잘 활용했다. 그가 자신의 이름으로 《조선일보》 지면에 기고한 글들이 있다. 그중에서 특히 사람들의 주목을 끈 것은 〈레닌회견 인상기〉라는 제목의 11회 연속 기사였다. 레닌 사후 1주년을 기념하여 1925년 1월 22일부터 2월 3일까지 연재한 글이었다.[6] 이 글은 레닌의 사망 1주년을 맞아 각 신문사가 기획한 특집 기사들 가운데 가장 돋보였다.

김단야는 1921년 말 1922년 초 극동민족대회 참석차 모스크바에 갔을 때 조선 대표단의 일원으로서 직접 레닌과 회견했던 경험을 기사 속에 녹여 넣었다. 이 연속 기사는 독자들을 놀라게 했다. 극동민족대회 조선대표단의 활동상을 합법적인 신문지면을 통해 접할 수 있었기 때문이다. 세계사적 영향력을 지닌 레닌과 직접 면대한 조선인의 기록이라는 점, 조선일보사 현직 기자가 직접 그러한 글을 썼다는 점 등도 눈길을 끌었다.

김단야는 민완한 신문기자였다. 국내외 정세에 밝고 문장력이 좋았다. 외국어 능력도 출중했다. 중등학교 이상의 교육을 이수한 조선인이라면 다들 할 줄 아는 조선어와 일본어 외에 두 개의 외국어를 더 구사했다. 중국어와 영어로 외국인과 의사소통을 할 수 있었다.

제주도 바라보며 조국애 절감

김단야의 기명 기사 가운데 상하이에 관한 것이 있다. 〈제주도를 조망하면서, 상해 가는 길에〉와 〈두 번째 상해를 밟고, 신년을 맞으면서〉가 그것이다. 이 글들은 상하이에 가는 노정에서 겪은 일과 상하이라는 공간이 조선인의 삶과 역사에서 갖는 의미를 묘사하고 있다. 그중 한 구절을 읽어보자. 김단야의 내면의식과 재능을 엿볼 수 있다.

> 조금씩 흔들리던 선체는 아주 자는 듯이 침착하여졌다. 둥그런 유리창을 통하여 멀리 푸른 물결 저편에 뫼 같기도 하고 구름 같기도 한 것이 겨우 곤한 잠을 채 깨지 못한 나의 시선을 물들인다. 나는 정신을 차려 한참 주목했다. …… 과연 큰 섬이었다. 그러나 크고 높은 산이었다. 그 섬이 즉 산이오, 그 산이 즉 섬이었다. 그것이 곧 제주도인 한라산이오, 한라산인 제주도이었다.[7]

김단야는 남해 먼 바다를 항해하는 여객선 로쿠칸마루호 선상에서 객실 유리창을 통해 멀리 제주도를 바라보고 있었다. 일본 모지항에서 출발

김단야의 기사
상하이 특파원 김단야가 송고한 첫 번째 기사 〈제주도를 조망하면서, 상해 가는 길에〉.
《조선일보》1925년 1월 26일.

하여 49시간의 항해 끝에 목적지에 도착하는 항로였다. 1924년 12월 30일 오후 2시에 출항했으니까 상하이 도착 예정시간은 해가 바뀌는 1925년 1월 1일 오후 3시였다.

그는 제주도를 바라보면서 '고국'에 대한 사랑을 느꼈다고 썼다. "아! 저것이 과연 제주도이다. 나의 고국의 산천이다"라는 탄성이 마음속에서 솟아났다. "저 땅에서 발을 옮겨 놓은 지가 불과 3일이 못 되는"데도 그랬다. 경성을 떠난 게 3일 전이었음에도 "그 땅이 새삼스럽게 그립고 보고 싶었다"고 말했다. 일본의 식민지 통치하에서 발간되는 신문에 싣는 글이었음을 감안하면, 매우 위험하고 아슬아슬한 표현이었다.

그는 갑판으로 올라갔다. 혹여 흰 옷 입은 사람이라도 보이겠나 싶어서였다. 마침 망원경을 지닌 중국인 승객이 곁에 있었다. 김단야는 말을 걸었다. 망원경을 좀 빌려 달라고 중국어로 청했다. 하지만 그는 못 알아들겠다고 답했는데, 광둥어였다. 김단야는 그제야 그 사람이 광둥 사람인 줄 알고서 다시 광둥어로 청했다고 한다.

김단야가 중국어에 더해 광둥어까지 구사할 수 있었던 것은 상하이 및 광저우 체류 경험 덕분이었다. 3·1운동이 발발한 1919년 12월에 망명을 단행한 그는 1922년 4월에 입국을 시도할 때까지 주로 상하이에서 체류했다. 1920년에는 무관학교에 수학할 목적으로 광저우에서 4개월간 머물기도 했다.

김단야가 상하이로 간 목적은 무엇인가. "저 땅을 떠난 지 불과 3일도 못 됐다"는 문장에서 엿볼 수 있듯이, 그는 조선일보사의 사명을 받고 특파원 자격으로 중국으로 출장을 가는 중이었다. 그렇다면 그는 과연 무엇을 취재하려고 했는가. 상하이에서 기고한 두 기사만으로는 김단야 특파원의 소임이 무엇이었는지 짐작하기 어렵다. 상하이로 가는 노정기라는

가 상하이 조선인 사회에 관한 스케치 기사는 흥미롭기는 하지만, 따로 특파원을 파견할 것까지는 없는 평범한 테마였다. 도대체 김단야는 왜 상하이에 출장을 갔을까?

명분은 중국 군벌 간 전쟁 취재

최근에야 이 의문을 해소할 수 있었다. 김단야가 1937년 2월 작성한 〈자서전〉에 1924년 말~1925년 초 상하이 출장의 비밀이 담담하게 적혀 있음을 발견한 것이다.

> 1924년 말 상해 소재 코민테른 집행위원회 원동국은 〈상해로 한 동무를 보내 당과 공청의 사업 활동에 관해 보고하도록 하라〉고 내게 알려왔다. 내가 보고자로 지목되었다. 나는 《조선일보》에서의 나의 위치를 이용하여, 전쟁에 대한 정확한 정보를 얻기 위해 상해로 임시 특파원을 보내야 한다고 신문사 사장을 설득했다. 그때 마침 쑨추안판 장군(장쑤성장)과 루용샹 장군(저장성장) 사이에 전쟁이 벌어지고 있었는데, 결국 상해와 중국어를 아는 사람으로서 내가 꼭 가야 한다는 동의를 받아냈다.[8]

이 기록에 따르면, 김단야가 상하이로 여행을 떠난 진짜 이유는 비밀 결사운동 때문이었다. 상하이에 소재하는 국제당 원동국과 경성에 소재하는 공산주의 비밀결사 집행부 사이에 업무 연락의 필요성이 제기된 것이다. 김단야는 당과 공청의 내막을 잘 아는 핵심 간부인 데다가 합법 신분이 튼튼했다. 국경을 넘어 오가는 데 그보다 적절한 사람이 없었다.

그뿐인가. 그는 중국어와 영어를 구사할 수 있었다. 당과 공청의 집행부를 대표하여 국제당 원동국과 책임 있게 업무를 협의할 수 있는 적임자였다.

상하이로 특파되기 위해서는 신문사 경영진을 설득해야 했다. 당시 조선일보사 사장으로는 사회적으로 신망이 높은 이상재가 추대되어 있었고, 상무이사에는 신석우가 재임하고 있었다.[9] 김단야가 설득했다는 경영진은 아마도 신석우였을 것이다. 김단야는 중국 군벌전쟁의 취재 필요성을 제기했다. 1924년 8월에 발발한, 장쑤성의 쑨추안판孫傳芳과 저장성의 루용샹盧永祥 두 군벌 사이의 전쟁 양상을 보도하는 것이 긴요하다고 주장했다. 특파원으로는 자신을 추천했다. 2년여 상하이 체류 경험이 있고, 중국어를 구사할 수 있다는 점을 부각했다.

장쑤·저장 군벌전쟁 풍자 삽화
김단야는 중국 군벌전쟁의 취재 필요성을 제기하면서 특파원으로 자신을 추천했지만
사실은 비밀결사 해외 연락 임무 때문이었다. 그림은 장쑤성의 쑨추안판과 저장성의 루용샹
두 군벌 간 전쟁의 발발을 풍자한 신문 삽화.
《동아일보》 1925년 1월 1일.

국제당 측과 조선공산당 창당 논의

결국 김단야는 1924년 12월 말부터 이듬해 1월 하순까지 상하이 출장을 다녀올 수 있었다. 그의 상대는 국제당 원동국 책임자 보이틴스키였다. 두 사람은 국제당 지부로서 조선공산당 창립 문제가 최대 현안이라는 점에 동의했고, 이 사안을 해결하기 위해 행동에 나서기로 합의했다. 김단야와 보이틴스키는 행동 골자를 입안하는 데 성공했다. 4개 대회를 한꺼번에 준비한다는 복잡하고도 거창한 복안이었다. 비밀 영역에서 당과 공청의 창립대회를 성공적으로 개최하기 위해 합법 공개 영역에서 전국 규모의 두 종류 대중 집회를 소집한다는 계획안이었다. 김단야가 상하이 출장에서 되돌아온 직후, 조선공산당 창립대회를 준비하는 대규모 계획이 은밀하게 실행에 옮겨지기 시작했다.

07

경성 하늘에 적기가 나부끼다

정동 소련 총영사관에 쏠린 일본 경찰의 시선

경성 주재 소련 총영사관이 개관하던 1925년 9월 24일, 일본 경찰들의 눈매는 날카로웠다. 영사관 건물 안팎에 배치된 정사복 경찰들은 혹여 은밀하게 접근하는 자가 있는지 살피며 경계 태세를 늦추지 않았다. 낮 12시에 세 발의 폭죽이 하늘로 날아오르자 소련의 붉은 깃발이 게양됐다. 하객으로 참석한 총독부의 몇몇 관리와 영국, 프랑스, 중국 영사관 소속의 외교관들이 박수를 쳤다. 경성 하늘에 적기가 힘차게 휘날리기 시작했다. 혁명을 상징하는 붉은 깃발이 경성 하늘에 게양된 모습은 대단히 이채로웠다.

경성에 소련 외교기관이 설립될 수 있었던 근거는 일소기본조약이었다. 일소기본조약은 1925년 1월 20일에 소련과 일본 사이에 체결되고 2월 25일에 비준되, 소련과 일본의 국교를 정상화하기 위한 기본 원칙을

정한 것이었다. 정식 명칭은 '일본국 및 소비에트사회주의공화국연방 간의 관계에 관한 기본적 법칙에 관한 조약'으로 양국 간의 첫 번째 조약이었다.

소련 외교관들이 하나둘 입국했다. 소련 총영사관의 초대 총영사 바실리 샤르마노프는 일본 도쿄에서 부임해 왔고, 부영사 드미트리 무르친은 하얼빈에서 전근해 왔다. 총영사관에 딸린 러시아인은 12명이었다. 이 중에서 6인은 가족이고, 6인은 구체적인 소임을 가진 외교부 임직원이었다. 총영사, 부영사, 통역, 사무원, 타이피스트, 고용인 등 6명이 한 팀이었다. 이 외에 통역을 하고 신문기사 스크랩과 번역도 하는 조선인들이 서너 명 고용되어 있었다.

총영사관 건물로는 경성 시내 정동에 위치한, 대한제국 시절의 구 러시아대사관이 제공됐다. 러시아혁명이 발발한 이래 8년간 비어 있던 건물이었다. 소련 측은 수만 엔의 수리비를 들여서 영사관 구내의 정원과 길을 단장했고 영사관 출입문도 신축했다.

경찰은 소련 총영사관 안팎을 면밀히 주시했다. 영사관의 존재 자체가 조선인 사회주의자들에게 심리적 자극과 충동을 줄 가능성이 있었기 때문이다. 특히 소련에서 발행되는 신문과 잡지를 비치하여 일반인의 출입을 허용하고 있는 총영사관 도서실이 치안 교란의 원천이 될 수 있다고 우려했다. 매년 11월 7일에 거행하는 러시아혁명 기념일 행사도 그랬다. 축하차 총영사관을 방문하거나 축전을 보내는 조선인들이 있었다. 어느 경우나 다 엄중한 경계 대상이었다.

그래서일까. 총영사관을 공공연히 출입하는 사람은 거의 없었다. 총영사관 측도 조심했다. 일본 관헌과의 마찰을 피하고 싶어 했다. 적어도 표면상으로는 조선인들의 총영사관 출입을 달가워하지 않았다. 심지어

샤르마노프 총영사와 경성 주재 소련 총영사관
경성 주재 소련 총영사관의 초대 총영사 바실리 샤르마노프와 경성 주재 소련 총영사관.
총영사관 건불로는 내인제국 시절이 구 러시아대사관이 제공됐다.
《동아일보》 1925년 9월 7일.

총영사관 출입문을 스스로 폐쇄하여 조선인의 출입을 막는 경우도 있었다. 1926년 6월 망국의 군주 순종 황제가 운명했을 때 그랬다. 3·1운동과 같은 독립운동의 일대 고조 현상이 재현될지도 모른다고 예측되자 일시적으로 출입문을 폐쇄하기도 했다.[10]

경찰이 보기에 소련 총영사관이 조선인 사회주의자들을 지원하는 것은 사실상 불가능했다. 조선 내외의 비밀 연락거점이 되거나 불온사상의 선전 기지가 될 가능성도 매우 적었다. 비밀결사의 운동자금이 그곳으로부터 유출되거나 전달될 우려도 없었다. 일본 경찰은 그렇게 판단했다.

총영사 부임 당일 인터뷰한 김단야

소련 총영사관 관련 기사는 일간 신문의 뜨거운 소재였다. 경성 하늘에 적기가 펄럭이다니 매우 놀랍다는 반응이었다. 붉은 색만 봤다 하면 죽을 둥살 둥 덤벼드는 경찰 당국도 어찌할 도리가 없게 됐다고 풍자하는 신문까지 있었다. 영사관 주변에 경찰을 겹겹이 배치할 것이니 아마도 순사들로 이뤄진 '순사성'을 쌓을 게 틀림없다고 비꼬는 만평도 실렸다.[11]

이제 막 부임해 온 바실리 바실리예비치 샤르마노프 총영사의 일거수 일투족은 관심의 초점이 됐다. 나이는 40세, 모스크바대학 경제학과를 졸업한 직업 외교관이었다. 그가 경성역에 도착한 것은 1925년 9월 5일 저녁 7시였다. 직전 근무지인 도쿄 주재 소련대사관을 떠나 기차 편으로 새 근무지에 부임해 왔다. 일행은 둘이었다. 통역 겸 수행원인 게오르기 키바르친이 동행했다. 그는 레닌그라드 동양어학전문학교 학생으로서 20대 젊은이였다. 두 사람은 경성역 인근에 위치한 조선호텔에 여장을 풀었다.

당연히 영사관에 짐을 풀어야 했지만 그럴 수 없었다. 총독부와 교섭하여 영사관 부지를 제공받고, 돈을 들여서 수리를 하고, 영사 업무와 대민 서비스 시스템을 갖추는 것이 모두 그가 새로 해야 할 일들이었다.

호텔에 든 지 얼마 안 되어 조선일보사 기자가 찾아왔다. 인터뷰 요청이었다. 샤르마노프 총영사는 그 기민함에 놀라움을 감추지 못했다. 요청이 너무나 빨랐기 때문에 혹시 일본 경찰 관계자가 아닌지 의심했을 정도였다고 한다. 덕분에 《조선일보》는 다른 어느 신문들보다 신속하게 9월 6일 자 신문 지면에 신임 소련 총영사의 동정과 인터뷰 기사를 실을 수 있었다. 《조선일보》만이 아니었다. 경쟁관계에 있는 다른 신문들도 앞서거니 뒤서거니 하면서 소련 총영사에 관한 기사를 쏟아냈다.

소련 총영사관 적기 만평
경성 하늘에 적기가 펄럭이는 광경은 언론의 뜨거운 소재였다.
총영사관 주변을 경찰이 겹겹이 둘러싸 '순사성'을 쌓을 게 틀림없다고
비꼬는 만평도 실렸다. 《동아일보》 1925년 9월 7일.

일간신문 기사에는 공통점이 있었다. 총영사관이 조선과 러시아 사이의 관계를 증진하는 데 공헌하기를 바라는 기대감이었다. 가장 두드러진 것은 감격이었다. 《조선일보》 1925년 9월 7일 자 사설을 보자. 논설부 기자 신일용이 집필한 〈소련영사 부임에 즈음하여〉라는 제하의 이 사설은 조선 사람들의 격정을 토로한 명문장으로 손꼽힌다. 신일용은 소슬한 경성의 가을 하늘에 적기가 나부끼는 현실에 무한한 감격을 느낀다고 썼다. 적기는 정의를 위해 헌신한 많은 의사의 피로 물들인 깃발이며, 인류 역사의 투쟁의 시기를 표상하는 상징이라고 의미를 부여하고 있다.[12]

이튿날인 9월 8일 자 《조선일보》 사설은 한 걸음 더 나아갔다. 또 신일용이 펜을 들었다. 〈조선과 러시아와의 정치적 관계〉라는 제목이었다. 조선의 민족적·계급적 해방운동은 소비에트러시아의 세계 혁신운동과 보조를 일치시켜서 나아가야 한다는 내용이었다. 일본 경찰은 이 사설을 문제 삼았다. 사유재산제도를 부인하고 일본제국의 국체를 타파하는 선동

신일용
1925년 9월 7일과 8일,
《조선일보》 논설부 기자였던 신일용은
소련 총영사가 조선과 러시아 간 관계 증진에 공헌하기를
바라는 기대감을 담아 〈소련영사 부임에 즈음하여〉,
〈조선과 러시아와의 정치적 관계〉라는 사설을 집필한다.
사진은 조선총독부 경기도 경찰부의 일제감시대상
인물카드에 수록된 신일용의 모습.
＊출처: 국사편찬위원회

적인 기사로 간주하여 중벌을 가했다. 9월 8일 자 신문을 압수하고 그다음 날에는 무기 정간 처분을 내렸다. '정간'이란 신문 발행을 중단시키는 행정처분을 말하는데, 신문 경영에는 치명적인 조치였다. 신문사의 존폐와 관련된 심각한 억압이었다. 기자도 무사하지 못했다. 신일용은 치안유지법 위반 혐의로 경성지방법원 검사국에 송치됐다.

샤르마노프 총영사의 내밀한 보고서

샤르마노프 총영사는 본국 외무성으로 상신하는 보고서에서 이렇게 썼다. 경성에 도착한 직후의 상황에 대해서였다.

> 현지 신문기자들을 만났습니다. 당신도 알다시피 모스크바에서 남만춘으로부터 신문사에서 일하는 15명의 조선인 공산주의자들의 성명을 받았습니다. 그 외에도 Gr. 동무에게서 얼마 전에 그 명단 속에서 가장 믿을 만한 4명의 이름을 보충적으로 받았습니다. 내가 도착한 지 20분 뒤에 경성역 호텔에 그 명단 속에 있는 한 사람이 신문기자 자격으로 나타났습니다. 나는 그처럼 빠른 접근에 깜짝 놀랐고 의혹을 품었습니다. 얼마 후 알게 됐습니다. 그는 조선일보사에서 근무하는 김단야인데, 그의 기자 신분을 이용하여 곧바로 나를 만났던 것입니다.[13]

경성에 도착한 직후, 호텔 방에 들어간 지 불과 20분 만에 신문기자가 방문했다고 한다. 조선일보사 소속의 김단야 기자였다. 하지만 샤르마노프 총영사는 선뜻 그를 믿을 수 없었다. 너무나 빨랐기 때문이었다. 경찰이 아니고서야 어떻게 자신의 소재 정보를 그처럼 실시간으로 탐지할 수 있을까? 경찰의 지시를 받고 일하는 사람 같았다.

　다행히 샤르마노프에게는 신뢰할 만한 동지들의 명단이 있었다. 두 종류였다. 하나는 15명의 이름이 적힌 것으로서, 모스크바에 체류할 때 남만춘에게서 받았다. 남만춘은 조선공산당의 국제당 가입 외교를 지원하기 위해 맹활약 중이던 유명한 혁명가였다. 다른 하나는 가장 믿을 만한 4인의 이름을 기재한 명단이었다. 'Gr. 동무'라는 이가 제공했다고 한다. 아마도 그리고리 보이틴스키를 가리키는 것으로 해석된다. 그는

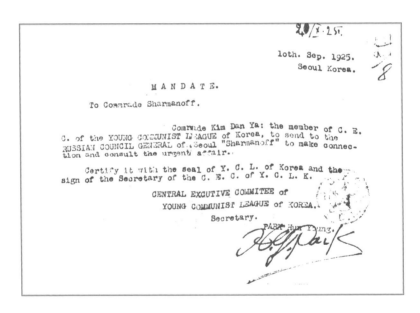

김단야 위임장
고려공청 책임비서 박헌영이 발급한 1925년 9월 10일 자 김단야의 위임장.
김단야가 고려공청 중앙집행위원이라는 점, 현안 관련 상호 협의를 위해
파견한다는 점 등이 명시되어 있었다.

1925년 4월 조선공산당 당대회 개최와 조선공산당의 국제당 가입을 진두에서 지휘한 국제당의 동아시아 전문가였다.

샤르마노프 총영사가 김단야를 신뢰할 수 있게 된 것은 바로 'Gr. 동무의 리스트' 덕분이었다. 4인의 동지는 누구인가. 조선공산당에서는 김재봉과 김찬이고, 고려공산청년회에서는 박헌영과 김단야였다. 이 네 사람이 보이틴스키가 지목한, 가장 신뢰할 수 있는 사람들이었다.

그것만으로도 충분했을 터였다. 하지만 김단야는 신뢰 구축을 위해 위임장까지 제출했다. 고려공청 책임비서 박헌영이 발행한 1925년 9월 10일 자 위임장이었다. 수신자는 샤르마노프 총영사였다. 이 조그만 증빙 문건에는 김단야가 고려공청 중앙집행위원이라는 점, 현안에 관한 상호 협의를 위해 파견한다는 점 등이 명시되어 있었다.[14]

경성 주재 소련 총영사관의 설립은 식민지 조선사회에서 다면적인 영향력을 행사했다. 언론의 역사에 부침을 초래했고, 사회주의운동사의 진행 과정에도 족적을 남겼다. 특히 국내 사회주의운동과 해외 국제기구 사이에 또 하나의 은밀한 연락 체계가 구축됐음이 주목된다. 이 체계를 개척한 사람은 《조선일보》 기자 김단야였다. 비밀결사 고려공청의 간부이기도 했던 그는 그 뒤로도 국제공산당과 밀접한 연계를 설정하는 데 남다른 성과를 올렸다.

08

스탈린 광기에 희생된 혁명가 김단야

돌아오지 않은 망명자들

해방이 되자 혁명가들이 되돌아왔다. 해외로 망명한 항일운동 참가자들이 속속 귀환했다. 중국 충칭重慶에서 임시정부 요인들이 돌아왔고, 옌안延安에서 독립동맹 인사들이 귀국했다. 미국에 살던 이승만도, 만주에서 활동하던 동북항일연군 조선인 간부들도 입국했다. 해외뿐이랴. 국내에서 비밀리에 활동하던 비합법 지하운동가들도 얼굴을 드러냈다. 옥중에 갇혀 있던 치안유지법 위반자들도 형무소 문을 열고 나왔다. 징병과 징용을 피해 깊은 산중에 은거하던 도망자들도 산에서 내려왔다.

　돌아오지 않는 이들이 있었다. 안타깝게도 망명지에서 생을 마친 사람들이 그러했다. 사망했다는 소식이 없었는데 돌아오지 못한 사람들도 있었다. 바로 모스크바에 망명한 혁명가들이었다. 소련은 국제관계상 오랫동안 일본과 적대적인 위치에 있었고, 세계혁명을 이끄는 코민테른이 소재한 곳이었다. 그뿐인가. 수십만 고려 이주민 사회가 형성되어 있는 땅이었다. 식민지 시대 한국의 사회주의자들이 모스크바로 이끌리는 것은 자연스런 현상이었다. 많은 혁명가들이 소련으로 망명했다.

모스크바에 망명한 그 많은 혁명가들은 왜 돌아오지 않는 것일까? 사람들은 궁금해 했다. 이역만리에서 행여 병이라도 얻어 세상을 떴기 때문일까? 아니야, 그곳에서 자리를 잡아 잘 살고 있기 때문이겠지. 이렇게들 짐작했다.

김단야가 좋은 보기였다. 김단야는 박헌영과 더불어 조선공산당의 최고위급 지도자로 손꼽히던 이였다. 해방 이듬해 아들 김단야의 소식을 찾아 서울에 올라온 김종원(70) 노인의 동향이 신문에 보도됐다. 소련에 망명한 아들이 해방된 후에도 귀국하지 않자 그 이유를 알아보기 위해 상경했던 것이다. "아들 생각이 나서 서울에 와 보니, 자세한 것은 모르고 모스크바에서 중요한 일을 하고 있다는 풍문만 들었습니다." 늙은 아버지는 기자에게 이렇게 답했다.[15] 아들의 소식을 끝내 확인할 수 없었던 노인은 하릴없이 고향 김천으로 낙향해야만 했다.

김단야
박헌영과 함께 조선공산당의 최고위급 지도자로
손꼽히던 김단야는 해방 후에도 돌아오지 못했다.
사진은 김단야의 32세 때 모습.

일본 밀정 혐의와 생활고로 위기

김단야가 위기감을 느낀 것은 1936년 8월부터였던 듯하다. 그때 그는 직장을 잃었다. 실직이라기보다는 책임 있는 직무로부터 배제됐다는 의미에서 숙청이라고 표현해도 좋을 것 같다. 그는 동방노력자공산대학의 한국학부장 직위에서 면직됐다. 1934년 2월 이래 2년 6개월 동안 한국학부장으로 재임하면서 한국혁명을 이끌어갈 사회주의자들을 육성해오던 차였다. 김단야는 이 직무를 중히 여겼다. 학부장으로 재임하는 동안에 "전력을 다하여 간부 양성을 위해 일했노라"고 자부했다.[16]

동방노력자공산대학은 한국 사회주의운동과 깊은 인연이 있는 기관이었다. 1921년 4월에 식민지 민족들의 해방운동을 지원하기 위해 코민테른이 설립한 고등교육기관이었던 이 대학은 설립 초창기부터 한국인 사회주의자들과 연관을 맺었다. 최근 한 연구 성과에 따르면, 1924~25년에 동방노력자공산대학 한국학부에 재학 중인 사람은 무려 120명이나 됐다.[17] 통칭 '모스크바공산대학'이라고 부르던 이 2년제 대학은 식민지 한국의 사회주의 청년들이 선망하던 교육기관이었다. 러시아어 학습을 위한 예비학부 재학기간 1년을 포함하면 좀 더 오랫동안 학적을 유지할 수 있었다.

김단야가 학부장을 맡고 있던 1930년대 중반에는 학부 규모가 줄어들었다. 1933학년도에는 한국학부 내에 3개 학급이 존재했는데, 학생 총수는 15명이었다.[18] 한참 성황을 보이던 1920년대 전반기의 16퍼센트에 지나지 않는 수였다. 한국혁명에 대한 코민테른의 관심과 지원이 예전 같지 않았음을 알 수 있다.

동방노력자공산대학

김단야가 한국학부장으로 근무하던 동방노력자공산대학.

1934년 2월부터 2년 6개월 동안 이곳에서 한국혁명을 이끌어갈 사회주의자 육성에 매달렸던 김단야는
1936년 8월 한국학부장 직위에서 면직됐다.

하지만 그때만 해도 아직 괜찮았다. 상황은 점점 나빠졌다. 코민테른에 한국혁명의 중요성에 관한 고려가 과연 존재하는지 여부를 의심케 하는 사건이 벌어졌다. 동방노력자공산대학의 한국학부 자체가 철폐되고 말았던 것이다. 김단야가 학부장 직에서 물러난 까닭은 바로 여기에 있었다. "1936년 8월에 한국학부가 폐지됨에 따라 나는 동방노력자공산대학을 떠났다"라고, 김단야는 자술서에 썼다.

왜 코민테른 당국은 한국학부를 폐지했을까? 해당 시기에 주목할 필요가 있다. 스탈린 대숙청이 바야흐로 막을 올리던 때였다. 숙청은 소련의 당과 군대와 정부기관의 책임 있는 인사들을 겨냥했다. 이 시기에 숙청이라는 말은 결함 있는 자의 면직과 새 인물의 등용을 뜻하는 통상적인 의미로 사용되지 않았다. '인민의 적'으로 지목된 혐의자가 체포, 고문, 자백, 재판, 처형을 차례로 겪는, 참혹하고 피비린내 나는 사건을 가리키는 용어로 쓰였다. 경찰 기록에 의하면 숙청의 절정기인 1937~1938년 두 해 동안 내무인민위원부 비밀경찰에 체포된 사람은 158만 명에 달했다. 그중 유죄판결을 받은 자는 134만 명, 사형을 당해 목숨을 잃은 이는 68만 2,000명이었다.[19] 일단 체포됐다 하면 거의 절반이 사형을 당하는 공포의 시절이었다.

숙청의 칼날은 러시아 국민뿐만 아니라 러시아에 체재하는 코민테른과 외국 공산당 요인들에게도 향했다. 벨라 쿤을 비롯한 헝가리 공산당원, 렌스키 서기장을 필두로 하는 폴란드 공산당 지도자들, 유고슬라비아·불가리아·독일·이탈리아 그 외 외국 공산당의 지도부와 일반 당원들이 희생됐다. 독일의 예를 들어보자. 1938년 4월 현재 소련에 거주하는 842명의 독일 공산당원들이 내무인민위원부 비밀경찰에 체포된 상태였다. 이 숫자는 실제보다 과소 집계된 것으로 평가되고 있다.

소련에 체류 중인 한국인 사회주의자들도 예외가 아니었다. 너나 할 것 없이 스탈린 대숙청에 휘말려들지도 모르는 위기감 속에서 지내야 했다. 1936년 8월 동방노력자공산대학의 한국학부 폐지는 이러한 정황을 반영한 사건이었다. 한국인 혁명가들이 '인민의 적'일지도 모른다는 의심과 경계의 눈초리에 노출된 것이다.

김단야는 해직 후 이중의 고통을 겪었다. 하나는 일본의 밀정이라는 혐의를 받게 된 일이다. 동료들에게 사적으로 그런 의심을 받더라도 보통 일이 아닐진대, 생살여탈권을 쥐고 있는 소련 국가기관으로부터 밀정 혐의를 받았으니 여간 위태로운 게 아니었다. 무슨 객관적인 물증이 있는 것도 아니었다. 그저 의심스러워 보였다는 것뿐이었다. 1929년에 조선공산당 재건운동을 위해 국내에 잠입해서 활동할 때 다른 동지들은 모두 체포됐는데 어찌하여 너는 무사히 국외로 탈출할 수 있었는가? 너의 가까운 동료 김한이 이미 밀정임이 판명되어 1934년에 처형됐는데 너는 과연 그의 정체를 몰랐는가? 김단야는 이러한 의심을 받았다.

또 하나는 일상생활의 어려움이었다. 그는 모스크바 시내에 있는 노보뻬레베덴스까야 거리 8번지에서 가족과 함께 살고 있었다. 아내 주세죽과 '비딸리'라는 이름의 세 살배기 아들, 이제 갓 낳은 딸아이였다. 이들이 거주하는 주택의 소유권은 동방노력자공산대학에 있었다. 교직원에게 배분되는 관사였던 것이다. 그런데 어쩌랴. 해직됐으니 주택도 비워줘야만 했다. 해직 이후 7개월 동안 두 차례나 가옥 양도 명령서가 배달되어 왔다. 대학 행정 당국이 보낸 공문이었다. 더이상 양도를 지체하면 재판에 회부하겠다는 냉정한 내용이 담겨 있었다. 오갈 데도 없이 길거리에 나앉게 생겼다.

그뿐이랴. 여권 문제도 있었다. 아내의 여권 기한이 만료되어 갱신을 신청했는데 웬일인지 갱신 허가가 떨어지지 않았다. 여권 발급 여부를 내무인민위원부가 심의하고 있는 게 틀림없었다. 주소지 행정기관도 인정사정없이 채근했다. 거주 기한을 넘겼다는 이유로 벌금을 내야 한다는 통보까지 보내왔다.

많은 문제가 뒤엉켜 있었다. 하지만 이 모든 게 결국 하나의 문제로 귀결됐다. 김단야는 만사가 "나 자신에 대한 근본 문제의 해결"에 달려 있다고 이해했다. "내가 믿을 만한 혁명자이냐 아니냐 하는 문제"였다. 속히 자신이 안고 있는 혐의에서 벗어나야만 했다.[20]

혐의 벗으려 현지 파견 요청도

김단야는 자기를 변호하는 필사적인 노력에 착수했다. 자신의 결백함을 뒷받침하는 근거와 논리를 제공하기 위해 장문의 글쓰기 작업을 시작했다. 1937년 2~3월에 여러 편의 글을 썼다. 자신의 혁명운동 경력을 소개하는 〈이력서〉, 밀정 혐의가 근거 없는 것임을 보여주는 상세한 〈해명서〉, 심문자들이 제기한 자잘한 의문들에 대한 답변을 적은 글들이었다.

그가 힘을 기울인 논점은 밀정 혐의에 대한 항변이었다. 그는 1929년 7월부터 12월까지 국내에 잠입해 들어가서 어떻게 비밀 활동에 임했는지를 상세히 묘사했다. 이때 김단야는 "흥분 중에 글을 썼다"고 한다. 그는 조선의 경험 많은 공산주의자 가운데 1925년 이래에 한 번도 체포를 당하지 않은 사람이었다. 남들이 다 잡혀가는 상하이에서도 무사했고, 한국 국내에 잠입해 들어가서도 임무를 마친 뒤 무사히 벗어나기를 두 차례나 거듭했노라고 말했다. 그는 이 대목에서 분노를 터뜨렸다. 이게 과

김단야의 〈해명서〉

1937년 2~3월 김단야가 결백을 뒷받침하기 위해 작성한 〈해명서〉 첫 장.
소련 국가기관으로부터 일본의 밀정이라는 혐의를 받게 된 김단야는 필사적으로 자신을 변호했다.

연 허물이냐고 말이다. 붙잡히지 않기 위해 기민하게 행동한 것이 의심받는 근거가 되느냐고 항변했다.

밀정 김한이 왜 자신을 경찰에게 밀고하지 않았는가? 심문관들이 집요하게 되묻는 질문이었다. 김단야는 답했다. 김한을 의심하지 않았노라고. 김한은 다년간 투옥 경력이 있는데다가 한국 사회주의운동의 개척자였기에 "일반이 혁명자로 인증하는 자요, 나도 그를 믿었다"고 말했다. 김한이 밀정이라고 인정하더라도 그의 동기를 자신은 알 수 없다고 썼다. 그것은 김한이나 일본 경찰이 알 일이지 자신이 추측으로 알 수 있는 것이 아니라고 항변했다.

김단야는 요청했다. 자신을 혁명 일선으로 파견시켜 달라고. 조선으로 가서 조선공산당 재건사업과 혁명운동에 종사하는 것이 자신의 바람이라고. 그는 "실지 전선에 가서 일하는 것이 나의 사명"이라고 말했다. 혁명가의 진실성을 입증해 보일 수 있는 유일한 길이므로 부디 허용해 달라고 청했다.

코민테른 간부 등의 구명운동도 허사

위기에 처한 김단야를 도우려는 움직임이 일어났다. 한국과 동아시아 혁명을 관장하는 코민테른 동방부의 임직원들이 나섰다. 그의 오랜 동료들이었다. 김단야가 1937년 2~3월에 장문의 이력서와 해명서 등을 집필한 것도 이 동료들의 제안에 따른 행동이었다.

동방부 임원 벨로프가 1937년 3월 2일에 구명의 손길을 뻗었다. 김단야가 '인민의 적' 혐의로 취조를 받는 와중이었다. 내무인민위원부 간부 뽈랴체크에게 공문 제11013호를 보냈다. 조선공산당 방면의 당면 사업을 위해 김단야를 현지 파견 대표로 선임했으니 그 집행 여부를 회신해 달라는 내용이었다. 캄캄한 어둠 속에 갇힌 김단야에게는 한 줄기 빛과 같았다.

그해 5월 4일에도 구명 움직임이 있었다. 코민테른 동방부의 또 다른 임원인 밀러와 최성우 두 사람이 연명으로 코민테른 간부국 알리하노프에게 공문을 보낸 것이다. 김단야를 조선공산당 방면의 실제 사업에 활용하고자 하는데 그의 정치적 경력의 한 부분이 아직 해명되지 않은 상태로 남아 있으므로 이 문제에 대한 결론을 가능한 한 속히 보내 달라는 요청이었다.

6월 7일에도 움직임이 있었다. 동방부 임원 벨로프가 다시 한번 내무인민위원부 뽈랴체크에게 회신을 독촉했다. 3월 2일 자 공문에 대한 회신을 속히 부탁한다는 내용의 공문을 발송했다. 동방부 임원

이성태
저명한 사회주의자이자 모스크바 망명객이었던 이성태는
1937년 9월 28일 김단야가 종파주의자이며 가까운 동료들 중 밀정으로 전락한 이들이
많았다는 의견서를 코민테른 비서부로 보냈다. 사진은 조선총독부
경기도 경찰부 일제감시대상 인물카드 속 모습(1929).
*출처: 국사편찬위원회

들의 거듭된 요청은 위기에 처한 김단야의 운명을 변화시킬 가능성이 있었다. 한국혁명이 중요하다면 혁명운동을 진작시킬 수 있는 자그만 가능성이라도 존중받지 않을까?

과연 운명의 추는 어디로 움직일 것인가? 마침내 8월 2일 내무인민위원부가 회신을 보내왔다. 김단야를 조선에 파견하는 것은 권고할 만한 일이 아니라는 내용이었다. 운명의 여신은 김단야에게서 등을 돌렸다. 1937년 상반기에 코민테른 동방부에 남아 있던 옛 동료들이 시도했던 숨가쁜 구명운동은 8월에 가서 결판이 났다. 실패로 끝나고 말았다.

벼랑 끝에 선 김단야의 등을 떠미는 동료도 있었다. 언론인 출신의 저명한 사회주의자이자 모스크바 망명객인 이성태는 그해 9월 28일 자로 코민테른 비서부에 의견서를 제출했다. 의견서에서 그는 김단야가 화요파 위주의 종파주의자이고 가까운 동료들 가운데 밀정으로 전락한 자들이 많았다고 주장했다. 김찬, 조봉암, 박헌영, 김한, 고명자 등이 밀정으로 지목됐다. 김단야는 검거의 소용돌이 속에서도 체포되지 않은 극소수에 속했고, 두세 차례 체포됐을 때에도 다른 동료들보다 현저히 낮은 형량을 받고 풀려났다고 쓰여 있었다.[21]

체포된 지 3개월 만에 총살형

김단야는 1937년 11월 5일 내무인민위원부 경찰의 손에 체포됐다. '반혁명 스파이, 테러 단체 결성' 혐의였다. 스탈린 대숙청의 다른 피해자들과 마찬가지로 그 또한 고문, 자백, 재판, 처형의 길을 걸었다. 체포된 지 3개월 만에 이 모든 과정이 종료됐다. 1938년 2월 13일 소련 고재판소 군사법정은 러시아 형법 58조 1항, 동 2항, 동 8항, 동 9항, 동 11항 위반죄로 김단야에게 재산 몰수 및 총살형을 선고했다. 형의 집행은 신속히 이뤄졌다. 선고가 이뤄진 바로 그날 총살형이 집행됐다. 매장지에 관한 기록은 남아 있지 않다.[22]

4장

홍범도.

09

귀순 공작에 맞선
홍범도 장군의 아내, 이씨 부인

홍범도 귀순 공작을 위한 인질

한국 주둔 일본군 북청수비구 사령관 야마모토 대좌는 새로운 결정을 내렸다. '폭도'들에 대한 귀순 공작을 강화하기로 한 것이다. 군사 작전만으로는 그들을 진압하기 어려웠다. '폭도'들이 사냥꾼이었기 때문이다. 개마고원의 넓고 험준한 산악지대를 제집 안마당처럼 휘젓고 다니던 이들이었다. 사냥꾼 출신 한국인 의병들의 전투력은 예상보다 훨씬 강력했다.

사령관은 1908년 4월 30일 자로 예하 제3순사대 대장 임재덕에게 명령을 하달했다. 함경남도 삼수·갑산에서 출몰하고 있는 '홍범도 폭도 무리'를 유인하라는 내용이었다. "귀관은 순사대를 인솔하고 5월 1일 북청을 출발, 갑산 부근에 이르러 적당한 지점에 위치하여 폭도 귀순 권유에 노력하라"고 지시했다. 방법도 제시했다. "홍범도의 가족을 귀순 권유의 수단으로 필요에 따라 수시로 사용할 것"을 명시했다.[1]

임재덕과 김원홍은 일본군 103명과 한국인 순사보조원 80명으로 구성된 토벌대를 이끌고 갑산군 창평리 산간 마을에 주둔했다. 홍범도 의병부대의 주둔지인 용문동 더뎅이 산골짜기가 지척이었다. 총기와 탄약을 넉넉히 지녔고, '속사포'라고 부르는 기관총까지 갖춘 막강한 토벌대였다.

임재덕은 일진회 간부이기도 했다. 1907년 7월 일진회 간부 송병준이 고종 폐위를 주도한 것과 관련하여 전국에서 봉기한 의병들은 일진회를 타도 대상으로 간주하고 있었다. 1907년 7월부터 이듬해 5월까지 11개월간 의병에 의해 처단된 일진회원은 무려 9,260명에 달했다.[2] 마치 내전 양상과 같았다. 의병과 일진회는 총을 맞대고 겨누는 적대세력이었다.

또 다른 지휘관 김원홍은 대한제국의 고급 장교 출신이었다. 구 한국군 참령 계급장을 달았던 고위 간부로서 북청진위대 대장까지 지냈다. 그는 대한제국 군대가 해산되자 기꺼이 일본군 휘하로 들어갔다. 통감부 예하 경찰 조직에서 경시 계급을 부여받고 반일 의병운동을 탄압하는 최일선에 서게 됐다.

'가족을 귀순 권유의 수단으로 사용한다'는 것은 무슨 의미였을까? 가족의 목숨을 담보로 해서 의병 지도자를 전향시키려는 끔찍한 술책이었다. 해방운동의 투사를 정신적·정치적으로 파멸시키려는 행위였다. 홍범도에게도 가족이 있었다. 함경남도 북청군 인필골, 깊은 산중 마을이었다. 처가 동네였다. 그의 아내와 두 아들이 늙은 장인 장모와 함께 살고 있었다. 일본군은 그 마을을 급습하여 홍범도의 아내와 열일곱 살 난 맏아들 홍양순을 토벌대 주둔지로 압송해 왔다. 홍범도를 위협하여 귀순을 이끌어낼 수 있는 인질이었다. 홍범도여, 가족의 안위가 걱정된다면 무기를 버리고 투항하라!

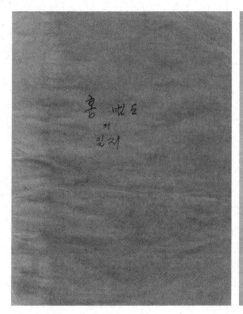

홍범도 일지
홍범도 자신이 출생에서부터 의병 참가 및 청산리전투 경험과
중앙아시아 지방으로 집단 이주할 때까지의 활동과 경력을 쓴 일지로 이함덕이 필사했다.
임재덕과 김원홍이 귀순을 권유하는 내용이 적혀 있다.
*출처: 독립기념관

혀를 끊어 고문에 맞서

홍범도의 아내 이씨 부인은 거센 압박을 받았다. 산중에 웅거한 남편 앞으로 투항을 권하는 편지를 쓰라는 거였다. 임재덕 순사대장은 아예 문안까지 일러줬다.

"일본 천황에게 귀순하면, 당신에게 공작 작위를 하사한다고 합니다. 우리 가족에게 경사스런 일입니다. 나는 물론이고 우리 자식들도 귀한 대접을 받으면서 살아갈 수 있지 않겠습니까?"

공작은 일본제국의 귀족 시스템 속에서 제1등급에 해당하는 최상층 작위였다. 망국 이후 일본 귀족으로 편입된 조선인 고관대작 중에서 어느 누구도 공작 작위까지는 오르지 못했다. 회유에 더하여 협박도 덧붙였다. 임재덕은 시키는 대로 하지 않는다면 너희 모자를 어육 내겠다고 위협했다.

이럴 때는 차라리 글을 쓸 줄 모른다면 더 좋았을 것이다. 하지만 이씨 부인이 글을 깨쳤다는 사실을 저들도 이미 인지하고 있었다. 응할까, 거절할까. 두 가지 길 외에 선택의 여지는 없었다. 어쩌랴. 고초를 각오해야만 했다. 이씨 부인은 결심했다. 거절의 뜻을 단호히 표명했다.

"계집이나 사나이나, 영웅호걸이라도 실 끝 같은 목숨이 없어지면 그뿐이다. 내가 설혹 글을 쓰더라도 영웅호걸인 그는 듣지 않을 것이다. 너희는 나더러 시킬 것이 아니라 너희 맘대로 해라. 나는 아니 쓴다."

홍범도는 그날 아내가 입에 담았던 말을 누군가에게서 전해들었던 것 같다. 평생토록 그 말을 잊지 않았는지 노년에 이르러서도 또박또박 기억했다.

이씨 부인은 혹독한 보복을 당했다. 고문이 그녀를 기다리고 있었다. 발가락 사이에 불붙인 심지를 끼워 넣는 등 야만적인 폭행이 쏟아졌다. 거듭되는 고문은 이씨 부인을 반죽음 상태로 몰아넣었다. 그래도 그녀는 끝내

만년에 재혼한 홍범도와 부인 이인복
홍범도는 환갑이 넘어서야 주위의 권유에 따라 1929년 이인복 여사와 재혼했다.
가운데는 이인복이 데려온 손녀 예카테리나.

결심을 바꾸지 않았다. 한 회상기에 따르면, 그때 이씨 부인은 스스로 혀를 끊어 고문에 맞섰다고 한다.[3] 처참했다. 그녀는 벙어리가 된 채 갑산 읍내로 이송되어 옥에 갇혔다가 머지않아 고문의 여독을 이기지 못하고 세상을 떴다. 출생연도가 알려져 있지 않아 향년을 정확히 댈 수는 없지만 아마도 30대 후반 즈음으로 추정된다.

일부 학자들은 이씨 부인의 이름이 옥녀였다고 말한다.[4] 북간도 조선 사람들 사이에서 전해 내려오는 말이라 하니 전혀 못 믿을 것은 아니지만, 뚜렷한 증빙이 없어 곧이곧대로 믿기는 어렵다.

이씨 부인이 홍범도와 부부가 된 것은 기이한 인연 덕분이었다. 처녀 시절 그녀는 비구니였다. 동기는 뚜렷하게 알려져 있지 않지만 일찍부터 북청 산골의 친정집을 떠나 금강산의 비구니 사찰에서 승려의 삶을 살고 있었다. 두 사람은 금강산에서 처음 만났다. 24세였던 홍범도도 승려였다. 금강산 유명한 사찰 신계사 지담 스님의 상좌승으로 있던 때였다. 평양 주둔 조선군 친군서영 제1대대 군인 출신으로, 제지공장 노동자로 일하던 그는 산중 사찰에 은신 중이었다. 부당한 대우와 임금 체불에 항의하여 공장주를 살해한 혐의로 쫓기고 있었다.

두 젊은 남녀가 금강산 깊은 산속에서 어떻게 처음 만났는지, 어떤 가슴 설레는 과정을 거쳐서 연인이 됐는지 등에 대해서는 알려져 있지 않다. 머지않아 젊은 여승은 임신했음을 알게 됐다. 두 사람은 승복을 벗고 하산하여 가정을 이루기로 했다. 우여곡절을 거쳐 두 사람이 정착한 곳은 여인의 친정이 있는 함경남도 북청군 안산사 노은리 인필골 마을이었다. 그곳은 북청에서 갑산 쪽으로 넘어가는 주요 길목인 후치령 고개 바로 아래였다.[5] 인필골에서 부부는 짧으나마 단란한 가정생활을 맛보았다. 부부는 아들 둘을 얻었다. 큰아들 양순이와 둘째 아들 용환이가 그들이다.

나이 마흔에 아내를 잃은 홍범도는 오랫동안 혼자 살았다. 주위 사람들의 권유와 성화에 새 부인 이인복 여사를 맞아들인 것은 20년이 지난 노년 때였다.

홍범도의 아들, 소년 의병 홍양순

이씨 부인의 협력을 얻어내지는 못했지만 그대로 물러설 인간들이 아니었다. 토벌대는 가짜 편지를 만들어냈다. 이씨 부인이 남편에게 직접 쓴 것처럼 꾸민 편지였다. 심부름꾼이 그 편지를 몸에 지닌 채 의병부대 주둔지 용문동 더넹이로 파견됐다. 그러나 산속으로 올라간 사자들은 돌아올 줄을 몰랐다. 이틀 동안에 여덟 차례나 사람을 들여보냈는데 아무도 되돌아오지 않았다.

토벌대 집행부는 홍범도의 맏아들 홍양순을 이용하기로 작정했다. 아홉 번째 사자였다. 귀순을 권유하는 가짜 편지를 쥐어주고 산속으로 올려보냈다.

양순은 아버지를 만날 수 있었다. 의병 지휘부로 사용되고 있는 집 문앞에 섰다. 홍범도는 격분했다. 아버지를 망치는 일에 아들이 가담하다니 용서할 수 없는 일이었다.

"이놈아! 네가 전 달에는 내 자식이었지마는, 네가 일본 감옥에 서너 달 갇혀 있더니, 그놈들 말을 듣고 나에게 해를 끼치려고 하는 놈이 됐구나. 너부터 쏘아 죽여야겠다!"[6]

홍범두는 방아쇠를 당겼다. 비명소리가 났다. 부관이 급히 뛰어나갔다. 천만다행이었다. 총알은 귓바퀴를 맞히고 지나갔다. 한쪽 귀가 떨어져 나갔지만 생명에는 지장이 없었다. 백발백중의 명사수 아니었던가. 격발 순간에 손가락이 떨렸음에 틀림없다. 결정적인 순간에 아버지의 고뇌가 작동한 듯하다.

상처를 회복한 양순이는 아버지의 의병 대열에 합류했다. 열일곱 살짜리 소년 의병이 됐다. 소년은 아버지를 따라 함흥 신성리 전투, 통패장골 쇠점거리 전투, 하남 안장터 전투, 갑산 간평 전투, 구름을령 전투, 괴통병 어구 전투, 동사 다랏치 금광 전투 등 여러 전투에 참전했다. 그러나 거기까지였다. 소년 의병 홍양순은 1908년 6월 16일 정평 바맥이 전투에서 전사했다.

노년이 되어서도 홍범도는 그 전투를 잊지 못했다.

"정평 바맥이에서 500명 일본군과 싸움하여 107명 살상하고, 내 아들 양순이 죽고 의병은 6명이 죽고 중상자가 8명이 되었다. 그때 양순이는 중대장이었다. 5월 18일 12시에 내 아들 양순이 죽었다."[7]

임재덕과 김원홍의 운명

이씨 부인을 죽음에 이르게 한 사람들은 그 뒤 어떻게 살았는가? 그들의 운명은 길지 않았다. 임재덕과 김원홍이 이끄는 토벌대 200여 명은 용문동 더덩 장거리 전투에서 홍범도 부대의 매복에 걸려들고 말았다. 그 결과 토벌대 지휘부를 포함하여 209명의 군경이 포로로 잡혔다.

용문동 의병 주둔지 지휘소 앞에 임재덕과 김원홍이 결박된 상태로 무릎이 꿇려졌다. 홍범도가 나섰다.

"너희 두 놈은 내 말을 들어라. 김원홍 이놈! 네가 수년을 진위대 참령

홍범도 일지

홍범도의 아내 이씨 부인을 죽음에 이르게 한 임재덕과 김원흥이
홍범도 부대의 매복에 걸려 포로로 잡힌 채 사형당하는 상황이 기록되어 있다.
*출처: 녹립기념관

으로 국록을 수만 원을 받아먹다가, 나라가 망할 것 같으면 시골에서 감자 농사하며 먹고사는 것이 그 나라 국민의 도리이거든. 도리어 나라의 역적이 되니, 너 같은 놈은 죽어도 몹시 죽어야 될 것이다. 임재덕도 너와 같이 사형에 다 처한다."

두 사람은 깎아 세운 두 개의 나무 기둥에 각각 묶였다. 홍범도가 명령을 내렸다. "석유통의 윗 딱지를 떼어 저놈들 목욕시키고, 불 달아 놓아라." 명령은 즉각 실행에 옮겨졌다. 일본군 토벌대를 지휘하던 전직 한국군 고급 장교와 일진회 간부는 그렇게 삶을 마감했다.

양반 의병장에 꺾인
'평민' 홍범도의 큰 뜻

지방 거점 도시 공략에 잇달아 성공

의병 봉기를 단행한 이듬해인 1908년 상반기는 홍범도 부대의 전성기였다. 승전에 승전을 거듭했다. 함경도 해안지대와 개마고원을 가르는 후치령 고개에서 일본군 1,400명 병력과 맞붙어 대승을 거뒀고, 그 기세를 몰아 산악지대 거점 도시들을 연거푸 해방시켰다. 1월 17일에는 삼수성

갑산읍성 진북루
1908년 2월 20일 홍범도 부대가 점령한
갑산읍성의 정남문 진북루.
ⓒ 장세윤

을 점령하고, 2월 20일에는 갑산읍성을 함락시켰다. 지방의 거점 도시 공략은 비정규전에 종사하는 의병부대로서는 여간 대단한 게 아니었다. 두 도시는 국경 방어의 요충지로서 성곽으로 둘러싸인 난공불락의 요새였다. 그곳에는 지방 행정기구, 순사 주재소, 우편 전신 취급소 등과 같은 통치기관이 있었고, 일본군 수비대와 그들을 돕는 일진회 민병대가 주둔하고 있었다.[8]

지방 거점 도시 공략은 정치적 의미가 컸다. 의병의 존재감을 과시하고 민중의 지지와 신망을 높일 수 있었다. 그러나 강력한 대규모 무장부대만 행할 수 있는 작전이었다. 성곽 도시를 점령하려면 수비군보다 몇 배나 더 우월한 병력과 화력이 필요했다. 단발령에 반발하여 봉기한 1896년 의병운동 때 그랬다. 충청도·경기도·강원도 접경지대에서 활동하던 유인석 부대는 충주성을 공략하여 보름간이나 점거했다. 을사늑약의 폐기를 요구한 1906년 의병 때에는 민종식 부대가 충청도 홍주성을 12일간 점령한 적이 있었다. 어느 경우든 모두 의병운동의 영향력을 한 단계 높인 엄청난 군사행동이었다. 홍범도 의병부대가 삼수와 갑산을 점거한 일도 그와 같았다. 심지어 두 개의 요새화된 도시를 거푸 공략한 사실은 의병운동 전투 역사상 특기할 만한 것이었다. 처음 있는 일일 뿐 아니라 가장 혁혁한 전과였다고 해도 지나치지 않다.

거점 도시의 점령은 의병부대의 전력을 강화하는 데에도 도움이 되었다. 의병은 삼수성에서 일본군 개인화기 30식 소총 284자루, 탄환 160상자, 구 한국군 진위대가 사용하던 베르던 소총 260자루와 탄환 15상자 등 막대한 물자들을 노획했다.[9] 의병의 전투 역량을 일거에 강화할 수 있는 쾌거였다. 홍범도 부대원 중에는 사냥업에 종사하던 포수들이 많았는데, 그들은 이때부터 화승총을 버리고 새 개인화기로 무장했다. 홍범도도 이

베르던 소총과 일본군 30식 소총
홍범도 부대가 삼수성 전투에서 노획한 베르던 소총과 일본군의 개인화기 30식 소총.
베르던 소총은 구 한국군 진위대가 사용하던 개인화기로
홍범도가 애지중지하던 무기였다.

때 획득한 베르던 소총을 애지중지했다. 전투 시뿐만 아니라 해외로 망명
할 때에도 소지하고 건너갈 정도였다. 총신 길이가 130센티미터이고 사
정거리가 280미터인 이 총은 정확도가 우수해서 장거리 저격용으로 적합
했다. 홍범도는 이 총기를 이용하여 백발백중의 사격 솜씨를 자랑했다.

홍범도 부대의 전투력이 그처럼 강할 수 있었던 데에는 남다른 이유
가 있었다. 병사들이 포수 출신이었기 때문만은 아니었다. 의병장의 비
범한 리더십과 인간적 매력도 요인 중 하나였다. 참모장을 지낸 김호의
증언에 따르면, 홍범도는 특이할 정도로 정직하고 겸손했다. 동료들을
사랑했으며, 특히 나이 어린 사람들을 극진히 사랑했다고 한다. 게다가
사격 솜씨가 출중했고 체력이 좋았다. 쉬지 않고 전투를 계속할 수 있었
고, 행군 중 위험한 곳에 도달하면 자신이 항상 선봉에 섰다. 예기치 않게
적군에게 포위를 당하면 기묘한 방법으로 포위망을 피해 빠져나오곤 했

는데 부하를 한 사람도 남기지 않았다고 한다.[10]

　하지만 그해 여름부터 홍범도 부대는 밀리기 시작했다. 보급 때문이었다. 고난은 대부분 '약'에서 비롯됐다. '약'이란 '약철'의 줄임말로서 탄약을 가리키는 홍범도 부대의 내부 용어였다. 의병들에게 추위와 식량난이 두렵지 않은 것은 아니었다. 하지만 그것은 참고 견디다 보면 우여곡절 끝에 요행히 극복되곤 했다. '약'은 달랐다. 탄약이 다 떨어졌을 때는 정말 대책이 없었다. 일본군 소부대라도 마주칠 기미가 보이면 도망하는 외에는 방법이 없었다. 뒷날 홍범도는 당시 상황을 회고하면서 매를 본 꿩이 숨듯 정신없이 달아나야 했다고 말했다.[11]

　의병장 홍범도는 탄약을 얻고자 갖은 노력을 기울였다. 전투를 통해 일본군에게서 노획하는 방법을 써왔지만, 의병 측의 희생이 컸다. 실패 확률도 컸다. 좀 더 안전하게 다량의 탄약을 획득하는 길을 열어야 했다.

탄약 구하려 이범윤에게 밀사 파견

해외로 밀사를 파견하여 탄약을 구매하기로 결정했다. 1908년 6월 23일, 장진 여애리 평풍바위에서 열린 의병총회에서 조화여와 김충렬 두 사람이 선발됐다. 믿을 만한 사람들이었다. 이들의 임무는 두만강 건너 러시아 영토인 노보키엡스크에 가서 탄약을 구매하는 일이었다. 한인들이 '연추煙秋'라고 부르는 그곳에는 대한제국의 전직 고위 관료이자 군사령관이던 이범윤李範允이 수백 명의 의병부대를 거느리고 웅거하고 있었다. 탄약을 구하기에는 안성맞춤이었다. 홍범도는 밀사들에게 일본 돈 2만 원을 주어 보냈다. 거금이었다. 전투를 통해 노획한 군자금이었다. 이범윤에게 제시할 의병장 홍범도의 편지도 비밀리에 지니게 했다. 밀사들의 신원을 보장하고 임무 수행을 도와달라는 정중한 요청을 담은 글이었다.

웬일일까? 파견원들이 돌아오지 않았다. 충분히 되돌아올 시일이 지났는데도 그랬다. 초조하게 기다리던 중 어렵사리 통신문이 도착했다. 놀랍게도 이범윤 부대의 옥중에 수감되어 있다는 뜻밖의 소식이었다.

다시 사절을 보냈다. 의병 가운데 말도 잘하고 사리 분별도 뛰어난 김수현이라는 사람이 선발됐다. 급히 현장에 가서 오해를 풀고 수감된 이들을 구해내는 게 그의 임무였다. 그러나 이번에도 소용없었다. 그마저 돌아오지 않았다.

탄약 확보를 위한 비상 수단을 취해야만 했다. 어쩔 수 없이 일본군 수비대를 습격하기로 했다. 홍범도 부대는 그해 11월 초에 압록강변에 위치한 신갈파진 일본군 요새를 공격했다. 그러나 무리한 작전이었다. 의병들이 요새에 웅거한 중무장 일본군 150명을 이길 수는 없었다. 전투는 실패로 끝났다. 게다가 일본군의 추격까지 당하게 됐다.

석 달 열흘 만에 러시아 망명지 도착

그날 밤 홍범도 부대는 쫓기듯 압록강을 건넜다. 망명이었다. 11월 2일 국경을 넘을 때였다. 홍범도는 눈물을 뿌렸다. 뒷날 회상기에 따르면, "이 물줄기가 수천 리 장강인데, 우리가 무사히 건너왔다. 부디 잘 있거라. 다시 볼 날이 있으리라"라고 말하며 울었다고 한다.[12]

홍범도를 따라 국경을 넘은 의병은 40여 명이었다. 절정기에는 2,800명에 달하던 대부대였으나 이제는 달랐다. 역전의 용사들이지만 탄약이 없었다. 맨손 부대였다. 탄약 보급 없이는 대오를 증원할 수 없었다. 홍범도는 용단을 내렸다. 의병부대의 일시적 해산을 결심했다. 후일을 기약해야만 했다. 서간도 퉁화通化를 거점으로 삼아 연락망을 유지한 채 삼삼오오 흩어지게 했다.

홍범도 곁에는 셋이 남았다. 의병 참모 권감찰, 러시아어에 능통한 김창옥, 유일한 혈육인 둘째 아들 홍용환이 그들이다. 네 사람은 러시아령 연추로 가기로 결정했다. 밀사들을 파견했던 곳이다. 끊긴 연락망을 복원하고 보급 문제를 해결하려면 그곳에서부터 시작할 필요가 있었다. 가까운 길도 있었다. 하지만 일본군 추격대와 주둔지를 피하기 위해서는 멀리둘러 가야만 했다. 목적지는 동쪽에 있지만 가는 길은 북쪽으로 잡았다.

걷고 또 걸었다. 때는 겨울철이었다. 만주벌판의 매서운 바람이 일행을 괴롭혔다. 지린吉林, 위슈시엔楡樹縣 등을 지났고, 아시허阿什河에서 중동철도 철길에 마주쳤다. 거기서 동쪽으로 방향을 바꿔 철길을 따라 또걸었다. 헝따오허즈橫道河子에 이르러서야 비로소 한인 마을을 만나 노자를 구할 수 있었다.[13] 12월 28일의 일이었다. 57일 동안 쉼 없이 걸었던것이다. 열두 살 소년이던 홍용환도 예외 없이 그 가혹한 행군을 겪어야했다.

다음부터는 기차와 배를 이용했다. 니콜스크우수리스크(소왕영), 블라디보스토크(해삼)를 거쳐 마침내 목적지에 도착했다. 두만강 너머 한인이주민들이 밀집한 곳, 연추였다. 1909년 2월 10일경, 조국을 떠난 지 석달 10일 만에야 그곳에 이르렀다.

홍범도는 알게 됐다. 왜 보급 문제가 해결되지 못했으며 파견한 대표들은 하나같이 연락이 두절됐는지를. 첫 번째 밀사 두 명은 이범윤 부대에게 군자금 2만 원을 빼앗기고 옥중에 수감되어 있었다. 두 번째 밀사는 자신의 사명을 잊은 채 이범윤 부대의 일원이 되어 있었다.

홍범도는 이범윤을 만났다. 냉랭하고 긴장된 공기가 감돌았다. 홍범도(41)가 정중하게 물었다. 자신이 파견한 두 사절을 왜 체포했습니까? 왜 감옥에 가뒀습니까? 그들을 일본의 밀정이라고 의심한 이유가 무엇입니까? 이범윤(53)의 답변은 명쾌하지 않았다. 파견원들의 체포 사실에 대해서는 자신은 알지 못한다고 했다. 투옥된 이유도 아마 신원증명서가 없거나 부실했기 때문일 거라고 답했다. 책임을 회피하는 무성의한 답변이었다.

양반 의병장의 무성의와 독단

두 지도자 간의 문제는 의병운동 지도부의 출신 차이에서 비롯됐다. 평민 의병장과 양반 의병장 사이에 갈등이 불거진 것이다. 이범윤이 1910년 5월에 작성한, 창의소 사무원 임명에 관한 〈위임장〉이 남아 있다. 거기에 적힌 그의 직위는 '관리사管理使 겸 각군산포사장各郡山砲社長'이었다. 스스로 대한제국 황제가 임명한 종3품 고위 관료이자 북부 산악 지방의 포수 동업조합을 대표하는 최고위 수장이라고 자임하고 있었다. 그래서인지 홍범도와 같은 평민 의병장은 마땅히 자신의 통제를 받아야 한다는 입장이었다. 그뿐인가. 홍범도 부대는 포수들로 이뤄져 있었다. 포수들은 동업조합 수장인 자신의 지휘를 받아야 한다는 게 그의 주장이었다. 홍범도 부대의 파견원들은 자신의 명령을 받아야 하며, 그들이 지닌 거액의 지급에 대해서는 상급자인 자신이 마땅히 관할권을 갖는다고 생각했던 것이다.

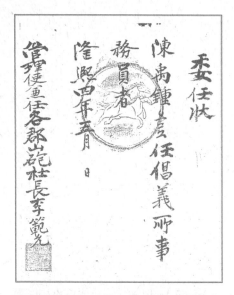

이범윤의 1910년 5월 위임장
이범윤의 직위가
'관리사 겸 각군산포사장'이라고 적혀 있다.
대한제국 황제로부터 받은 마패 직인이
선명히 찍혀 있는 게 이채롭다.
ⓒ 박환

홍범도
1913년 즈음 군자금을
마련하기 위해 광산·철도 노동자로
생활하던 시절 홍범도의
44세 때 모습.
*출처: 독립기념관

분통이 터질 일이었다. 홍범도 의병부대가 쇠락하게 된 이유가 양반 의병장의 독단 탓이었음이 명백했다. 의병 중에서도 가장 우수한 전투력을 보유했던 함경도 부대를 패퇴시킨 것은 일본군이 아니라 한국의 양반 출신 의병장이었다. 오히려 적군보다 더 치명적이었다. 하지만 홍범도는 참았다. 지도자 간의 분쟁은 민족해방운동을 약화시킬 우려가 있다는 판단 때문이었다. 연추 주민들의 여론이 그에게 위안을 줬다. '이범윤 죽일 놈'이라고 욕하지 않는 이가 없었다.

　　무엇이든 고조기가 있으면 퇴조기도 있는 법이다. 홍범도는 이 상황을 받아들이기로 했다. 군자금 2만 원은 이미 소진되어 없어졌음을 인정해야만 했다. 그는 노선을 바꿨다. 단기간 내에 국내로 진공하는 계획은 폐기했다. 좀 더 시간이 필요했다. 러시아 한인사회 내부에서 탄약 자금을 모금한 후 국내 진공 작전을 모색하기로 결정했다. 그의 러시아 체류 기간은 애초 예정보다 더 길어지게 됐다.

5장

김창숙과 두 아들.

11

김창숙의 편지로 본 망명객 심정

아들이 보고 싶은 병든 아버지

네 아비는 병들어 죽고 말아 너의 성공을 보지 못할 것이 한스럽구나.
아아! 네 아비는 집이 있으면서도 집이 없고, 죽어도 돌아갈 곳이 없도
다. 더구나 너는 아직 어려서 만 리를 달려와 상면하기가 쉽지 않으니
그 얼마나 슬프냐. 하지만 요즘은 교통이 매우 신속해서 남한에서 북경
까지 단 사흘밖에 걸리지 않으니, 네가 한번 와서 이 죽어가는 나의 마
음을 위로해 주지 않으련? 너는 이 정황을 이회 숙씨 및 문중 여러 어른
들께 빠짐없이 말씀드리고 떠날 차비를 서두르도록 하여라.[1]

아버지 김창숙이 어린 아들 김환기에게 보낸 편지의 일절이다. 베이징에
체류 중이던 1923년 5월 16일에 쓴 편지였다. 해외 망명길에 오른 지 5년
째 되던 해 양력으로 6월 29일, 음력 5월이므로 더위가 시작되던 때였다.

寄兒煥基 癸亥五月、在北京醫院時

上月晦間、曾投一葉於館洞、促汝赴燕、及吾未死而得相見也、日昨敬允書來、報以汝仲姑、已搬

性漢師、汝罷學校而入黃梅、從事於而晦叔兀下、消息爲不惡矣、未如汝能專意於古聖人之學、

卓然有立、以大吾家否、汝父病且死、未見汝成就、爲可恨也、嗚呼汝父、既有家而無家、死又無

所於歸矣、刜汝年尙幼、未易涉萬里而與之相會、何其戚也、但今交通快甚、由南韓達幽燕、直三

天耳、汝能否一來、慰此將死之懷也耶、汝可備將情事、陳稟于而晦叔及宗門諸長老、亟謀所以

整裝也、密城孫君永弼、吾石交也、吾甞折簡、囑其爲汝斡旋赴燕之事、汝其入京、拜孫君於水標

橋九十番地孫浩瓘家、以告行事、則必能勉力而善導之矣、汝可勿慮而登途也、汝如卜有行期、則

必迅以見告也、石川李郎、或得同伴甚善、可且走書商及也、去月乃希叔、以書來、所言絕恔、有

同癎人之喪性者、吾已駁覆而告絕矣、汝與而晦叔及諸宗、不可不知此意故、畧及之耳、而晦叔

前、合有致書、而病倦失敬、汝湏代達恨意也、大病垂盡、方寸已亂、臨穎不知所云、皆不申、癸亥

午月旣望、父草、見書卽答、至可。

김창숙이 맏아들 환기에게 보낸 편지
김창숙이 1923년 베이징에서 맏아들 환기에게 보낸 비밀편지.
*출처:《심산유고》(국사편찬위원회, 1973)

그해 여름 김창숙은 건강 문제로 고생하고 있었다. 오래전부터 앓고 있던 치질이 악화된 탓이었다. 통증이 심해 걷기조차 힘들 지경이었다. 인용문 첫 문장에서 아비가 병들어 죽을지도 모르겠다고 비관하는 마음을 토로한 까닭은 바로 여기에 있었다. 결국 병원에 입원해야만 했다. 망명객의 가난한 처지임에도 그랬다. 미국인 의사가 경영하는 협화병원에 입원해서 수술을 받았다. 하지만 유감스럽게도 수술은 성공적이지 않았다. 그해 가을에 재수술을 받아야 했다.

간헐적인 편지 왕래가 가능했다. 망명지 베이징과 경북 성주군의 고향 마을 사이에 말이다. 공식 우편제도를 통한 것은 아니었다. 경찰의 수배를 받고 있는 망명자 신분으로는 불가능한 일이었다. 아마도 인편을 통해서였을 것이다. 오늘날 남아 있는 자료에 따르면 김창숙은 1923년 4월, 5월, 8월에 각각 국내로 비밀리에 편지를 보냈다. 받는 사람은 아들과 문중의 믿을 만한 친척들이었다. 반대 통로도 열려 있었다. 김창숙은 4월과 8월에 국내에서 밀송되어 온 편지를 받을 수 있었다. 문중 친척 두 사람이 보낸 글월이었다. 4월부터 9월 사이에 다섯 통의 편지가 오간 것을 보면, 한 달에 한 번꼴로 서신 내왕이 있었던 것으로 보인다.

아들 김환기는 열다섯 살이었다. 오늘날로 치면 중학교 3학년에 해당하는 연령이었다. 아버지 나이 서른에 처음 얻은, 늦게 얻은 귀한 아들이었다. 김환기는 10세 이후부터 아버지 없는 집안에서 자라야만 했다. 고향 마을 경북 성주군 대가면 칠봉리에서 나이 어린 두 동생과 함께 홀어머니의 보살핌을 받았다. 집안의 큰일과 교육에 관한 일은 가까이 사는 의성 김씨 문중의 '숙씨'(아버지와 같은 항렬의 친족)들에게 물었다. 소년 김환기는 보통학교를 마친 뒤에는 일본식 근대 교육을 받지 않기로 결정했다. 그 대신 "황매산에 가서 이회而晦 숙씨 휘하에서 일을 따르기"로 했다.

황매산은 경상남도 합천군과 산청군의 경계에 있는 높이 1,113미터의 고봉으로서, 남쪽 기슭의 만암 마을에 이회 숙씨가 거처하고 있었다. '이회'는 김황金榥의 자字였다. 나라가 망하자 깊은 산골로 이사하여 유학 고전 연구에만 전념하는 유학자였다. 김창숙보다 나이는 열일곱 살 아래지만 의성 김씨 문중의 항렬로는 아저씨뻘이었다. 숙씨라고 일컫는 이유였다. 김황은 1919년 파리장서운동과 1927년 유림단 독립자금 모금 사건에 연루되어 두 차례나 옥고를 치른 반일지사이기도 했다.

김창숙은 고향에서 온 편지를 통해 알았다. 10대 중반의 맏아들이 근대 교육을 중단하고 유학 고전 연구의 길로 나아가기로 했다는 것을. 아이 교육에 관한 것이므로 중대한 사안이었다. 하물며 유학자의 정체성을 가진 이로서야 말할 나위도 없었다. 아버지 김창숙은 답장 편지 속에서 '과히 나쁘지 않은' 판단이라고 답했다. "네가 옛 성인의 학문에 오로지 전념하여 뛰어나게 일가견을 세워, 우리 집안을 번성하게 할 수 있을지 모르겠구나"라고 의견을 써 보냈다. 기대 반, 우려 반의 뜻을 담았다.

하지만 그의 속마음은 달랐다. 아들이 베이징에서 교육받기를 원했던 것으로 보인다. 위 편지의 "네가 한번 와서 이 죽어가는 나의 마음을 위로해 주지 않으려는가"라는 구절을 보라. 처음 하는 말이 아니었다. 김창숙은 이전 달에 쓴 편지에서도 이미 "내가 죽기 전에 만나볼 수 있게 북경에 와줄 것"을 요청한 바가 있다. 아마 1923년에 접어들면서부터 맏아들 환기를 베이징으로 불러들여 아버지 슬하에서 자라게 하겠다고 결심했던 것으로 판단된다.

김창숙은 베이징으로 오는 절차를 세심히 일러두었다. 교통이 매우 신속하므로 경북 성주에서 베이징까지 단 사흘밖에 걸리지 않는다, 김황을 비롯한 문중 어른들에게 이 정황을 말씀드려야 한다, 길을 인도해줄

김황과 내당서사
김창숙의 첫째 아들 김환기가 일본식 근대 교육을 받지 않고
유학 고전 연구를 위해 찾은 김황의 모습. 1919년 파리장서운동과
1927년 유림단 독립자금 모금 사건에 연루되어 두 차례나 옥고를 치른 김황은
나라가 망하자 내당서사內塘書舍에서 유학 고전 연구에 전념했다.
ⓒ 한국학중앙연구원·유남해

성인이 있어야 하므로 동행할 만한 이에게 편지를 드려서 의논하라, 서울에 사는 한 지인에게 주선을 부탁해 놓았으니 서울에 도착하거든 그 사람 댁 방문을 요한다, 일정이 정해지면 속히 편지를 보내라, 떠날 채비를 서두르라 등 자세하게 썼다.

전향을 권유하는 친족과 절연

지난날 내희 숙씨께서 편지를 보내셨더구나. 말씀이 몹시 도리에 어긋나 미친 사람이 실성한 것 같아, 내가 이미 공박하고 절교를 알렸단다. 너와 이회 숙씨 및 여러 종친께서도 이 뜻을 아시지 않으면 안 되겠기에 대략 전한다.

편지 속에는 아버지의 뜻이 또 하나 담겨 있었다. 의성 김씨 문중 가운데 내희乃熙 숙씨를 경계하라는 당부의 말이었다. '내희'라는 자字로 불리는, 김창숙의 가까운 친족 김한상이 지난 4월에 자신에게 편지를 보내서 도리에 어긋난 말을 했다고 한다. 김창숙은 미친 사람이라고 욕설을 퍼붓기까지 했다.

편지 속에 무슨 말이 담겼기에 이처럼 분노했던 것일까. 전향을 권유하는 내용이었다. 조선총독부가 경북 경찰부를 통해 망명자 김창숙에게 제안을 해왔다고 한다. 망명 생활을 청산하고 국내에 들어와 귀순한다면, 과거 '범행'을 모두 불문에 부치고 후대하겠다는 말이었다. 가옥을 새롭게 단장하고 논밭을 새로 사줘서 생활을 보장하겠다는 내용도 포함되어 있었다. 내희 숙씨는 경상북도 경찰부의 요청을 받아들여 전향 권유

편지를 베이징의 김창숙에게 발송했다. 단순한 전달자 역할만 한 것이 아니었다. 총독부 당국이 이처럼 관대한 처분을 내렸으니 이제 가정의 즐거움을 누리기를 바란다고 권면하기까지 했다.[2]

김창숙은 큰 분노를 느꼈다. "머리털이 빳빳해지고 간담이 흔들릴 지경이었다"고 한다. 가까운 친족으로서 유교 고전학에 관한 담론을 나누고 문중의 대소사를 논의하던 사이 아닌가? 실망감에 차라리 죽고 싶다는 생각마저 들 지경이었다. 김창숙은 바로 붓을 들고서 답장을 썼다. 절교 선언이었다. 전향 권유가 얼마나 부당한 일인지를 통렬히 논박하고 앞으로 다시는 내왕하지 않겠노라고 단언했다. 그는 아들 환기에게도 사정을 전했다. "말씀이 몹시 도리에 어긋나 미친 사람이 실성한 것 같아, 내가 이미 공박하고 절교했노라"라고 알렸다. 그뿐만이 아니었다. 문중에서 가장 믿고 의지하는 김황에게 편지를 써서 자초지종을 알리고, 내희 숙씨가 더이상 일족의 일에 간여하지 못하도록 해야 한다고 당부했다.

심중의 고통을 이기기 어려웠던 김창숙은 술에 손을 댔다. 폐결핵 기운이 있어서 음주와 흡연을 삼간 지 이미 수년이 지났는데도 그랬다. 울화가 치밀어 오른 김창숙은 고량주 한 두름을 혼자서 다 마시고 대취하여 혼수상태에 빠지고 말았다. 깨어났을 때에는 저녁 무렵이었는데, 옆 사람에게 물었더니 이미 이틀이나 지난 뒤였다고 한다. 그게 시작이었다. 이때부터 번뇌가 생길 것 같으면 큰 잔으로 술을 퍼마시곤 하는 습관이 들었다. 묵은 병이 다시 도졌다. 금주하라고 권하는 이가 있었지만 귀담아 듣지 않았다. 거듭된 폭음의 끝은 건강의 상실이었다. 만성 치질이 급격히 악화되고 말았다.

일본 경찰 고문에 희생된 큰아들

마침내 큰아들 환기가 베이징으로 건너왔다. 1925년 봄이었다. 베이징행을 권유하는 편지를 보낸 지 1년 10개월이나 지난 뒤였다. 환기는 벌써 열일곱 살이 되었다. 7년 만에 이뤄진 부자 상봉이었다. 김창숙은 아들이 근대 교육의 길로 나아가게끔 인도했다. 먼저 중국어와 영어 두 가지 언어를 배우게 했다. 베이징에서 학업을 쌓으려면 마땅히 중국어를 익히는 것이 필요했지만 영어 공부까지 시킨 점은 이채롭다. 망명지에서 겪고 목격한 국제적 감각이 영향을 미친 것으로 보인다. 제1차 세계대전 이후 국제질서의 재편이 미국을 중심으로 이뤄지고 있음을 똑똑히 지켜본 결과였으리라.

김창숙은 아들의 어학 능력이 늘기를 기다렸다가 실력이 향상되자 정규교육 과정에 들어가게 했다. 중등학교에 입학시킨 것이다. 김창숙의 회고록에는 '북경중학'에서 수학하게 했다고 적혀 있다.[3] '북경중학'이 학교 명칭인지 아니면 베이징에 있던 중등교육기관 중 하나를 가리키는지는 아직 분명하지 않다. 하지만 아버지의 뜻이 어디에 있었는지는 분명해 보인다. 근대적 정규교육을 이수하게 했던 것이다.

제 아들만이 아니었다. 김창숙은 조선 청년들의 베이징 유학을 적극적으로 권장하는 입장을 취하고 있었다. 1923년 현재 베이징의 조선인 유학생 수는 600여 명이었다. 그중에서 중등학교와 대학교에 재학 중인 학생이 200여 명이고, 무관학교에 적을 둔 사관생도는 70여 명이었다. 입학을 희망하는 조선 청년들은 해가 갈수록 늘어났다. 그래서 1923년 9월 17일 베이징에 거주하는 조선인 유력자 60여 명이 회합하여 유학생들을 후원하는 사업을 추진하기로 결의했는데, 그 첫 자리에 김창숙의 이름이 거명되고 있다. 그날 회의에서는 입학 준비를 위한 강습소와 유학생들의 단결을 위한 친목 조직을 만들기로 의결했다.[4]

그러나 큰아들 김환기의 베이징 시절은 길지 않았다. 1년 반이 채 되지 못해 조선으로 돌아가야만 했다. 질병 때문이었다고 한다. 회고록을 보자. 1926년 "7월에는 환기의 귀국을 명하였는데 그가 병에 걸렸기 때문이었다"고 적혀 있다.[5] 의문이 든다. 실제로 병에 걸렸다면 국내보다도 도리어 베이징에서 더욱 잘 치료할 수 있지 않았을까? 다른 사정이 있었던 것일까? 유학 및 체류 경비를 뒷받침할 경제적 여력이 부족했기 때문일 수 있다. 혹은 독립운동에 관련된 사명을 부여하여 입국시켰을 수도 있다. 김창숙은 1925년 8월부터 1926년 5월까지 10개월 동안 국내에 비밀리에 잠입하여 유림단 독립자금 모금운동에 종사한 바 있다. 그의 베이

김창숙
1927년 상하이에서 일본 경찰에 체포된 김창숙.
경찰의 추적을 피하기 위해 중국옷을 입고 있었다.
《동아일보》 1927년 6월 22일.

징 귀환 시점과 아들 김환기의 국내 입국 시점이 두 달의 시차를 두고 나란히 이어져 있다.

김환기의 귀국 결정이 지혜롭지 않았음은 이후의 사건 전개를 보면 뚜렷이 드러난다. 그는 귀국 후 얼마 안 되어 일본 경찰에게 체포되고 말았다. 그즈음 공교롭게도 국내에서는 '유림단 독립운동 모금 사건'이 발각되어 검거 선풍이 일고 있었다. 김창숙의 아들이자 중국에서 귀국한 지 얼마 안 된 김환기는 사건 주모자로 이 회오리바람에서 벗어나지 못했다.

김환기는 혹독한 고문의 희생자가 됐다. 1927년 2월 일본 경찰에 체포된 그는 만신창이가 된 상태에서 출옥했다. 열아홉 살 청년의 신체는 손쓸 여지도 없이 훼손되어 있었다. 그는 치료 도중에 1927년 12월 20일 사망했다. 아들의 사망 소식을 전해들은 김창숙의 마음은 무너져 내렸다. 하지만 만년에 작성한 그의 회고록에는 아무런 언급도 없다. 차마 그 아픔을 되살릴 수 없었기 때문인 듯하다. 참혹한 소식을 들은 뒤로 자신의 병이 더욱 깊어졌다고만 썼다.

12

김창숙의 둘째,
민족해방의 제물이 되다

'왜관 사건'에 연루되어 투옥된 김찬기

> 네가 옥에 갇힌 지 벌써 이태가 지났구나. 네 애비는 꿈이나 생시, 먹을
> 때나 쉴 때 언제고 오직 네가 무사히 돌아올 것만 축수하고 있다. 9월
> 그믐께 네 처가 편지로 예심에 회부되었다고 전해주더니, 어제는 다시
> 금 네 병이 위독하다고 알렸더구나.[6]

예순 한 살 김창숙이 감옥에 갇힌 아들 김찬기에게 쓴 편지의 일절이다.
아들이 일본 경찰에 체포된 지 벌써 2년 가까이 지났다고 한다. 둘째 아
들이었다. 큰아들 김환기가 19세 젊은 나이에 일본 경찰의 고문에 의해
저세상으로 간 뒤 맏이 노릇을 하고 있는 아이였다. 믿고 의지할 수 있는
성년이 된 아들이었다. 큰아들을 옥중에서 잃었는데 둘째마저 감옥살이

를 하게 되다니, 억장이 무너질 일이었다. 행여 그 아이마저 흉한 꼴을 당할까봐 걱정이 많았다. 꿈이나 생시나 언제나 항상 빌었다. 그저 무사히 돌아오라고.

김찬기가 대구형무소에 수감된 까닭은 비밀결사 때문이었다. '왜관 사건'이라고 불리는 사회주의 비밀결사에 연루된 혐의였다. 경상북도 왜관경찰서가 수사를 주관했다 하여 왜관 사건이라 불린 이 사건은 1938년에 발발한 3대 사상 사건의 하나로 꼽을 만큼 영향력이 컸다. 관련자 기준으로 제2차 혜산 사건, 원산 사건에 뒤이은 대규모 비밀결사 사건이었다. 대구, 경성, 도쿄 등지를 무대로 하는 광역 조직을 꾀했고, 노동조합운동과 농민조합운동, 유학생운동, 노동자문화운동 등을 포함한 다각적인 활동 양상을 보였다.

규모뿐만이 아니었다. 노선상으로도 전환점과 같은 의의가 있는 사건이었다. 이 사건 관련자들은 민족주의 적대 정책을 버리고 항일투쟁을 위해 상호 연대를 꾀하는 '인민전선 전술'을 실행에 옮긴 이들이었다. 사회주의운동의 물꼬를 트는 역할을 했던 것이다.[7]

김창숙 초상화
1927년 중국 상하이에서 일제 경찰에 체포되어
국내로 압송된 김창숙의 모습을 둘째 아들 김찬기가 그린 초상화.
＊출처: 독립기념관(심산기념관 기증)

2년 전은 어느 시점인가? 1938년 2월이었다. 그달 19일에 비밀결사 구성원들에 대한 검거가 개시됐다. 김찬기는 사건 초기에 체포된 것으로 보인다. 서점을 운영하던 그는 대구경찰서에 연행됐고, 머지않아 왜관경찰서를 거쳐 김천경찰서에서 취조를 받았다. 그의 서점이 비밀결사 구성원들의 연락 거점으로 활용됐다는 혐의였다.

감옥 밖의 아버지 김창숙도 자유롭지 않았다. 14년 징역형을 선고받고 복역하던 중 8년 만에 형집행정지 처분을 받아 엄중한 감시하에 출옥한 상황이었다. 몸이 극도로 쇠약해져 위중한 상태였다. 보도 기사에 따르면 급성맹장염, 신경쇠약, 치질 등 갖가지 질병에 시달리고 있었다. 눕고 일어나는 데 붙잡아주는 사람이 있어야 했고, 심지어 대소변을 받아주는 사람이 있어야만 했다. 사상범 처우에 극도로 인색한 조선총독부가 형집행정지를 승인할 정도였다. 이즈음 그의 처소는 경상남도 울산 도심에 가까운 사찰 백양사였다. 1936년 3월에 구석진 방을 하나 구해 4년간이나 정양하고 있었다. 그곳에 자리를 잡은 데에는 이유가 있었다. 심리적으로 서로 의지할 만한 이가 있어서였다. 파리장서 사건과 유림단 독립자금 모금운동의 동지이자 사돈지간인 유학자 손후익이 울산에 거주하고 있었던 것이다.

김찬기의 처가 편지를 보내왔다고 했다. 울산의 동지 손후익의 둘째 딸인 며느리 손응교였다. 17세 되던 1933년 세 살 연상의 신랑 김찬기와 결혼하여 남편이 투옥된 1938년 5월 초순에 첫 손자 '김위'를 낳아서 큰 기쁨을 준 새댁이었다. 그 며느리가 보낸 음력 9월 그믐께 편지에는 찬기가 예심에 회부됐다고 하더니, 어제 받은 편지에는 찬기의 병이 위중하다는 내용이 실려 있었다. 경찰 기록에 따르면, 왜관 사건 피의자들이 취조를 마치고 송국된 것은 1939년 10월 25일이었다. 이날 피의자 91명 가운데 혐의가 무거운 30명이 기소됐고, 42명이 기소유예, 19명이 기소중지 혹은 불기소 처분을 받았다. 김찬기는 예심에 회부됐다 하니 기소자 명단에 포함됐음이 분명했다.

김찬기의 병이 위중하다는 말을 들은 아버지 김창숙은 "오장육부가 터질 듯하는" 아픔을 느꼈다. 슬피 울면서 "이제까지 구차하게 연명하여 이런 꼴을 보게 된 것을 한스러워"했다. 되돌아보면 김찬기는 본래 체질이 약한 편이었다. 그런 아이가 "몇 년씩 고문을 받아왔으니 결국 큰 병에 걸린 것이 당연"하지 않는가? 치료비가 많이 들 거라고 감옥 의사가 말했다고 들었다. 아들의 병을 구완하는 것이 중요했다. 아버지는 "집안의 재산을 다 기울인다 해도 아까울 것이 없다"고 결심했다.

세 차례나 체포, 단독 책임 주장

김찬기의 옥고는 이번이 처음이 아니었다. 그는 생애 첫 투옥을 진주고등보통학교 1학년에 재학 중이던 열일곱 살에 겪었다. 학생시위운동이 전 조선을 휩쓸던 때였다. 1929년 11월 3일과 11월 12일 광주학생운동을 기폭제로 하여, 12월 3일 경성 격문 2만 매 살포 사건, 12월 9일 경성 제1차 연합시위운동, 이듬해 1월 15~16일 경성 제2차 연합시위운동이 숨 가쁘게 이어졌다. 운동은 전 조선으로 확장되어갔다.

진주의 중등학교 학생들이 운동에 호응하고 나선 것은 1930년 1월 17일이었다. 진주의 3개 중등학교 학생들이 연합 가두시위를 벌였다. 진주고등보통학교, 일신여자고등보통학교, 진주농업학교 학생들이 일제히 만세를 부르고 진주 시가지를 돌며 시위운동에 참가했다. 그날 이후 40

여 명의 학생들이 검거됐고, 학교와 거리에는 삼엄한 경계망이 펼쳐졌다. 항일의 열기는 고조됐으나 경찰의 거센 탄압에 부딪쳤다.

며칠째 진주 시내에는 긴장된 분위기가 감돌았다. 이 분위기를 깬 것이 바로 1월 20~21일 이틀 동안 밤마다 살포된 격문이었다. 3,000여 매의 격문이 뿌려졌고, 시내 주요 장소에는 격문을 써넣은 대자보가 첨부됐다. 시위의 재발로 이어질까 경계하던 경찰이 맹렬한 수사에 나섰다. 마침내 격문 사건 혐의자가 체포됐다. 바로 김찬기였다. 진주고보에 입학한 지 불과 1년밖에 되지 않은 어린 학생이었다. 그는 격문 제작과 살포를 자기 혼자 다했다고 주장했다. 통상적으로 격문 사건이 크든 작든 비밀결사를 기반으로 이뤄져왔음을 감안하면, 대단히 이례적이고 믿기 어려운 주장이었다.

김찬기는 자신을 방어하는 법을 아는 영민한 소년이었다. 그는 법정에서 유창한 일본말로 주장했다. 자신의 나이가 만으로 14세 미만이며, 법률적 책임을 지지 않는 미성년이라고 강조했다. 놀랍고 기발한 법정투쟁이었다. 그의 실제 출생 연월일은 1914년 2월 19일이었다. 그러나 중요한 것은 호적에 어떻게 기재됐는지였다. 해방 후에 작성된 호적 제적부를 확인해 봤더니 '4248년(1915) 5월 5일생'으로 올라 있다. 하지만 일제 식민지 시기의 호적은 연도가 달랐던 것 같다. '대정 5년(1916) 5월 5일생'으로 등재되어 있었던 것으로 추정된다. 결국 김찬기의 법정투쟁은 효과를 거뒀다. 격문 사건의 주동자라는 사실이 인정됐음에도 불구하고 1년 6개월 징역형에 5년 집행유예를 선고받았다.[8] 호적 나이 덕분이었다.

김찬기의 두 번째 투옥은 1934년, 21세 때의 일이었다. 결혼 이듬해 아내와 함께 대구 남산동에 살림집을 차렸을 때였다. 그는 사회주의 사상에 공감하여 실천운동에 깊숙이 개입한 것으로 보인다. 아버지 김창숙은

김찬기
왜관 사건으로 4년간 옥고를 치르고
출감한 직후의 사진이다(1941년 2월 추정). 고향 후배인
이명동 사진작가가 촬영했다.
ⓒ 김주

김찬기의 옥중편지
왜관 사건으로 대구형무소에 수감 중일 때
아버지 김창숙에게 올린 1940년 9월 6일 자 옥중편지 첫 페이지다.
"아버님 전상서, 옥중에서 세 번째 가을철이 닥쳐왔습니다"라는 말로 시작한다.
ⓒ 김위

회고하기를, "찬기는 열일곱 살 때부터 혁명사상을 품고 있더니, 그 후로는 몇 번 옥에 갇히고 일본 경찰이 항상 그 뒤를 미행하면서 감시가 심하였다"고 했다.[9] 그는 결국 러시아혁명 기념일을 앞두고 대구 각지에 불온문서를 살포한 혐의로 체포됐다. 11월 5일이었다. 함께 체포된 혐의자가 40명에 달했다. 신문기사에 따르면, 혐의자가 많아서 사건이 어디로 튈지 모른다는 불안한 분위기가 감돌았다고 한다. 혹여 거대한 사상 사건으로 비화하지 않을까, 긴장감이 비쳤다. 그러나 다행히 비밀결사 조직 사건으로 발전하지는 않았다. 결국 김찬기는 그해 12월 6일에 풀려났다.[10] 격문 살포 혐의에서는 벗어났지만, 경찰이 언제라도 그러한 '범죄'를 범할 우려가 있는 요주의 인물로 주시하고 있음은 틀림없었다.

김찬기의 세 번째 투옥은 1938년, 나이 25세에 겪은 '왜관 사건'에 관련된 것이었다. 이 사건 때문에 그는 대구형무소에서 4년간 복역했다고 알려져 있다. 그가 언제 출옥했는지는 정확히 알지 못한다. 하지만 추정할 수 있는 단서가 있다. 호적 제적부에 의하면 그의 딸 '김주'의 생년월일은 단기 4274년(1941) 12월 23일이다. 여기에서 미뤄보면 그의 출감은 대략 1941년 2월 전후였을 것으로 판단된다. 출옥 직후에 그를 기념하여 촬영한 사진이 있다. 동향인 성주 출신의 사진작가 이명동이 찍은 것이다. 양복에 넥타이를 매고 안경까지 썼다. 단정하고 지적인 풍모를 풍긴다. 머리카락이 아직 충분히 자라지 않은 것을 보면 출감한 지 한 달쯤 지난 때인 듯하다.

중국 망명길에 나섰다 유골로 귀국

자고 나면 떠날 것 뻔히 알지만 그때는 어른들도 계시고 해서 애정 표현
이라고 있나. 둘이 말도 잘 못했는데, 표정으로 주고받았지. 갈 때 하는
얘기가 '자식 둘이 있으니까 나중에 얻어먹을 형편이 돼도 아이들하고
같이 얻어먹고 그냥 살아라. 내가 늦으면 3년, 잘되면 2년 반 되면 돌아
온다. 앉은뱅이 아버지 잘 부탁한다' 하면서 갔지.[11]

아내 손응교는 중국으로 떠나기 전날 밤의 젊은 남편을 이렇게 회상했다.
이별을 앞두고 애정 표현도 마음껏 나누지 못했다고 한다. 그저 표정으로
만 남편의 속마음을 짐작할 뿐이었다. 남편은 3년이면 돌아올 수 있다고
말했다고 한다. 아내를 안심시키려고 근거 없이 빈말을 했던 것일까, 아니
면 제2차 세계대전의 귀추를 전망하는 뚜렷한 정세관이 있었기 때문일까.

젊은 아내는 딸의 첫돌이 지난 뒤에 남편이 출발했다고 기억했다. 첫
돌은 12월 23일이었다. 이 회상은 문헌 기록과 정확히 일치한다. 김찬기
는 "1942년 12월 27일에 집을 떠나 대구에서 동지들과 규합하여 준비를
마치고 1943년 1월 13일 중국으로 망명"길에 올랐다. 이 기록에 따르면,
그의 망명은 개인의 독자적인 판단에 따른 것이 아니라 동지들과의 협의
를 통해 상당한 준비를 한 뒤에 이뤄진 것이었다. 같은 시기에 국문학자
김태준과 박진홍 부부가 연안으로 망명했던 사실이 떠오른다. 태평양전
쟁 시기 김찬기와 김태준 부부의 행동 양상에 일정한 공통성이 있음이 흥
미롭다.

그러나 남편은 아내와의 약속을 끝내 지키지 못했다. 그는 해방 직후
에 죽어서 돌아왔다. 1945년 11월 귀국한 충칭 임시정부 요인들이 김창

숙에게 소식을 전해왔다. 김찬기가 1944년에 충칭에 도착하는 데에는 성공했으나 몹쓸 병이 들어 끝내 일어나지 못했다는 말이었다. 유골은 화장했으며 머지않아 2진 귀국 인사들이 봉환하리라는 소식도 함께였다.

유골이 성주 고향집에 도착하자 온 마을이 울음바다가 됐다. 아내는 나무로 짠 유골함이 그다지 크지 않다고 생각했다. 아내는 울지도 못했다. 시아버지도 울고 친정아버지도 우는데, 자신까지 울어서는 안 될 것만 같았다. 그런데 웬일인가. 말이 안 나왔다. 마음으로는 뭔가 의사 표현을 하려고 하는데 목이 잠겨서 소리를 낼 수가 없었다. 10월 23일부터 이듬해 3월까지 근 6개월을 벙어리처럼 지냈다. 아내는 그렇게 남편과 작별했다.

13

총을 든 유학자 김창숙

망명 6년여 만에 국내 잠입 시도

김창숙이 국경을 넘은 것은 1925년 8월 23일경, 그의 나이 47세이던 때였다. 원기 왕성한 장년기였다. 1919년 4월에 망명길에 오른 지 6년 4개월 만에 다시 고국 땅을 밟으려는 참이었다. 하지만 합법적인 귀국길이 아니었다. 행여 남의 눈에 뜨일까 몰래 잠입하는 길이었다.

김창숙
1925~26년 국내 비밀 활동 즈음의 김창숙.
눈매가 형형하고 날카롭다.

조선으로 밀입국하려면 어느 경로를 택해야 할까? 그는 압록강을 건너기로 했다. 신의주와 건너편 중국 측 국경도시 단둥 사이를 오가는 철교가 있는 코스였다. 이 철교는 일본 경찰과 헌병의 삼엄한 감시 아래 관리되고 있었다. 1909년 5월에 착공되어 1911년 11월에 준공된 이 철교는 조선총독부 철도국이 세운, 길이 944미터의 현대식 교량이었다. 다리의 중앙에는 단선 철로가 부설되어 있고, 그 양쪽에는 인도가 마련되어 있었다. 일본제국주의의 대륙 진출을 위해 부설된 이 철교는 해외로 망명하는 지사들과 국내로 비밀리에 잠입하는 혁명가들이 반드시 거쳐야 할 관문이기도 했다.

국경을 관리하는 신의주경찰서는 바쁘고 사건이 많기로 소문난 곳이었다. 1928년의 경우 1년간 관내 검거 사건은 3,109건으로 조선의 모든 경찰관서 중에서 1위였다. 당연히 정치·사상범 사건도 많았다. 제령 위반과 치안유지법 위반 사건이 각각 47건, 84건으로 합하면 131건에 이르렀다. 대다수가 국경을 넘으려다가 적발된 경우였다.[12]

김창숙은 걸어서 넘기로 결심했다. 철로를 따라 기차에 탑승한 채 월경을 시도하는 것은 위험하다고 판단했다. 국경을 지키는 정사복 경관, 권총을 걸어 맨 헌병이며 세관 관리들의 삼엄한 눈초리를 벗어나기 쉽지 않았다. 철로 양쪽에 난 인도를 따라서 걷는 게 더 나았다. 허름한 농민 복장을 했다. 거기에도 검문과 감시망이 깔려 있었다. 경찰과 헌병이 경쟁적으로 운용하는 밀정들이 도처에 깔려 있었다. 하지만 어느 누구도 누런 베옷을 입은 40대 후반의 추레한 농민에게 주의를 기울이지 않았다.

독립운동자금 모금이 목적

김창숙이 죽음을 무릅쓰고 비밀리에 조선으로 되돌아온 까닭은, 그 자신의 표현에 따르면 '결사입국의 뜻'을 품은 이유는,[13] 바로 독립운동자금 모금 때문이었다.

중국의 진보적인 군벌 펑위샹馮玉祥(1882~1948)이 집권하고 있던 1924년 10월경 김창숙은 중국 정부에 교섭하여 내몽골 미간지 3만 정보 개간권을 어렵사리 획득했다. 수원綏遠성 포두包頭 일대였다. '3만 정보'는 9천만 평으로 대농장을 경영할 수 있을 정도로 넓은 땅이었다. 그곳에 재만주 동포를 불러 모아 농업과 군사훈련을 병행하는 둔전 농장을 개척할 수 있게 됐다. 농장 자립 기반을 확충해가면서 무관학교도 세우고 병농일치의 군대도 준비할 수 있었다. 중장기적 전망을 가지고 조선 독립운동을 추진해갈 수 있는 최선의 방안이었다.

유림단 사건 피고인들
1927년 2월, 용수를 쓰고 포승에 묶인 채 재판정에 들어가는 유림단 사건 피고인들.
갓 쓰고 두루마기를 갖춰 입은 방청객들이 도열하여 피고인들을 지켜보고 있다.

문제는 사업비였다. 조선 농민들을 이주시키고 가옥을 짓고 토지를 개간하는 데 큰 자금이 필요했다. 도합 20만 원이 들 것으로 추산됐다. 오늘날 구매력으로는 얼마나 되는 돈인가? 1919년 당시 관청 '서기'의 1개월 급여는 본봉 30원에 수당을 합해 약 50원가량이었다. 1920년 일용 노동자의 하루 품삯은 1원 내지 1원 10전이었고, 1925년 《동아일보》 지방부 기자의 월급은 40원이었다. 이를 토대로 사업비 20만 원을 오늘날 구매력으로 환산하면 대략 150~200억 원에 해당한다.

김창숙은 국내 모금을 통해 사업비를 마련하기로 결심했다. 조선의 유교 역량과 자신의 네트워크를 활용한다면 가능할 것 같았다. 유교 학맥으로 연결된 대지주 출신의 부호 10인에게서 1~2만 원씩 모금하고, 나머지는 각 지방 문중을 통해 형편 닿는 대로 수백~수천 원씩 거둘 수 있다고 계산했다. 혹여 동의하지 않는 부호가 있다면 강제로라도 징수할 생각이었다. 권총 두 자루와 실탄을 구매한 것은 바로 그 때문이었다.

게다가 좋은 기회가 왔다. 면우 곽종석 선생의 사후 6주기에 즈음하여 문집을 간행하려는 움직임이 일고 있었다. 곽종석은 1919년 파리강화회의에 조선 유학자 137명의 연명으로 독립청원서를 제출할 때 첫머리에 서명한 대표적인 유학자로 그의 스승이었다. 이 사건으로 옥고를 견디지 못하고 순국한 애국자이기도 했다. 그래서 전국 여러 곳에서 문집 간행을 위해 결집하고 있었다. 김창숙은 하늘이 준 기회라고 생각했다. 이 기회를 놓쳐서는 안 되겠다 판단하고 비밀 입국을 기획했다.

각계 도움으로 비밀 활동 예상외로 길어져

김창숙의 국내 비밀 활동은 예상보다 길었다. 경성에 도착한 1925년 8월 25일에 시작된 비합법 지하운동은 이듬해 3월 24일 출국할 때까지 7개월 동안이나 계속됐다. 신분을 보장해줄 아무런 합법적 보호 장치가 없었음에도 그랬다. 놀라운 일이었다.

장기간의 비밀 활동을 가능하게 해준 원동력이 있었다. 무엇보다도 먼저, 다층적인 협력자들 덕분이었다. 그들은 바로 송영호, 김화식, 이봉로 등 20대 중반의 베이징 유학생 청년 그룹이었다. 김창숙의 망명지인 베이징에서 이미 2년 전부터 친교를 맺은 혁명계 후배들이었던 그들은 베이징의 고등교육기관에 재학하면서 김창숙과 크고 작은 일을 상의했다. 김창숙은 "때때로 내가 있는 곳을 찾아와 경서의 뜻을 질문했는데, 그 질박하고 진실함이 서로 의지할 만하여 기뻤노라"고 썼다. 이들은 국

법정에 선 유림단 사건 피고인들
앞줄 오른쪽에서부터 송영호, 김화식, 손후익, 이종흠, 이우락. 두 사람이 상투를 틀고 있는 모습이 이채롭다. 머리카락을 훼손하지 않는 것이 유교적 윤리의 근본이라 하여 형무소 측의 박해를 무릅쓰고 버텨냈다고 한다.

내 비밀 활동 계획을 입안 단계에서부터 함께 논의했다. 또 여비 조달, 권총의 구매와 국내 반입, 밀입국 및 물품 반입 정보, 국내 사전 잠입 등도 나눠 맡았다. 이 유학생 청년 그룹이 없었다면 국내 모금 활동은 실행에 옮겨지지 못했을 것이다. 그뿐인가. 김창숙의 국내 체류기간 동안 줄곧 그의 가장 가까운 행동대 역할을 했다.

다음으로 학맥과 문중, 망명 시 교유 등을 통해 신뢰감을 갖게 된 측근 그룹이 있었다. 곽윤, 김황, 정수기, 손후익 등이 그들이다. 연령층은 다양했다. 두 살 차이의 동년배(곽윤)이거나 9년(손후익) 혹은 17년 차이(김황, 정수기)의 연하였다. 이들은 김창숙을 대리하여 각지를 순방하면서 자금 모금 활동을 대행했다. 거둬들인 자금을 보관하는 역할도 맡았다(정수기). 김창숙이 뜻하지 않은 교통사고로 허리를 다쳐서 요양을 필요로 할 때에는 기꺼이 자기 집을 내주기도 했다(손후익).

혈연·지연·학연을 통해 형성된 인맥도 김창숙의 협력자 네트워크 역할을 했다. 김창숙은 전통사회 내부에 두터운 인맥을 갖고 있었다. 그는 의성 김씨 동강 김우옹의 13대 종손이었던 터라 문중과 친척들 사이에 큰 영향력을 갖고 있었다. 또 그의 가문은 경북 성주군 대가면 사도실 마을에서 450년 동안 대대로 세거해온 까닭에 지역사회에서 우뚝한 존재였다. 경북 봉화군도 그의 지역 기반 가운데 하나였다. 아버지 김호림이 경북 봉화군 해저마을에서 성장하다가 23세 성년이 된 뒤에야 성주의 동강 김우옹 가문의 종손 자격으로 입양되어 왔기 때문이었다. 성주 사도실과 봉화 해저마을의 의성 김씨 문중은 200년 이상의 시간이 흐르는 동안 변함없이 긴밀한 유대관계를 유지했다.[14]

요컨대 다중 동심원 같은 협력자층의 존재가 김창숙의 장기 비밀 활동을 가능하게 했다. 동지적 유대를 맺은 유학생 청년 그룹, 누법새 신뢰를 쌓은 측근 그룹, 전통사회의 두터운 인맥 등이 겹겹이 그를 보호하는 형상이었다.

장기간 비밀 활동의 또 하나 원동력은 김창숙 자신의 절제였다. 그는 지하운동에 요구되는 엄격한 절제력을 시종일관 유지했다. 은신처를 한번 정하면 그곳에 출입하는 사람을 극소수 필요한 동지로만 한정했다. 예컨대 1925년 9월경 경성 적선동 한적한 곳에 은신처를 정했을 때에는 오직 곽윤, 김황, 송영호, 김화식 네 사람만이 때때로 연락할 수 있게 했을 뿐이었다. 그들 외에는 그의 은신처를 아는 이가 한 명도 없었다.

가족과의 연락도 일체 하지 않았다. 사촌동생 김창백과 접선했을 때다. 김창백은 때마침 넷째 여동생이 경성에 체류 중이니 한번 만나볼 것을 권유했다. 김창숙은 정색하면서 거절했다. "내가 이번에 온 것은 친척에게 인사를 닦기 위하여 온 것이 아니니, 비록 내 본가라 하더라도 절대 연락하지 않을 것이다. 만약 누이동생을 보더라도 나에 관해서는 말하지 말라"고 당부했다.[15] 말이 돌고 돌아서 결국 일이 실패하지 않을까 염려한 때문이었다.

비밀 활동 기간이 늘어난 가장 큰 이유는 모금이 순조롭지 않았기 때문이다. 민심이 1919년 3·1운동 때와 달랐다. 일신의 위해를 무릅쓰고 공공선을 증진하고자 헌신하던 혁명적 열정의 시기는 이미 지나갔다. 김창숙이 각지에 파견한 유학생, 측근 등 대리인들은 이구동성으로 민심을 전했다. "백성의 기운이 이미 죽어 냉담하게 불응하는 자도 있고, 겁이 나서 불응하는 자도 있으며, 비록 응하는 자가 있다 하더라도 몇 사람의 일시 노잣돈 정도에 지나지 않으니 매우 한심합니다"[16]라고 말했다.

각별한 수단을 택해야 했다. 김창숙은 자신이 직접 전면에 나서기로 결심했다. 경성에 거점을 두고 지방 각지에 대리인을 파견하던 첫 넉 달 동안의 방식에서 벗어나기로 했다. 1925년 12월 25일 김창숙은 대구로 거점을 옮겼다. 그의 표현을 빌리자면 "최후의 일책을 결행해보겠다"는 작정이었다.

목표액의 1.8퍼센트 모금에 그쳐

석 달이 더 흘렀다. 1926년 3월 초에 범어사 금강암에서 은밀하게 회의 가 열렸다. 김창숙은 7명의 가까운 청년과 측근, 친척을 불러 모았다. 국 내 비밀 활동을 매듭짓는 마지막 회합이었다. 김창숙은 입국 목적이 실패 했음을 인정했다. 처음 들어올 때만 해도 국민들이 호응해줄 것이라 기대 했다고 한다. 그러나 현실은 달랐다. 지난 8개월 동안 정의의 군대가 북 을 쳐도 민심이 일어나지 않고, 지금은 일본 경찰이 사방으로 흩어져 수 사망을 좁히고 있는 실정이라고 말했다. 그는 지하운동을 종결짓고 다시 망명하겠다는 결심을 밝혔다. 밖에서 다시 국내 민심을 고무할 새로운 운 동을 준비하겠노라고 말했다.

모금된 자금은 3,500원이었다. 목표액의 1.8퍼센트에 지나지 않았다. 하지만 오늘날 구매력으로 환산하면 3억~3억 5,000만 원쯤 되는 돈이었 다. 휴대한 채로 국경을 넘기에는 큰 돈이었다. 김창숙은 일족이자 무역 상인 김창탁에게 동행을 요청했다. 기차 편으로 압록강 너머 펑톈까지 그 자금을 반출해줄 것을 부탁하기 위해서였다. 두 사람은 3월 22일 부산 삼 랑진역에서 기차에 탑승하여 24일경에 압록강을 넘었다.

6장

박진순.

14

'동양의 레닌' 박진순의 소년 시절

시베리아 3대 재사才士 중 한 명

박진순朴鎭順이라는 사람이 있다. 일제 식민지 시대에 살았던 이다. 1930년대 낙양의 지가를 올렸다는 잡지《삼천리》에 그에 대한 인물평이 실려 있다. 그는 러시아 거주 재외동포였다. 조선 최초의 마르크스주의 단체 한인사회당 창립에 참여하고, 국제당 제2차 대회에 조선 대표로 참석했다. 재주가 넘치는 사람이었다. 유창한 러시아어로 열변을 토하여 '각국 공산당 거두를 경탄'케 했다고 한다. 조선어 저술도 가능해서 춘우春宇라는 필명으로 경성에서 간행되는 신문과 잡지에 시사 문제에 관한 논설을 기고했다. 듣기로는 모스크바에 소재하는 대학과 고등교육기관에서 교수로 재임 중이며 변증법과 사회주의 철학에 조예가 깊다고 소개했다.[1]

또 다른 잡지《동광》도 그를 거론했다. 당시 조선어 신문이 세 종류 간행되고 있었는데, 이들을 통합하여 하나의 거대 신문사를 설립한다면 그

간부에 적합한 사람들은 누구겠느냐? 이런 질문을 내놓고 인물평을 했다. 편집자는 쓸데없는 공상이라는 비판에 신경이 쓰였나 보다. "부질없는 짓이라고 하지 말라. 오늘의 지상공론이 내일의 실제가 되는지 누가 아느냐"고 의미심장하게 되물었다.[2] 훗날 독립이 된다면 정부를 구성할 인재들이 누구인지를 묻는다는 뜻이었다. 설문에 응한 사람들은 각 신문사에 근무하는 조선인 기자 44명이었다. 설문 결과에 따르면 박진순은 '구미특파원'으로 지목됐다. 독립 정부의 외무부장관감이라는 인식으로 보인다.

일본 경찰도 주시하고 있었다. 고등경찰이 남긴 첩보 기록에 따르면, 박진순은 함경북도 경원 출신의 연해주 거주 조선인으로서 '매우 재간 있는 청년'이며, '동양의 레닌'이라는 일컬음을 받고 있다고 한다.[3] 레닌과 나란히 병칭되고 있는 점이 흥미롭다. 혁명운동에 헌신하고 있고, 이론적 재능과 조직적 수완이 남달리 뛰어났던 것으로 보인다.

혁명운동의 동지들은 어떻게 보았을까? 사회주의운동사에 관한 폭넓은 회고담을 남긴 노년기 김철수의 증언에 따르면, "시베리아 3대 재사才士의 하나인데, 그 사람이 나보다 세 살 덜 먹었는디, 참 똑똑한 사람"이었다.[4] 재사란 재주가 뛰어난 사람을 가리키는 말이다. '3대 재사'라는 표현은 그 시절의 유행이었던 것 같다. '동경 3대 재사'라는 표현은 1910

박진순
안경을 쓴, 젊은 시절의 박진순.
20대 초반에 촬영한 것으로 보인다.

년대 일본 도쿄 유학생 사회에서 걸출한 재능으로 인정받은 홍명희, 최남선, 이광수 세 사람을 가리키는 말이었다.[5] 이와 마찬가지로 러시아 조선인 사회에서도 '3대 재사'가 있었던 것 같다. 다른 두 사람이 누군지는 아직 밝혀지지 않았지만, 적어도 박진순이 포함된 것은 틀림없다. 김철수는 그의 재능을 높이 샀다. 재사라는 말도 부족해서 "참 똑똑한" 사람이라고 거듭 강조했다. 김철수의 태어난 해가 1893년이니까 박진순은 1896년생으로 알려져 있었음을 짐작케 한다.

이동휘와 2대에 걸친 유대

박진순에 대한 세평에 한결같은 점이 있다. 동료들은 물론이고 언론 지면이나 경찰의 비밀 사찰기록에서도 그를 초창기 사회주의운동의 걸출한 투사로 지목하고 있다. 이론 능력이 뛰어나고 국제 외교에 공로가 큰 인물이라고들 말한다.

　하지만 세부사항에는 문제가 있다. 전해 듣거나 기억에 의존한 정보인 까닭에 불분명하거나 잘못된 점이 뒤섞여 있다. 우선 출생에 관한 정보가 그렇다. 경찰이 언급한 '함경북도 경원군'은 박진순이 아니라 그 부모의 출신지였다. 아버지의 성관은 고성固城 박씨였다. 가문의 항렬표에 따르면 제26세손의 항렬자가 진鎭이었다. 박진순의 이름도 그에 맞춰 지어진 것으로 보인다. 고성 박씨 집안은 16세기에 함경북도로 유배된 이래 300년간 뿌리내리고 살았다고 한다. 경원군 경원면 증산동은 고성 박씨의 집성촌 가운데 하나로 유명한데, 아마도 박진순 집안의 내력과 관련됐을 것이다.

박진순 부모가 국경을 넘어 연해주로 이주한 때는 1890년대였다. 두홉스코이C. M. Духовской 연흑룡주 총독의 우호적인 이주 정책 덕분에 러시아 극동의 조선인 수가 급격히 증가하던 시절이었다.[6] 정착한 곳은 수찬군Сучанский район이었다. 조선인들이 수청水淸이라고 부르는, 블라디보스토크에서 동북쪽으로 32킬로미터 떨어진 농촌 지역이었다.

박진순은 바로 그곳에서 태어났다. 그는 출생년도를 1898년이라고 적었다. 부모가 그곳에 정착한 지 얼마 안 된 때였다. 말하자면 박진순은 재

수찬
박진순의 출생지 수찬(한국어 명칭 수청)의 위치.
블라디보스토크 동북쪽 32킬로미터 지점, 붉은 점 찍은 곳.
오늘날에는 파르티잔스크로 명칭이 바뀌었다.

러시아 동포 2세였다. 앞서 살펴본 김철수의 증언과 비교해 보면 출생년 도에 2년의 차이가 있음이 눈에 띈다. 어느 쪽이 사실일까? 박진순이 기 록한 출생년도는 러시아 공문서에서 사용한 것이고, 김철수가 거론한 해 는 가까운 동지들에게 알려져 있던 정보다. 당사자가 직접 거론한 것이니 만큼 일단 1898년설을 신뢰하기로 한다. 하지만 공식기록에 등재된 출생 년도가 실제와 다른 경우가 종종 있음을 감안하면, 가까운 동지들의 기억 도 무시할 수 없다. 둘 중 어느 쪽이 맞다고 단언하기 어렵다. 그는 1남 3 녀 가운데 외아들이었다. 남아를 선호하던 당시 풍습을 감안하면 매우 귀 하게 자랐을 것이다. 박진순은 자신의 집안이 부농에 가까운 생활을 영위 했다고 회상했다. 비교적 유족했던 것 같다.

아버지는 반일의식이 강렬한 사람이었다. 을사조약과 일본의 한국강 점에 맞서 의병운동이 고조됐을 때 연해주 조선인 사회에서도 투쟁 열기 가 높았다. 박진순의 러시아어 기록에 의하면, 아버지는 그때 '조선의병 지원단' 수찬 지부장이었다. 조선의병지원단은 1908년에 결성된 '동의 회同義會'이거나 수청 각 지방에 조직됐던 '국민회'를 가리키는 것으로 추정된다. 아니면 단체명을 드러내지 않은 비밀결사일 수도 있겠다.

아들의 회고에 따르면, 아버지는 반일 의병운동의 중심인물인 이동휘 의 가까운 친구였다.[7] 주목되는 정보다. 박진순의 아버지는 이동휘(1873 년생)와 동년배의 인물로서, 애국계몽운동, 신민회, 의병운동, 권업회, 사 회주의운동으로 이어지는 이동휘의 반일 혁명운동 족적과 궤를 같이했 다. 뒷날 성년이 된 아들 박진순도 이동휘와 보조를 같이했음을 감안하 면, 2대에 걸쳐서 형성된 동지적 유대감이 얼마나 강했을지 짐작이 간다.

러시아의 조선인 학교들

성장기 박진순의 첫 교육은 조선인 학교에서 이뤄졌다. 러시아 영토 안인데도 그랬다. 1905년부터 1911년까지 6년 동안 그곳에서 공부했다고 한다. 8세부터 13세에 이르는 시기였다. 유교 고전과 한문 교육에 한정하는 구식 서당이 아니었다. 서구식 초등교육기관이었다. 그 시기 수찬 일대에 산재해 있는 조선인 마을에는 조선어와 한문, 러시아어를 가르치는 초등학교가 여럿 있었다. 신영동의 신영학교와 합성학교, 사명동의 사명학교, 바들남재 청구학교, 금향동의 일신학교, 인수동 의성학교, 금점동 진명학교, 소성 큰령의 망남학교, 우지미 오봉동의 흥동학교, 청지거우 청지학교, 홍석동 홍석학교 등이었다. 박진순이 다녔던 조선인 학교는 이들 가운데 하나였을 것이다. 이 학교들은 1905~1910년에 애국계몽운동의 일환으로 조선 본국 방방곡곡에 설립됐던 신식 초등교육기관과 같은 유형이었다. 이 학교들의 교육 이념은 저항적 민족주의에 가까웠다. 예컨대 블라디보스토크 한민학교의 교육 이념은 "자주독립을 창도하여 우리 인민의 지위를 존중케 하며, 우리나라의 국권을 회복케 하여 오늘 우리의 비참한 경계를 면하게 할" 방법을 모색하는 것이었다.[8] 조선의 국권과 자주독립을 전면에 내세우는 조선 민족주의 교육이었다.

그러나 러시아 당국은 자국 영토 내에서 외국어로 진행되는 교육을 달가워하지 않았다. 인가 없이 설립된 학교는 모두 폐지한다는 방침을 견지했다. 당시 연해주에서 당국의 허가를 받아 합법적으로 설립된 조선인 학교는 블라디보스토크 개척리의 한민학교 하나뿐이었다. 박진순의 회고에 따르면, 자신이 다니던 초등학교는 선생님이 없어서 종종 학업이 중단됐다고 한다. 농촌지대의 비인가 조선인 학교를 단속하기 위해 이따금

박진순 이력서
박진순이 1928년 12월 22일에 집필한 러시아어 이력서 첫 페이지와
이력서 말미에 쓴 박진순의 친필 서명.

경찰이 출동했기 때문이었다. 박진순은 조선인 사설 학교의 존재 방식이 반半합법적이었다고 술회했다. 법외 학교이기 때문에 여러 가지 어려움을 겪었지만 실제로는 계속 존속할 수 있었던 상황을 그렇게 표현했다.

1912년에 박진순은 러시아어로 교육하는 중등학교에 진학했다. 블라디미로·알렉산드롭스크 시에 있는 고등소학교였다. 15세 때였다. 그곳에서 1916년까지 4년 동안 수학했다고 한다. 19세 되던 해에 박진순은 졸업과 동시에 블라디보스토크 근교 시지미Сидимь 마을의 조선인 학교에서 교사로 근무하게 됐다. 졸업과 함께 초등학교 교사 자격을 얻은 것을 보면 이 학교는 중등 수준의 사범학교였던 것 같다.

신조선의 젊은 세대, 혁명적 민족주의자

러시아 사범학교 체험은 박진순에게 많은 것을 가져다주었다. 박진순은 이 학교 교육을 통해 조선어와 러시아어 두 가지를 모국어처럼 구사할 수 있게 됐다. 그뿐 아니라 재학 중에 혁명사상을 접했다. 특히 교무주임 야료멘코А. Н. Ярёменко 선생이 학생들에게 진보적인 영향력을 끼쳤다. 박진순은 그의 훈도 아래서 제정러시아의 저명한 혁명사상가 게르첸А. И. Герцен과 체르니솁스키Н. Г. Чернышевский의 저작을 탐독했다고 한다. 또 플레하노프Г. В. Плеханов와 같은 마르크스주의자, 바쿠닌М. А. Бакунин, 크로폿킨П. А. Кропоткин과 같은 무정부주의자의 저술에도 큰 흥미를 느꼈다.

재학 중 특기할 만한 것은 처음으로 혁명 단체에 가입했다는 사실이었다. 그의 회고에 따르면 18세 되던 1915년에 비밀결사 '대한독립단'에 가담했다고 한다. 대한독립단은 조선의 유명한 의열투사 안중근의 동료었던 조선인 혁명가 'Ким-Ин-Неp'(김인열로 읽히지만 실제로 누구를 가리키는지는 미상)이 조직한 단체였다. 명칭에서도 알 수 있듯이 식민지 조선의 독립을 목표로 하는 민족주의혁명 단체였다. 박진순은 당시 혁명적 민족주의자를 자임했고, 미국식 민주공화국을 가장 이상적인 국가제도로 이해했다고 한다. 스스로를 '신조선의 젊은 세대'의 전형적인 인물이었다고 평했다.

여기서 다시 한번 확인할 수 있다. 조선 사회주의의 기원은 서유럽과 달리 노동운동의 분화 속에서 형성된 게 아니라, 혁명적 민족주의운동의 가장 급진적인 경향으로부터 분화되어 나왔다는 사실을. 박진순이야말로 그 과정을 전형적으로 보여주는 사례다.

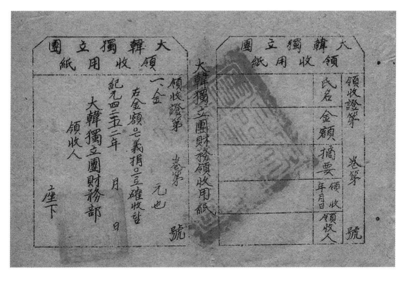

대한독립단 군자금 영수용지
1919년에 발행된 대한독립단 재무부 발행의 영수용지領收用紙.
박진순이 1915년에 가담한 대한독립단과 동일한 단체인지는 확인하기 어렵다.
*출처: 독립기념관

15

청년은 어떻게 사회주의자가 되는가
박진순의 청년시대

박진순이 사회주의자가 된 과정

연해주 한인사회는 한국 사회주의운동의 발원지였다. 그곳에서 어떻게 최초의 사회주의자들이 출현했는가? 이 물음의 답을 찾는 데 박진순의 행적이 도움이 된다. 그는 연해주 한인사회에서 청년이 어떻게 사회주의자가 되었는지를 전형적으로 보여준다.

1917년 2월혁명 이후 교직 생활을 그만두고, 재러시아 한인 정치 망명자들의 중심지인 블라디보스톡으로 옮겼습니다. 대한국민회 블라디보스톡 지부 비서로 일했습니다. 얼마 후 케렌스키 정부가 인터내셔널 활동을 문제 삼아 〈독일 스파이〉 혐의로 이동휘 동무를 체포했습니다. …… 나는 이동휘 동무와 가장 가까운 동료의 한 사람이기 때문에 반

합법 상태로 들어가야 했습니다. 나는 블라디보스톡에서 이동휘 동무를 일본 정부에 넘기려는 것에 반대하는, 석방 캠페인을 이끌었습니다.[9]

혁명의 격정이 박진순의 삶에 큰 영향을 미쳤음을 알 수 있는 글이다. 1917년에 러시아에서 전제군주제를 무너뜨린 혁명이 발발했다. 바로 2월혁명이었다. 니콜라이 2세가 폐위되고 의회를 기반으로 하는 부르주아 임시정부가 들어섰다. 혁명은 수도 페트로그라드뿐만 아니라 전체 러시아를 휩쓸었다. 20세 청년 박진순도 이에 가담했다. 연해주 남부 농촌지대의 한 초등학교에서 교편을 잡고 있던 그는 혁명의 소용돌이 속으로 뛰어들었다. 교직을 사임하고 극동지방의 중심도시 블라디보스토크로 나아갔다.

독일 스파이로 공격받은 레닌처럼

그는 대한국민회 블라디보스토크 지부에 가담했다. 여기서 말하는 대한국민회란 어떤 단체일까? 러시아어 철자로 '대한국민회Дайхан-Гукмин-Хве'라고 기재한 것을 보면 고유명사였음이 분명하다. 하지만 이 단체의 실체를 밝히는 것은 쉽지 않다. 3·1운동 당시 북간도에서 설립된 같은 이름의 단체가 있긴 하나 2년 뒤의 일이므로 그것과는 다른 단체일 것이다. 그렇다면 블라디보스토크 거주 한인들의 자치단체를 가리키는 게 아닐까? 그즈음 연해주 한인 이주민은 약 20만 명이었고 블라디보스토크에만 7,600명이 살았다. 그중 4,000명이 신한촌에 집단으로 거주하고 있었는데[10] 그들을 결속한 민회였을 수 있다. 혹은 비밀결사였을 가능성도 있다. 모국의 독립을 목표로 하는 소수 구성원들의 혁명적 민족주의 단체였다면 비공식적으로 은밀하게 존재했을 것이다. 현재로서는 어느 쪽이라 단정하기 어렵다. 어쨌든 박진순이 연해주의 수도라 할 블라디보스토크에서 한인 기반의 혁명단체에 깊숙이 관여했던 것은 명백하다.

〈독일 스파이〉 혐의란 무엇인가? 이동휘가 그 혐의를 받아 부르주아 임시정부의 관헌에게 체포됐다고 한다. 1917년 5~6월의 일이었다. 당시 러시아는 제1차 세계대전의 주요 참전국으로서 독일을 상대로 전쟁을 벌이고 있는 전시체제였다. 〈독일 스파이〉 혐의는 교전 중이던 적대국가 독일과 내통하고 있다는 혐의였다. 그해 4월의 레닌을 연상하게 한다. 2월혁명이 발발하자 스위스에 망명 중이던 레닌은 독일의 지원으로 귀국할 수 있었다. 페트로그라드에 귀환한 레닌은 유명한 4월 테제를 발표하여 전쟁 중단을 요구했다. 또 의회민주주의에 반대하고 소비에트 공화국 수립 노선을 천명했다. 그렇게 급진적인 반정부 운동을 지휘하던 레닌은 반대파에 의해 독일 스파이로 공격받았다.

이동휘도 그랬다. 러시아가 독일과의 전쟁을 종결해야 한다고 주장했다. 그래야만 러시아·일본 동맹이 취소될 가능성이 열릴 것이라는 판단에서였다. 러일동맹의 파기는 연해주에서 한인들의 반일 독립운동을 다시 일으킬 수 있는 전제조건이었다. 이 때문에 제1차 세계대전 개전 초기에 이동휘를 비롯한 반일운동의 지도자 21명은 러시아 영외 추방령을 당했었다.[11]

일본 정부는 수감된 이동휘에 눈독을 들였다. 반일 독립운동의 지도자를 이번 기회에 포획하고자 했다. 일본대사관은 외교 루트를 통해 이동휘의 신병 인도를 요청했다. 일본은 러시아의 동맹국이었다. 서쪽 방면의 대 독일전쟁에 전념하려면 동쪽 방면에서 일본과의 동맹이 굳건하게 유지될 필요가 있었다. 이 때문에 이동휘의 운명이 위기에 처했다. 아니, 이

이동휘와 황병길
이동휘는 황병길과 함께 훈춘지역을 근거로 연해주의 무장단체들과 교류했다.
러시아는 1917년 5~6월 적대국가 독일과 내통하고 있다는
〈독일 스파이〉 혐의로 이동휘를 체포했다.
박진순은 러시아가 이동휘를 일본으로 인도하는 것을 저지하고
석방할 수 있도록 사회적 압력을 가했다.
＊출처: 독립기념관

박진순
20대 후반에 촬영한 것으로 보인다.

동휘로 대표되는 조선 독립운동의 전투적인 흐름이 위기에 처했다고
봐도 틀리지 않았다.

박진순이 나섰다. 이동휘의 일본 인도를 저지하기 위해, 더 나아가
이동휘를 석방시키기 위해 사회적 압력을 가했다. 대한국민회 블라디
보스토크 지부 비서라는 직위가 도움을 줬을 것이다. 그는 블라디보스
토크 한인사회의 3인 대표단의 일원으로 선발됐다. 러시아 중앙 및 지
방정부 요로에 협상하기 위해서였다. 협상의 상대 파트너는 극동임시
정부 루사노프 전권위원이었다. 케렌스키 중앙정부로부터 연해주 일원
의 통치를 위임받은 요인이었다. 그러나 협상은 지지부진했다. 이동휘
의 석방은 10월혁명으로 정권이 다시 한번 뒤바뀐 뒤에야 이뤄졌다.

전로한족중앙총회의 다수파와 소비에트 분파

2월혁명의 방향을 둘러싸고 러시아 전역에서 갈등이 고조된 것과 마찬
가지로 연해주 한인사회에서도 분열이 발생했다. 이 분열은 현지 한인
들의 권익 옹호기관인 전로한족총회의 미래를 둘러싸고 표출됐다.

러시아에서 최고의 한인 기관이던 전로한족총회 내에서는 반소비에트
적인 분자들이 다수파를 형성하고 있었습니다. 이들은 한명세, 김 야꼬
프, 문창범 등의 입헌민주당·사회혁명당 계열의 정상배들에 의해 지도
되고 있었습니다. 전로한족총회 내에서 소비에트 권력과 볼셰비키의
강령을 지지했던 사람들은 소수파를 이루고 있었습니다. 이 두 분파 사
이의 투쟁은 10월혁명 이후 한층 첨예화됐습니다. 나는 소비에트 분파
의 지도자 가운데 한사람이었습니다.[12]

전로한족총회는 1917년 6월 니콜스크우수리스크(현 우수리스크) 시에
서 결성된 러시아 한인들의 권익단체였다. 차르체제 붕괴 이후 새로운 정
치제도에 대응하기 위해 설립됐다. 그러나 각지에서 이 회의에 참석하기
위해 모인 96명의 대표자들은 분열됐다. 부르주아 임시정부가 주도하는
헌법제정회의에 한인 대표를 파견하는 문제가 쟁점이었다.

우수리스크, 전로한족총회 제1회 대회 개최지
이 대회에서 케레스키 임시정부 지지 노선과 볼셰비키 지지 노선의
양분 현상이 나타났다.

대표 파견을 주장하는 다수파는 연해주 한인사회의 유력자층이었다. 대부분 러시아 국적을 가진 귀화인이었다. 경제적으로도 풍족했다. 이 사람들을 가리켜 으뜸 '원' 자 원호元戶라고 불렀다. 의식주 생활이 러시아화한 사람들이었다. 남녀간에 서로 팔짱 끼고 걸어다니는 것이나 부부 동반으로 슬라브정교회 성당에 예배 보러 가는 것이 러시아인들과 다름이 없었다. 러시아말로 대화를 나누는 것에 조금도 어색한 빛이 없었다. 결혼도 그들끼리만 행했다.

이 세력의 지도자로 꼽히는 이들은 최재형, 문창범, 한명세 등이었다. 이 가운데 최재형과 문창범은 뒷날 1919년 대한민국임시정부가 설립될 당시 각각 재무부 총장, 교통부 총장에 선임될 정도로 신망이 높았다. 비록 임시정부 거부를 주장하면서 취임을 거절했지만 말이다. 한명세는 1920년 이후 볼셰비키 지지로 노선을 바꿔서 이른바 이르쿠츠크파 공산당의 수장 역할을 한 사람이었다. 이들은 2월혁명의 정세 속에서 부르주아 임시정부를 지지하는 행보를 보였다. 대독일 전쟁 정책을 지지했고, 따라서 러시아·일본 동맹의 유지 정책에도 호의적이었다.

'두루미'라 불린 가난한 사람들

대회장에는 헌법제정회의 대표 파견을 반대하고 노동자·병사 소비에트의 정권 장악을 주장하는 대표자들이 있었다. 볼셰비키 정치노선을 지지하는 사람들이었다. 이 대회에서는 소수파였다. 박진순은 바로 이 대표자 그룹의 일원이었다. 이 그룹에는 이동휘 석방 캠페인을 벌인 동료들이 포진해 있었다.

이들은 연해주 한인사회의 다수를 점하는 가난한 비귀화인을 대표했다. 비귀화인들은 조선이나 북간도에서 건너간 지 얼마 안 된 사람들이라 러시아말이 서툴렀다. 또 대체로 가난했다. 도시와 농촌에서 불안정한 하층 노동에 종사하는 사람들이 많았다. 이들을 가리켜 남을 '여' 자 여호餘戶라고 불렀다. 여호층은 모국 조선의 독립에 대한 열망이 강렬했다. 그들은 독일과의 전쟁 지속 정책이 민중의 삶을 도탄에 빠트리고 세계 평화에도 저촉된다고 생각했다. 러시아와 일본의 동맹이 지속되는 것 또한 찬성하지 않았다. 이들은 전쟁 반대, 임시정부 반대를 표방하는 볼셰비키 노선에 공감을 느꼈다. 한자어 표기에도 어렴풋이 드러나듯 원호들은 여호인을 '레베지'(두루미)라고 부르며 깔보는 경향이 있었다.[13] 외출할 때 흰옷을 입고 줄지어 가는 것이 마치 두루미 같다는 뜻이었다. 문명화된 자신들에 비해 가난하고 야만적인 사람들이라는 멸시가 내포된 말이었다.

대회장의 의석 분포는 대략 7대 3으로 나뉘었다. 70퍼센트의 다수를 점한 원호 그룹은 헌법제정의회 대표 파견을 의결하고 러시아 임시정부 지지를 선언했다. 소수파는 대회장을 나가버렸다. 이로 인해 촉발된 양측의 갈등은 이후에도 오랜 시간 지속됐다. 뒷날 독립운동사를 얼룩지게 한 상해임시정부와 대한국민의회의 갈등, 상해파 공산당과 이르쿠츠크파 공산당의 분쟁이 이 대회장에 연원을 두고 있다고 해도 지나치지 않다.

한국 사회주의는 한인사회 계급투쟁의 소산

전로한족총회 제1회 대회장을 박차고 나온 비귀화인 그룹은 독자 행동을 강화하기 시작했다. 이동휘가 이끄는 한국 독립운동의 전투적 십난, 이

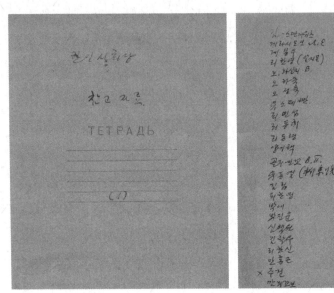
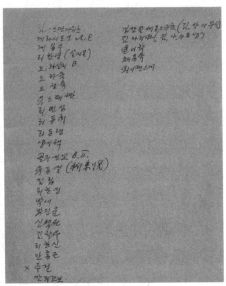

한인사회당 기록

볼셰비키 강령을 토대로 만든 한국 최초의 마르크스주의 정당인 한인사회당의 활동사항에 관한 기록.
박진순은 창립당원이자 당의 정강 정책을 수립하는 강령 작성위원으로 참여했다.

＊출처: 독립기념관

동휘 석방 캠페인을 전개했던 동료들, 전로한족총회 대회장에서 비귀화인을 대표한 사람들, 독일과의 전쟁 종결을 꾀하는 반전주의자들, 일본과의 동맹 파기를 희망하는 반일운동가들이 모였다. 이들의 공통된 사상적 기반은 마르크스주의였다. 활동 무대는 하바롭스크였다. 그곳 지방정부를 볼셰비키와 사회혁명당 좌파 연립세력이 장악했기 때문이다.

이들은 두 갈래 사업을 준비했다. 하나는 독자적인 러시아 한인 최고기관을 설립하는 일이고, 다른 하나는 사회주의 정당을 결성하는 일이었다. 그리하여 1917년 11월에 두 개의 준비위원회가 조직됐다. 하나는 〈극동조선인혁명단체통합대회 준비위원회〉였다. 이 위원회는 사료에 따라 〈아령한인총회〉, 〈한족중앙총회〉 등의 이름으로도 나온다. 박진순은 이 준비위원회의 부의장으로 선임됐다. 다른 하나는 〈한인사회당 창립대회 준비위원회〉였다. 박진순은 이 위원회에도 참여했다. 직위는 비서였다.

결국 한인사회당이 창립됐다. 1918년 4월 하바롭스크에서였다. 박진순은 제1회 대회에 출석한 창립당원이자 강령작성위원으로서 당의 정강정책을 수립하는 일에 참여했다. 한인사회당은 볼셰비키 강령에 기반하여 만들어진 한국 최초의 마르크스주의 정당이었다. 이를 통해 다시 한번 확인할 수 있다. 한국 사회주의는 민족해방운동의 급진적 그룹 속에서 분화되어 나타났으며, 해외 한인사회의 계급투쟁의 소산이었음을.

7장

조
훈.

16

===

러시아 벌목장,
막일하는 사관생도들

독립군 장교를 양성하던 '나자구무관학교'

조훈曺勳은 열아홉 살 되던 해에 나자구무관학교에 입학했다. 당시의 전후 사정을 그는 이렇게 회상했다.

> 상해에서 나는 미국으로 밀입국하려고 시도했으나 성공하지 못했다. 그래서 간도로 갔다. …… 그 후 빨치산 투쟁을 위한 비합법 속성 군사 학교에 입학했다. 그러나 자금 결핍 때문에 학교는 단지 11개월 동안만 존속할 수 있었다. 1915년 말이었다.[1]

평양의 기독교계 중등학교에서 수학하던 조훈은 식민지 조선의 교육 환경에 울분을 품고 미국행을 꿈꾸었다고 한다. 미국인 선교사들의 영향

때문이리라. 평안남북도의 기독교 청년들 중에는 미국 유학을 떠나는 사람들이 꽤 있었다. 조훈이 상하이로 간 까닭도 거기에 있었다. 세 명의 학우가 행동을 같이했다.

그러나 장벽이 높았다. 태평양을 건너는 뱃삯도 문제거니와 출입국 서류를 마련하는 일이 큰 난제였다. 식민지 조선인이 미국으로 건너가려면 일본 정부가 발급하는 여권과 출국 서류, 미국 정부가 발급하는 입국 비자가 있어야만 했다. 선교사들의 후원을 얻지 않고서는 출입국 서류를 떼는 게 사실상 불가능했다. 밀입국 외에는 달리 방법이 없었다. 상하이는 미국, 영국, 프랑스 조계지가 있는 대도시이자 동아시아와 유럽·북미를 잇는 교통의 중심지였다. 그곳에만 가면 어떻게든 길이 열릴 것이라 기대했다. 그러나 성공하지 못했다. 온갖 노력을 기울였지만 미국 밀입국의 길은 열리지 않았다.

진로를 변경해야만 했다. 고심 끝에 조훈이 선택한 곳은 북간도였다. 두만강 국경 너머 조선인 이주민들이 수십만 명 거주하고 있는 곳이었다. 조훈은 북간도에서 '빨치산 투쟁을 위한 비합법 속성 군사학교'에 진학하고자 했다. 바로 나자구무관학교였다.

조훈
1921년 7월 국제공청 제2회 대회 대표증에
첨부된 증명사진.

중국 지린성 왕청현 나자구羅子溝에 위치한 이 학교의 정식 명칭은 '왕청현 제1고등국민학교'였다. 중국 교육법상 정규 중등교육기관의 하나로서 지방정부 지린동남로 행정 당국의 승인을 받아 개설된 학교였다. 설립 당시 지방정부 수반으로부터 3,000원의 특별 지원금까지 수령할 정도로 합법적인 지위를 갖고 있었다. 학교를 대표하는 교장은 중국인이었다.

그러나 한 꺼풀 벗겨서 들여다보면 내용은 사뭇 달랐다. 나자구무관학교는 대한제국 육군무관학교와 중국의 근대적 무관학교를 모델로 삼은, 아마도 2년 단기 속성 과정의 군사학교로, 식민지 조선의 독립군 장교 양성을 목적으로 하는 곳이었다. 이 학교를 설립하고 운영한 주체는 망국 이후에 해외로 나간 망명자 그룹이었다. 특히 이동휘를 비롯한 구신민회 함경도 지부에 속했던 인사들이 주축이었다. 사관생도 숫자에 관해서는 300명설, 200명설, 80명설 등이 있지만, 출신자의 증언을 고려하면 120명설이 사실에 가장 가깝다고 판단된다.

사관생도의 45퍼센트에 달하는 54명의 성명과 나이를 확인할 수 있다.[2] 오늘날 대학교 1~3학년에 해당하는 20~22세 주니어 그룹이 15명, 대학교 4학년에서 석사과정에 해당하는 23~25세 중간 그룹이 22명, 대학원 박사과정에 해당하는 28~30세 시니어 그룹이 13명이었다. 최연소자는 스무 살, 연장자는 서른 살이었고, 평균 24.4세였다.

나자구는 일명 대전자大甸子라고도 불렸다. 그래서 이 무관학교를 조선인들은 대전학교라고도 불렀다. 자료에 따라서는 동림무관학교라는 명칭도 쓰였다. 나자구무관학교를 포함한 이 명칭들은 모두 비공식적인 것으로, 조선인들끼리 은밀하게 부르는 학교명이었다.

학교 재개 자금 벌기 위해 러시아로

무관학교를 유지하려면 자금이 필요했다. 교육을 담당한 교수들이 보수를 받지 않았는데도 그랬다. 설립 과정에서 토지와 건물은 이미 장만했지만 생도들의 의복과 식비를 다달이 마련해야만 했다. 일본 관헌의 첩보에 따르면 매달 700루블의 경비가 필요했다. 학교 당국은 재원을 확보하기 위해 다양한 노력을 기울였지만 머지않아 재정난에 빠져들었다.

1915년 12월 혹은 이듬해 3월에 결국 나자구무관학교는 폐쇄 위기에 빠지고 말았다. 일본영사관 측의 방해 공작도 영향을 끼쳤지만, 주로 자금난 때문이었다. 사관생도들은 독립군 장교 양성 사업이 중단되는 것을 차마 지켜만 볼 수 없었다. 조훈의 회고담을 들어보자.

> 이 학교의 120명 사관생도 가운데 32명이 결사를 맺고서 군사학교 재개 자금을 벌기 위해서 러시아로 갔다. 우리는 블라디보스토크에서 조선인 청부업자에게 고용됐다. 그는 우리를 페름현 나제진스크 공장으로 보냈다. 그들은 우리를 6개월간 장작 제조공으로 채용하고, 선불금을 받고서 달아났다.

'사관생도 32명이 결사를 맺었다'는 문장에 눈길이 간다. 무관학교 재개 자금을 벌기 위해 육체노동에 종사하기로 결심했던 것이다. 공공선을 위해 자신의 사적 이익을 기꺼이 내려놓은 고도의 윤리적 행동이었다. 도대체 어떤 사람들이었는가? 유감스럽게도 구체적인 정보는 전하지 않는다. 참가자의 성명이 알려진 경우는 예외적이다. 뒷날 독립자금 조성 차 일본은행 현금 수송대를 습격한 '15만 원 사건'의 주역이 되는 임국정,

АВТОБИОГРАФИЯ ТОВ.ТЕ-ХУНА.

Родился я в 1897 году 22 сентября в Корем провинции Челадо в гор.Ченчу. Отец у меня лютеранский, мать буддистка. С 1904 г. по 1910 г. учился в лютеранской школе (начальной). С 1910 г. по 1912 г. учился в лютеранской высше-начальной школе. С 1912 г. по 1914 г. учился в лютеранской средней школе в гор.Пеням. Но так как после анексии Корем с Японией 1910 года все учебные заведения преподавали преимущественно японский язык.и закон божий, то мы потребовали изменения программы с введением общей истории и общеобразовательных предметов. Учитель нашей школы не официально стал преподавать корейскую историю, но об этом узнали японские власти и предложили строго придерживаться ф программы, выработанной японским правительством. Поэтому я с тремя товарищами уехал в Шанхай. Из Шанхая я попытался было пробраться в Америку, но когда это мне не удалось, то поехал в Кандо (Южная Маньчжурия). В Кандо я вступил в члены революционной организации "Куан бок тан" (Союз освобождения), а затем поступил на нелегальные ускоренные курсы военспецов для борьбы в партотрядах, но за недостатком средств курсы просуществовали только II месяцев - это было в конце 1915 года.

Из 120 курсантов этих курсов 32 заключили между собой союз и поехали в Россию с целью заработать деньги для продолжения военной подготовки. Во Владивостоке мы нанялись к корейцам подрядчиком, которые повезли нас на Надеждинский завод Пермской губернии. Здесь они законтрактовали нас на 6 месяцев для заготовки дров и получив за нас аванс, сбежали. Поэтому мы после долгих мытарств выбрались оттуда и поступили на Сосвинский пушечный завод, где намеревались изучить работу завода. Из завода нас тоже не выпускали. Только русская февральская революция 1917 года дала возможность выбраться оттуда. Все курсанты выбрались на Дальний Восток в 1917 г. в июне месяце. Здесь поймали подрядчиков и хотели было покончить с ними, но потом ограничились получением от них 1200 рублей и отправили деньги в Кандо от имени Союза Уральской Горы - 31 человек (один умер на заво-

조훈 자서전
32인의 사관생도에 관한 회상기를 담고 있는
조훈 자서전 첫 페이지.

173

뒷날 국제공산청년회 중앙집행위원이 되는 조훈 등이다. 언젠가 사료 여건이 개선되어 그 외 사관생도들의 신원을 알 수 있게 되기를 바란다.

당시는 전시였다. 1914년에 발발한 제1차 세계대전이 한창이었다. 그래서 러시아에서는 군수 생산을 위한 노동력 수요가 증가하고 있었다. 32인의 사관생도는 일자리를 찾아서 블라디보스토크로 갔다.

그들은 조선인 청부업자의 힘을 빌렸다. 저 멀리 시베리아 너머 우랄산맥 깊은 곳에 위치한 페름현 산악지대에서 벌목 노동에 종사하기로 고용 계약을 맺었다. 그러나 불운하게도 청부업자는 정직하지 않았다. 그는 사관생도들이 러시아어에 서툰 점을 악용하여 근로계약서를 위조했다. 몰래 1년 기한을 2년으로 늘렸고, 약정된 근로 할당량을 채우려면 밤낮 가리지 않고 일하도록 꾸몄으며, 노임 수준도 통상 임금의 절반이 안됐다. 약정을 달성하지 못하면 고용 기한이 다 찼더라도 작업장을 이탈할

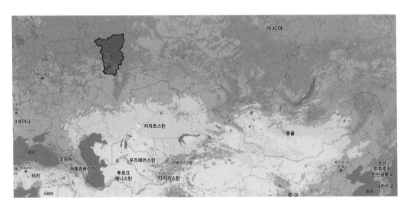

페름현
32인의 사관생도가 독립군 자금을 벌기 위해 고용되어
일하던 페름현의 위치.

수 없게 되어 있었다. 노예 계약이나 다름없었다. 사관생도뿐만이 아니었다. 청부업자의 농간으로 페름현의 공장과 사업소에서 노예 노동에 얽매여 있는 조선인 숫자는 수천 명에 달했다.

'뽀드랴치크подрядчик'라고 불리던 청부업자는 러시아어에 능숙하고 이미 러시아 국적을 취득한 이들이 맡았다. 그들은 노동자를 모집하여 철도 공사장, 광산, 어장 등지에 보내거나 관청 및 군대에 물품을 조달하는 일에 종사했다. 러시아어를 잘 모르는 신이주민과 관청 일에 어두운 러시아어 문맹자들은 일자리를 얻기 위해 그들을 통해야만 했다. 근로계약의 관행도 청부업자에게 유리했다. 그들은 고용주에게서 노동자의 임금 총액을 직접 수령하여 소관 노동자 개인에게 나눠주는 권한을 갖고 있었다. 연해주 조선인 사회에서 큰 영향력을 갖고 있던 문창범, 최봉준, 최재형, 김두서 등은 모두 이 직업을 통해 재산을 불린 사람들이었다.

문제의 청부업자는 김병학이라는 자였다. 그는 사관생도 등 조선인 노동자 몫의 임금 선불금을 받고는 자취를 감췄다. 그는 시베리아철도 건설공사 청부, 러시아 군납용 쇠고기 조달업 등으로 재산을 모았다. 1912년에는 블라디보스토크 신한촌 민회 회장, 민족운동 단체 권업회의 외교부장 등의 직책을 맡기도 했던 연해주 조선인 사회의 유력인사였다.

동포 청부업자에 속아 1년간 노예노동

사관생도들은 노예 노동의 고통을 견뎌내야만 했다. 그들의 고난은 1년 이상 계속된 뒤에야 끝났다. 조훈의 회상을 들어보자.

사관생도들은 1917년 6월에 극동으로 되돌아갔다. 거기서 청부업자들을 붙잡았다. 그들과의 관계를 정리하려고 했으나, 1,200루블을 받는 데 그쳤다. 빨치산 자금을 보태기 위해서 우랄동맹 31인 명의로 돈을 간도로 보냈다. 1인은 공장에서 사망했다.

사관생도들이 억류에서 벗어난 시점이 눈에 띈다. 1917년 6월이었다. 바로 그해 2월에 발발한 러시아혁명이 그들의 운명에 영향을 끼쳤음을 짐작케 한다. 실제로 벌목장의 사관생도들이 노예 노동의 처지에서 벗어날 수 있었던 것은 두 가지 요인 덕분이었다. 하나는 1917년에 발발한 러시아 2월혁명이고, 다른 하나는 조선인 최초의 사회주의자 김알렉산드라가 우랄산맥의 조선인 노동자들의 권익을 지키기 위해 조직한 항의 캠페인이었다.

김알렉산드라는 이주민 2세로서 러시아의 정규 초·중등학교를 졸업한 여성이었다. 그는 재학 중에 혁명사상을 수용하여 비밀혁명운동에 뛰어들었다. 사관생도들이 우랄산맥에서 노예 노동에 종사하고 있던 그때 김알렉산드라도 페름현 일대에 거주하게 됐다. 혁명당의 일원으로 지목되어 우랄산맥 방면으로 추방당했기 때문이었다. 그녀는 페름현 벌목장에서 노동과 착취로 고통 받던 조선인 노동자들에게 주목했다. 특히 사관생도 그룹에 대해서는 말할 수 없는 뜨거운 동지애를 느꼈다고 한다. 김알렉산드라는 조선인 노동자들을 조직하는 한편, 그들의 대표자로서 노사 교섭의 현장에 섰다.

김알렉산드라는 가능한 모든 종류의 합법투쟁을 밀어붙였다. 조선인 노동자들을 대리하여 지방법원에 소송을 제기하는 전술도 병행했다. 그러나 요지부동이었다. 지방법원의 판사들은 시종일관 자본의 편에 섰다.

김알렉산드라
이주민 2세로 비밀혁명운동에 뛰어들었던 김알렉산드라는
페름현 벌목장에서 과도한 노동과 착취로 고통 받던 조선인 노동자들을 위해
노사 교섭 현장에 나서고 지방법원에 소송을 제기했다.
*출처: 독립기념관

그때 2월혁명이 발발했다. 2월혁명은 페름현 조선인 노동자 소송 사건을 여론의 주목을 받는 사회 문제로 만들었다. 사건에 대한 대중의 관심이 폭발했다. 지방법원을 수만 명의 군중이 에워쌀 정도였다. 법원의 최종 판결은 조선인 노동자들의 승리로 끝났다. 조선 노동운동사의 첫 페이지가 32인의 사관생도와 김알렉산드라에 의해 쓰이는 순간이었다.

2월혁명 이후 전 러시아가 혁명적 정세에 휩싸인 상황에서 사관생도들은 연해주로 되돌아갔다. 그들은 청부업자 김병학에게서 1,200루블을 받아냈고, 그 돈을 우랄동맹 31인의 명의로 북간도 무장투쟁 준비 사업에 기부했다. 왜 32인이 아닌가? 유감스럽게도 사관생도 한 사람이 우랄산맥 벌목공장에서 사망했기 때문이었다. 누구인지는 아직 알지 못한다.

1년여에 걸친 32인 사관생도의 용기와 모험치고는 성과가 보잘것없다고 보는 독자도 있겠다. 북간도로 송금한 1,200루블은 나자구무관학교의 약 두 달 치 경비에 지나지 않으니 말이다. 하지만 돈만이 아니었다. 그들의 헌신이 고조된 조선 독립운동을 지탱하는 근간으로 자랐음에 주목해야 한다. 1920년 초는 독립군이 발흥하던 때였다. "오늘날 중국·러시아 영토에서 독립을 위해 헌신하는 청년은 나자구무관학교 속에서 나온 자가 가장 다수"[3]였다. 그 한가운데에 바로 32인의 사관생도가 있었음은 말할 나위도 없다.

17

조훈의 두 차례 국내 잠입 이유

'이르쿠츠쿠파'의 중추 멤버로 성장

조훈이 비밀 활동을 위해 서울에 처음 잠입한 것은 1922년 7월, 26세 때의 일이었다. 그는 밀입국하던 전후 사정을 《자서전》에서 이렇게 말했다.

> 1921년 8월 국제당 극동비서부에 의해 국제공청 해외뷰로 전권위원 자격으로 상해에 파견됐다. 1922년 7월 말 국제공청 해외뷰로 업무 차 서울에 체류했다. 9월에 모스크바에서 열리는 국제공청 제3차 대회에 파견됐다.[4]

이력서 등에서 볼 수 있는 특유의 건조한 문장이다. 하지만 국제당, 국제공청, 상하이, 모스크바 등의 어휘가 배후에 두텁고 복잡한 서사가 깔려 있음을 느끼게 한다.

당시 그의 직책은 '국제공청 해외뷰로 전권위원'이었다. 국제공청이란 국제공산청년회라는 단체의 줄임말로서 1919년 11월 베를린에서 창립대회를 가진 국제기구였다. 1921년 7월 모스크바에서 열린 제2차 대회에서부터 여러 비서구 민족의 사회주의 청년운동도 포함하는 명실상부한 글로벌 국제기구가 됐다. 조훈은 바로 그 제2차 대회에 조선 대표로 참석했다.

놀랍다. 32인의 사관생도 가운데 한 사람으로서 우랄산맥 페름현 나제진스크 목재소에서 벌목 노동에 종사하던 무명 청년이 불과 4년 만에 국제대회의 조선 대표로 선임된 것이다. 도대체 4년 동안 무슨 일이 있었던 걸까?

다수의 사관생도들은 연해주로 되돌아갔다. 반면 조훈을 비롯한 4인의 생도들은 현지에 잔류하는 길을 택했다. 왜 그런 선택을 했는지는 정확히 알려져 있지 않다. 아마도 상급학교 진학을 희망했던 것이 아닐까 생각된

조훈의 대표증
1928년 8월 모스크바에서 열린 국제공산청년회
제5차 대회에서 사용한 조훈의 대표증. 사진의 일부가 손상됐다. 대표증 왼쪽에는 레닌,
오른쪽에는 칼 리프크네히트의 사진이 인쇄되어 있다.

다. 그들은 시베리아의 대도시 에카테린부르그로 가서 세탁소 고용원, 담배말이 노동 등에 종사했다. 러시아 내전이 소용돌이치던 시절이었다. 조훈도 시베리아 일대에서 적위파의 일원으로 내전에 휩쓸렸다. 재판 없이 총살당할 뻔한 위기도 겪었다. 그러다가 1919년 10월 이르쿠츠크에서 평생의 동지 남만춘을 만났다. 그보다 다섯 살 연상의 믿음직한 선배였다. 두 사람은 한국 사회주의운동사상 '이르쿠츠크파'라고 불리는 공산주의 그룹의 중추 멤버로 성장해나갔다. 조훈이 국제공청 제2차 대회에 조선 대표로 나가게 된 배경에는 이런 사정이 있었다.

제2차 대회에서 조훈은 국제공청의 집행위원으로 선임됐다. 아울러 이르쿠츠크에 소재한 국제공청 극동비서부 위원으로도 선출됐다. 이 기관은 동아시아 지역의 공산주의 청년운동을 지휘하는 부서였다. 조훈이 관장하는 지역은 조국인 조선이었다. 조선 내지에 국제공청 지부를 결성하여 신진 세대들 속에서 사회주의 사상과 운동을 보급하는 것이 그의 임무였다.

조훈은 기민한 사람이었다. 국제공청 제2차 대회가 끝난 지 불과 한 달 만에 고려공산청년회 집행부를 조직하는 데 성공했다. 1921년 8월 중국 베이징에서였다. 집행부를 '중앙총국'이라고 불렀다. 위원은 5인이었다. 국제공청을 대리하는 조훈 자신 외에 이르쿠츠크파 고려공산당이 파견한 위원 1인, 각지 공청 세포기관에서 발탁한 위원 3인이 구성원이었다. 상하이 공청 세포기관에서 온 박헌영이 그 속에 포함된 점이 이채롭다.[5]

고려공청 중앙총국의 긴급한 과제는 활동 근거지를 조선 내지로 옮기는 것이었다. 조훈은 과제 수행을 위한 거점으로 상하이를 선택했다. 상하이는 국내로 공청 기반을 옮기기 위한 최적의 중개 기지였다. 대한민국임시정부를 비롯하여 각종 단체와 비밀결사가 잠행하는 곳이자 갖가지 이상을 품고 몰려온 조선인 망명객과 청년들이 은신하고 있는 대도시였기 때

조훈이 사용한 위조 신분증

1922년 7월 첫 번째 국내 잠입 시에 사용한 위조 신분증.

중국 광동중학교 2학년을 수료한

유학생 김창일로 위장했다.

위조 증명서에 첨부된 조훈 사진

중국식 교복을 입고

안경을 쓴, 유학생다운 분위기를

잘 자아내고 있다.

문이다. 조훈은 중앙총국 위원진을 재구성했다. 5인이었다. 국내 공작을 수행하는 데 적합한 인물들로 새로운 진용을 짰다.

1922년에 중앙총국 소재지를 국내로 이전하기 위한 노력이 본격적인 궤도에 올랐다. 중앙총국 5인 위원 가운데 조훈은 상하이에서 국제공청과의 연락을 담당하고, 다른 4인은 모두 국내로 잠입하기로 결정했다. 그러나 이 결정은 원활하게 집행되지 못했다. 책임비서 박헌영과 총국의 두 위원 김단야와 임원근이 국경을 넘다가 체포되고 말았기 때문이다. 잠입에 성공한 위원은 고준高俊 한 사람뿐이었다. 하지만 혼자만으로는 역부족이었다. 수개월 동안 고준이 조직한 세포 단체는 단 1개에 지나지 않았다. 이대로 방치할 수는 없었다. 조훈은 1922년 7월 조선으로 직접 잠입하기로 결심했다.

밀입국 당시 사용한 위조 신분증이 남아 있었다. 그는 중국 광동중학교에 유학 중인 전라북도 무주군 출신 김창일로 행세했다. 신분증은 정교했다. 한문 활판으로 인쇄된 증명서 양식에 고유명사를 세필로 써넣은 증명서였다. 세 장의 인지가 붙어 있고, 광동중학교장 야오궈시의 개인 도장에 학교장 직인까지 붉게 찍혀 있는 감쪽같은 재학증명서였다.[6] 2학년을 마친 뒤 질병으로 인해 휴학했으며 치료 차 고국으로 되돌아온 중국 유학생인 것처럼 꾸몄다.

서울에 무사히 안착한 조훈은 공청 조직운동의 방향을 바꿨다. 독자적으로 세포를 늘려가는 대신에 다른 방법을 선택했다. 국내의 왕성한 사회주의운동 열기를 이끌고 있는 비밀결사 대표들을 고려공청 중앙총국 위원으로 끌어들이는 방법이었다. 그 결과 1922년 8월에 새로운 중앙총국을 출범시킬 수 있었다. 세 번째 형성된 간부진이라는 의미로 '고려공청 제3차 중앙총국'이라고 불렀다. 위원은 이전과 마찬가지로 5인이었다. 종래의 두 위원에 더해 3인을 받아들였다. '내지당' 혹은 '중립당'이라는 별칭으로 불리던 신생 비밀결사 조선공산당 대표 김사국, 대중적 영향력을 갖고 있는 공개 단체 노동연맹회 대표 전우田友, 서울청년회 대표 김사민이 그들이다.[7] 책임비서에는 김사민이 선임됐다. 당시 국내 사회주의운동의 실제를 잘 반영한 최선의 인선이었다.

서울 한복판에 고려공청 중앙총국을 설립한 직후 조훈은 다시 국외로 빠져나갔다. 국제공청과의 연락이라는 본연의 임무를 수행하기 위해서였다. 1922년 9월의 일이었다. 서울에 비합법적으로 체류한 것이 한 달 남짓일 뿐이었는데도, 획기적인 성과를 올리는 데 성공했다. 국경 밖으로 빠져나가는 그는 12월 개최 예정인 국제공청 제3차 대회에 출석할 고려공청의 대표자라는 자격을 양 어깨에 짊어지고 있었다.

불발로 끝난 국내 공산청년운동 통합

조훈이 다시 국내로 잠입한 때는 1년 반이 지난 뒤였다. 1924년 2월에 두 번째로 서울에 모습을 드러냈다. 그의 《자서전》을 들여다보자.

> 1924년 2월부터 5월까지 국제공청집행부 전권위원 자격으로 조선에서 활동했다. 6월 국제공청 제4차 대회에 참석했고, 국제공청 중앙위원으로 선출됐다.

두 번째로 잠입해야 할 이유가 있었다. 조선 내지에 설립했던 고려공청 중앙총국 위원들이 둘로 분열됐기 때문이었다. 분열을 불러온 문제는 해외 기반의 기존 두 세력을 공산당 건설에 포함할지 여부였다. 책임비서 김사민과 당대표 김사국은 두 세력 배제를 주장했다. 공고한 공산당을 건설하려면 국내 대중에 기반을 두어야 하며, 해외 두 세력은 과오가 많다는 이유에서였다.

의열투쟁의 전술 적합성 문제도 분열을 낳은 또 다른 요인이었다. 김사국 그룹은 의열투쟁을 반대했다. 의열투쟁이 대중의 투쟁 의욕을 북돋기는커녕 광범한 대중과 혁명세력을 유리시키는 결과를 가져올 뿐이라 판단했던 것이다. 그러한 판단은 의열단과 제휴하여 폭탄 반입을 추진하는 내지당의 다른 간부들에 대한 반발로 이어졌다. 김사국과 김사민은 고려총국 중앙총국 위원 직을 사임했고 내지당에서도 탈당했다. 그 대신 비밀결사 고려공산동맹을 결성하여 독자 노선을 걸었다. 고려공산동맹은 합법 단체인 서울청년회를 거점으로 삼아 활동했기 때문에 '서울파'라는 이름으로 불렸다.

조훈
일상생활 중에
자연스레 촬영된 조훈 사진.

이 분열은 조선혁명운동에 부정적인 영향을 미쳤다. 비밀운동뿐만 아니라 공개 합법 영역의 운동에도 그랬다. 갈라진 두 그룹의 통합을 희망했던 국제공청 집행부는 양자의 통합 실행 책임을 조훈에게 부여했다. 조훈은 '국제공청 집행부 전권위원' 자격으로 통합 공청을 실현하는 소임을 띠고 국내로 잠입했다.

조훈은 자신의 소임을 두 단계로 나눠서 추진했다. 첫 단계는 이완된 고려공청 중앙총국을 정비하는 일이었다. 책임비서 직위에 있던 신철辛鐵을 해임하고, 중앙총국을 새로운 위원들로 재조직했다. 국제공청 집행부 전권위원 조훈의 권한 행사 범위가 넓고도 강력했음을 잘 보여주는 부분이다. 1923년 4월부터 이듬해 3월까지 책임비서 자격으로 국내 공산청년운동을 이끈 신철이 해임된 이유는 '사보타주' 혐의였다. 놀라운 일이었다. 새로운 중앙총국 위원진의 중핵은 일찍이 1922년 3월에 밀입국 도중에 체포된 트로이카(삼두마차) 박헌영, 김단야, 임원근이었다. 그들은 출옥하자마자 곧바로 비밀결사운동에 복귀했다.[8]

두 번째 단계는 통합 공청을 결성하기 위해 고려공산청년회 창립대회 준비위원회를 설립하는 일이었다. 당시 조선 내에는 조훈의 과업 수행에 유리한 분위기가 조성되고 있었다. 대통합의 움직임이 일었다. 합법 공개 영역의 청년운동도 그랬고, 비밀 사회주의운동도 그랬다. 국내에 존재하는 내지당과 고려공산동맹, 양대 비밀결사가 주동이 되어 '6인회'라는 명칭의 조선공산당 창립대표회 준비위원회를 출범시켰다. 그 덕분에 조훈이 추진하는 고려공청 통합운동은 6인회가 이끄는 공산당 통합운동과 나란히 굴러갈 수 있었다.

양대 공청 그룹의 협상 테이블이 가동되기 시작했다. 많은 문제가 논의 석상에 올랐다. 고려공청 중앙총국이 기득권을 포기하고 해산할 수 있는지, '6인회'로 대표되는 공산당 지도부의 지휘를 받을 것인지, 해외에 소재하는 공산 그룹들과의 연계를 단절할 것인지, 통합 공청대회 대의원을 야체이카(세포 단체)에서 선출할지 아니면 개인별로 초청할 것인지 등이 쟁점이 됐다.[9]

그러나 조훈은 1924년 5월 출국할 때까지 자신의 소임을 완성하지 못했다. 통합 공청 결성은 쉽게 달성하기 어려운 난제였다. 그렇다고 성과가 전혀 없는 것은 아니었다. 그 뒤 공청운동의 큰 흐름이 되는 근간을 수립하는 데 성공했던 것이다. 그의 두 번째 밀입국이 거둔 기대 밖의 소득이었다.

8장

빨치산 대장들.

18

아버지가 남긴 사진 4장

빨치산의 딸

빨치산의 딸 '박소은'은 평생 아버지의 품에 안긴 적이 없었다. 세상에 태어난 1948년 4월 21일, 아버지는 집에 있지 않았다. 집은커녕 3·8도선 이남에 있지 않았다. 엄마 뱃속에 회임 중일 때, 그러니까 태어나기도 전인 1947년 12월에 아버지는 야속하게도 3·8도선 이북으로 올라갔다. 결혼

박종근의 20대 초반 시절 모습
아내 이숙의가 평생 품에 간직한 박종근의 20대 초반 시절 사진.
*출처:《이 여자, 이숙의》(삼인, 2007)

한 지 6개월 만이었다. 왜 그때 가족을 버리고 떠났을까? 탄압을 피하려고 그랬겠거니 짐작하지만 이유를 몰랐고 이후로도 알 기회가 없었다.

아버지 박종근은 한국전쟁이 발발한 뒤 월남했으나 집에는 들르지도 않은 채 산으로 올라갔다. 경북도당 위원장이자 제3유격지대 사령관으로 산악지대의 빨치산 활동을 이끌기 위해서였다. 그러나 결국 그는 집으로 돌아오지 못했다. 1952년 3월엔가 〈태백산 총사령관 박종근 사살〉이라는 대서특필된 신문기사를 통해 아버지의 최후를 알았다. 딸의 나이 네 살 때였다. 소은이는 태어난 후 단 한 번도 아빠의 체취를 느끼지 못했고, 전적으로 어머니의 보살핌 속에서만 자라야 했다.

어머니는 일흔여섯 평생토록 빛바랜 증명사진 한 장을 소중히 간직했다. 딸이 아버지의 존재를 어렴풋하나마 느낄 수 있게 해주는 유일한 유산이었다. 거기에는 한 청년이 물끄러미 앞을 바라보고 있다. 머리를 짧게 깎은 20대 초반의 젊은이다. 혈육이라는 실감이 들지는 않았다고 한다. 아버지가 어떤 사람인지 잘 알 수 없었기 때문이다.

증명사진으로 처음 만난 20대 때 아버지

딸 '박소은'이 미처 본 적이 없는, 좀 더 젊었을 적의 아버지 사진이 있다. 소화 16년(1941) 3월 14일, 인천소년형무소에서 촬영한 것이다. 형무소에 수감된 범죄자 식별을 위해 강제로 찍은 사진이었다.[1] 소년형무소는 만18세 미만의 범죄자를 수용하기 위한 시설이었다. 사진 속 인물은 검정 학생복을 입고 있다. 소년형무소 수감자들의 평상시 복장이었을 것이다. 잔뜩 찌푸린 얼굴이다. 이마에 주름살이 여러 줄 그려져 있고, 미간도 접혀 있

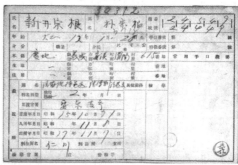

형무소 수감 중 촬영한 박종근
1941년 3월 14일, 스무 살 때
'독립청년회' 사건으로 인천소년형무소에
수감 중 촬영한 '범죄자' 식별용 사진.
*출서: 국사편찬위원회

다. 입술을 앙다물었다. 못마땅한 기색이 역력하다. 머리는 박박 민머리다. 가슴에는 식별용 이름표가 붙어 있다. 한자로 '신정종근新井宗根'이라고 적혀 있다. '아라이 소네'라고 읽힌다. 일본식 창씨명이었다. 식민지 조선의 모든 이들이 강제로 일본식 씨명으로 바뀌어 불리던 때였다.

도대체 왜 소년형무소에 갇혔을까? 일본 형무소 당국은 모든 수감자들의 개인별 카드를 작성했는데, 거기에 그의 죄명이 적혀 있다. 〈치안유지법과 육군형법 위반〉이었다. 치안유지법이란 천황제 국가체제의 변혁과 사유재산제도 반대를 목적으로 단체를 조직하거나 그곳에 가입한 자를 처벌하는 악법이었다. 반체제 비밀결사를 탄압하기 위한 법으로 사회주의운동과 독립운동 참가자를 체포·투옥하는 데 주로 사용됐다. 육군형법은 1941년 즈음에는 민간인에게도 곧잘 적용되곤 했는데, 이른바 군사스파이 혐의자를 처벌하는 용도였다. 산업시설과 공장 등을 염탐하여 가상 적국인 소련에게 넘길 우려가 있다는 혐의를 씌우곤 했다. 요컨대 수감자인 소년 박종근은 사상범이었던 것이다.

뒷날 박종근이 작성한 〈이력서〉와 〈자서전〉에 따르면, 그는 6년 동안 고향인 경북 의성군 안계면의 보통학교에서 공부한 후 부산과 황해도 신천 등지를 전전하면서 상점 점원과 정미소 급사 등으로 일했다. 그때 일터에서 만난 몇몇 종업원들로부터 사상적 감화를 받았고, 그것이 계기가 되어 피억압 민족의 일원이라는 정치적 각성을 얻을 수 있었다고 한다.

소년 사상범 박종근의 비밀결사 활동

행동에 처음 나선 것은 열일곱 살 되던 1938년이었다. 그해 3월에 고향으로 돌아온 그는 '독립청년회'라는 비밀결사를 결성했다. 공개 단체인 야학과 농촌진흥조합 등을 무대로 활동한 결과 약 40명의 회원을 조직하는 데 성공했다고 한다. 회원들은 주로 향리에서 고락을 나누며 성장한 친구들과 그의 모교인 안계보통학교 동창생들이었다. 그러나 이 단체의 비밀운동은 미성숙한 것이었다. 자신의 표현에 따르면, "그 어느 지도자도 없었으며, 어떠한 조직적 계열 또는 연락도 없는 순전히 내 독자적인 아주 의식성이 어린 운동이었다"고 한다.[2]

그래서일까. 결성 1년 남짓 만에 비밀이 노출되고 말았다. 1939년 4월 독립청년회의 구성원들은 일망타진됐다. 박종근이 체포된 곳은 해외였다. 만주국 수도 창춘으로 가서 해방운동과 삶의 새 진로를 모색하던 참이었다. 창춘에서 붙잡힌 그는 조선으로 압송됐다. 그의 자서전을 보면 근 1년 동안 경찰서에서 취조를 받았고, 대구지방재판소 안동지청에서 1940년 10월 31일에 징역 2년형을 선고받았으며, 인천소년형무소에서 복역 후 만기로 석방됐다고 한다. 입소는 소화 15년(1940) 11월 8일, 출소는 소화 17년(1942) 11월 7일이었다. 징역 2년형을 선고받았지만, 체포 후 실제로 구금된 기일은 3년 7개월이었다. 19개월이나 아무런 법률적 근거도 없이 징역을 살았던 셈이다. 재판부의 비열한 조치가 있었음이 감지된다. 미결구금일수를 단 하루도 본형에 산입하지 않았던 것이다.

소년형무소에 수감된 이유가 있다. 1922년 8월 28일생이었던 그는 안동지청에서 언도공판이 있을 당시 열아홉 살이었다. 만으로 따져도 생후 18년 2개월에 해당하는 연령이었다. 당시 법률상으로 마땅히 성인으로 취급될 나이였다. 그러나 그의 호적에 기재된 생년월일은 1923년 1월 28일이었다. 만으로 따져서 17년 9개월에 지나지 않았다. 만 18세 미만이라 소년형무소 수감 대상자로 간주됐던 것이다.

출옥한 후에도 박종근은 '반성'하지 않았다. 출옥 후 해방에 이르기까지 그는 고향에서 농사를 짓는 한편, 정미소와 미곡창고 사무원으로 일했다. 이 기간 동안 그는 사회주의 사상을 수용했다고 뒷날 술회했다. 현실 생활과 비밀결사운동 경험에 더해 몰래 읽게 된 사회주의 서적이 그렇게 이끌었다고 한다. 급기야 해방 전야인 1944년 12월 사회주의 비밀서클을 조직했다. 4인으로 이뤄진 소규모였다. 박종근은 나중에 스스로 평하기를, "의식성과 이론의 부족에다가 아무런 지도자도 없고 다른 조직과 연결 없는 고립적인 것"이라고 말했다. 하지만 이 경험은 해방 후 그가 투철한 사회주의자로 나아가게 만든 전환점이 됐다.

'당의 명령'에 따라 모스크바로

딸 박소은이 미처 보지 못한, 또 하나의 아버지 사진이 있다. 짙은 색 양복에 화려한 넥타이를 맨 정장 차림이다. 와이셔츠가 눈부시게 희다. 20대 후반이나 30대 초반의 건강한 남성상이다. 엷은 미소를 띠고 앞을 바라보고 있다. 이마에 있는 두 줄의 주름살, 약간 솟은 광대뼈, 높지 않은 코, 두터운 입술이 질박하면서도 신뢰감을 준다. 모스크바 당학교에서 작성한 개인 파일에 보관된 사진이다. 러시아 출국 전 평양에서 찍었거나 모스크바에서 증명용으로 촬영한 것으로 보이는 사진이었다. 1948년 8월경 박종근의 모습이었다.

박종근이 젊은 아내와 유복자를 남겨두고 3·8선 이북으로 올라간 이유는 '당의 명령'이 있었기 때문이다. 남조선노동당 중앙부에서 그를 모스크바에 유학시키기로 결정했던 것이다. 해방 이후 박종근은 민중운동의 지도자로서 두각을 나타냈다. 1945년 8월부터 두 달 동안 의성군 안계면의 면인민위원회 결성에 참가하여 부위원장에 선임됐다. 그해 10월부터는 의성 읍내로 진출해서 조선공산당 의성군당 선전부장으로서 일했다. 의성군 내에서 말 잘하고 글 잘 쓰는 사람으로 소문이 자자했다. 1946년 10월 민중항쟁 때에는 의성군당 조직부장으로서 의성군 투쟁의 총책임자 역할을 했다. 11월에는 그에 대한 책임으로 경찰의 수배를 받았다. 탄압을 피해 서울로 올라온 박종근은 1946년 11월부터 월북한 이듬해 12월까지 당 중앙위원회 선전부의 선전선동 과장으로 일하고 있었다.

그의 헌신성과 탁월한 업무능력은 당 지도부의 눈에 띄었다. 당시 남로당 부위원장으로 재임 중이던 박헌영은 그를 가리켜, "박종근 동무는 당 사업에 정력적으로 참여했고 당 업무와 민주조선 건설을 위하여 열성적으로 투쟁하고 있다"고 높이 평가했다.[3]

모스크바 유학 시절의 박종근
1948년 27세 때 찍은 사진이다.
딸 박소은은 노년기에 들어서야
처음 이 사진을 접했고, 비로소 아버지의 형상을
똑똑히 기억할 수 있게 되었다고 한다.
*출처: 러시아국립사회정치사문서보관소

박종근의 러시아 유학 기간은 2년이었다. 모스크바의 당학교 내부 기록에는 그가 "1948년 9월 15일부터 1950년 7월 1일까지 조선당학교에서 수학"했다고 적혀 있다. 한국전쟁이 발발할 당시 모스크바에 체류 중이었음이 눈에 띈다. 아마 최초 계획으로는 4년 이상의 유학이 예정되어 있었겠지만, 전쟁이 발발하면서 단축됐던 것 같다. 서둘러 유학을 종료하고 풍전등화에 놓인 조선혁명을 위해 하루 속히 귀국해야만 했다.

성적표가 남아 있다. 2년간 도합 14개 과목을 수강했다. 그중에는 자본주의 정치경제학, 변증법적 유물론, 역사적 유물론, 소련공산당사, 소련 국제관계와 대외정책의 역사, 법과 소비에트 건설, 세계의 정치·경제 지리, 당건설론, 러시아 문학, 러시아어 등이 포함되어 있었다. 마르크스레닌주의 이론과 사회주의 건설의 정책 문제를 중시했음을 엿볼 수 있다. 시험점수가 명시된 과목은 12개 과목이었는데, 모두 다 5점 만점에 5점을 받았다. 오늘날 한국 대학제도에 대비해보면 '올 A+'를 받은 셈이었다. 소련공산당 중앙위원회 검열관 D. 니콜라예프는 박종근이 "유능한 수강생임을 보여주었고, 마르크스레닌주의 이론을 터득하기 위해 열심히 공부했다"고 평가했다.

제3유격지대 사령관 박종근의 마지막 사진

2000년 9월 초, 6·15공동선언 이행 사업의 일환으로 장기수 송환이라는 역사적 사건이 일어난 며칠 뒤였다. 벌써 53세 중년부인이 된 박소은은 장기수 선생들이 함께 모이는, 인사동에 위치한 '통일광장'이라는 곳을 찾았다. 장기수들이 구해놓은 자료들 속에 아버지에 관한 기록이 있다는 소식을 접했기 때문이다.

딸은 그 자리에서 아버지의 또 다른 사진과 대면했다. 아무런 마음의 준비도 없이 갑자기 아버지의 마지막 모습이 찍힌 사진을 보게 된 것이다. 사진 속에는 한 남자가 누워 있었다. 시신이었다. 몇 번의 복사를 거쳤는지 윤곽선이 흐려진 흑백사진이었다. 허리와 허벅지 두 군데에 밧줄이 꽁꽁 묶여 있었고, 잘린 머리가 목 위에 부자연스럽게 얹혀 있는 상태였다. 영문으로 된 설명문이 기재되어 있었다. 게릴라 지도자 박종근, 제3유격지대 사령관. 1952년 2월 17일 한국 측 군경 합동작전 시에 203410지점 근처에서 사살됐다고 적혀 있었다.[4]

박종근의 최후
제3유격지대 사령관 박종근의 최후.
*출처:《빨치산자료집 1》
(한림대, 1996)

박종근의 아내와 딸
1954년 대구 약전골목에서 박종근의 아내
이숙의와 딸 박소은의 모습.

　　딸은 아버지의 모습을 보는 순간, "가슴에 직접 총알이 박히는 것 같은" 충격을 느꼈다고 술회했다. "등을 타고 흐르는 피가 굳어서 조여들듯이 온몸이 경직되어" 책상을 꽉 붙잡아만 했다.[5] 그녀는 생애 처음으로 아버지의 존재를 뚜렷이 실감했던 것 같다. 아! 그랬구나. 자신의 삶에서 아버지가 왜 부재했는지, 그 부재의 의미가 우리 역사와 관련되어 있음을 똑똑히 보았다. 이제야 아버지의 삶을 온전히 이해할 수 있을 것만 같았다. 아버지 없이 자랐던 자신의 어린 시절, 6개월의 짧은 신혼생활 뒤에 50여 년의 긴 세월을 홀로 견뎌야 했던 어머니의 인생이 한꺼번에 뇌리에 떠올랐다.

19

박종근의 빨치산 활동

실천과 이론 면에서 준비된 간부

지리산이나 신불산 지역에 비해 경북 쪽 양상이 덜 알려져 있기 때문인지 박종근의 빨치산 활동은 베일에 가려져 있는 부분이 많다. 미국국립기록관의 북한노획문서함에 빨치산 시절 박종근이 작성한 몇몇 기록이 남아 있다. 이를 통해 미흡하나마 그의 빨치산 활동의 개략을 그려볼 수 있다.

러시아 유학에서 되돌아온 박종근에게 주어진 보직은 경북도당 위원장 직이었다. 29세였다. 아직 젊은 나이였지만 경력에는 부족함이 없었다. 열일곱 살부터 반일운동에 참가했던 만큼 혁명운동 경력이 벌써 13년째였다. 사상범으로 투옥된 기간만 3년 7개월이나 됐다. 대중운동의 현장 경험도 갖추고 있었다. 농촌지대인 경북 의성군에서 면인민위원회 부위원장, 군당 선전부장·조직부장을 지냈다. 해방 직후 합법 활동이 일시적으로 가능했던 조건에서 대중을 진두지휘한 경험이 있었던 것이다.

중앙당 간부 활동도 했다. 서울 시내에서 비합법 조건 아래 당중앙 선전부 소속의 중간간부로 1년간 일했다. 그뿐이랴. 해외유학도 다녀왔다. 모스크바 조선당학교 2년간의 유학을 통해 견문을 넓혔고, 본격적으로 마르크스주의 이론도 배웠다. 실천과 이론, 어느 면에서 보더라도 잘 준비된 간부였다.

발령 시기는 1950년 7월 하순 즈음이었다. 평시가 아니었다. 한국전쟁 발발 직후 전시 상황이었다. 박종근은 즉시 임지로 향했다. 짐작컨대 8월 초에 경북 경계를 넘어 진군하는 북한군을 따라서 임지에 도착했을 것으로 보인다. 전남도당 위원장 박영발도 비슷한 사례다. 그 역시 박종근과 함께 모스크바 조선당학교를 수료한 간부였다. 그는 북한군 제6사단이 7월 23일 전남 광주를 점령한 뒤, 8월 초에 임지에 도착했었다.[6]

박종근은 그보다는 약간 늦게 경북에 입성했을 것이다. 소백산맥을 경계로 북한군의 남진을 저지하기 위한 전투가 치열했기 때문이다. 충북 영동과 경북 상주·김천 일대의 방어전은 7월 22일부터 30일까지 계속됐고, 예천·안동 일대의 방어전은 7월 30일부터 8월 1일까지 벌어졌다. 북한군이 경북 북부 지방을 장악한 것은 7월 말 8월 초였다. 북한군은 7월 25일에 영동을 접수한 뒤, 7월 31일에는 상주를 점령했다. 예천·안동 방면도 비슷했다. 영주에는 7월 23일에, 예천에는 7월 30일에, 안동에는 8월 1일에 각각 북한군이 입성했다.

박종근의 임무는 여느 도당위원장들과 다를 바가 없었다. 도당 집행부를 편제하고, 행정단위별로 군당·면당 조직을 구축했다. 군·면 인민위원회 등의 정권 기관도 설립했다. 하지만 범위에 제한이 있었다. 북한군 점령지가 경북의 북부 지역에 한정되었기 때문이다. 경북 중부 지역은 격전지였다. 낙동강 방어선을 둘러싸고 치열한 전투가 계속되고 있었다.

동해안 영덕에서부터 의성군 낙정리까지 동서 방향으로 180킬로미터, 낙정리에서 마산까지 낙동강 물길을 따라 남북 방향으로 160킬로미터의 전선이 한국전쟁의 승패를 결정하는 최후 방어선이었다.

그러나 북한군의 우세는 오래가지 않았다. 인천상륙작전으로 전황이 일거에 뒤집혔다. 남한 깊숙이 진공했던 북한군은 서둘러 퇴각해야만 했다. 그해 9월 25일 당중앙으로부터 특별 지시가 하달됐다. 모든 당조직을 비합법 지하당 기구로 개편하라는 내용이었다.

미군에 쌀 한 톨도 남기지 말 것

경북도당 집행부는 산으로 올라가기로 결정했다. 일월산이었다. 해발고도 1,219미터에 달하는 이 산은 영양군의 청기면과 일월면, 수비면에 걸쳐 있었다. 소백산을 제외하면 도내에서 가장 고도가 높고, 일찍이 비정규 유격전의 무대로 활용되기도 했던 공간이었다. 대한제국 말기에 신돌석 의병부대가 활동하던 곳도 바로 여기였다. 신돌석을 가리켜 일월산의 호랑이라고 하지 않았던가.

이 시기 박종근의 주된 임무는 '당 단체들을 지하로 옮기는 것'과 '유격대를 조직하는 것'이었다. 그해 10월 11일 자로 북한군 최고사령관 김일성이 방송을 통해 하달한 지시사항을 상기해 보라. 당조직을 비합법적인 지하당으로 전환·개편할 것, 산간지대에 식량과 시설·설비들을 비축·은닉하고 미군에게는 쌀 한 톨도 넘기지 말 것, 야산대 경험자와 유격전 참여가 가능한 당원들을 전원 입산시켜 유격대를 편성할 것 등의 내용이었다.[7]

경북도당은 일월산에 오래 체류하지 않았다. 한 달쯤 뒤인 10월 31일 그곳을 떠나 북서쪽으로 이동했다. 멈춘 곳은 '남대리'였다.[8] 경북 영주군 부석면 남대리가 도당 집행부의 두 번째 산악 근거지가 됐다. 경북 영주와 충북 영월을 가르는 소백산맥 능선부의 깊은 산골이었다. 주위를 둘러싼 산악들의 해발고도는 1,000미터가 넘었다. 선달산 1,236미터, 어래산 1,064미터 등이었다. 왜 옮겼을까? 안전과 연락 때문으로 보인다. 토벌대의 압박을 피하고, 당 중앙과 연락을 취하는 데 좀 더 유리한 곳이 필요하다고 생각했던 듯하다. 어떻든 간에 경북 행정구역을 벗어나지 않으려고 노력했음을 읽을 수 있다.

남대리 지역으로 거점을 옮긴 뒤에도 당 중앙과의 연락이 쉽지 않았다. 박종근은 "오랫동안 중앙과 연결을 가지지 못한 처지"였던 탓에 정세 분석도 사업 진행도 큰 곤란을 느꼈다고 술회했다.[9] 귀머거리 같았다고 표현했다. 급변하는 전황을 정확히 파악하는 데 어려움이 있었다. 다행히 1951년 1월 13일에 곤란이 타개됐다. 중국지원군 참전 후 재반격에 나선 북한군 제2군단 부대들과 남대리 지구에서 조우하는 데 성공했다. 이어서 1월 20일에는 총사령관의 명령서도 접수할 수 있었다. 제3유격지대를 편성하여 곧 있을 북한군과 중국지원군의 총공격에 호응하는 제2전선을 구축하라는 내용이었다. 지대장으로는 박종근이 임명됐다. 경북도당 위원장 겸 제3지대 사령관을 겸하게 됐음을 의미했다.

박종근은 즉각 제3지대 편성 사업에 착수했다. 그러나 고충이 있었다. 자신에게 군사 활동의 경험이 전혀 없었던 것이다. 젊음과 각오 그리고 헌신을 통해 극복할 수도 있겠지만 도당 당원들 역시 무장부대를 편성하거나 이끌만한 간부 역량이 적었다. 무기와 장비 부족 문제도 해결되어야 했다. 박종근은 도당 집행부를 이끌고 강원도 방면으로 북상했다. 자기 지역을 벗어나는 것은 허용될 수 없는 일이지만, 제3지대를 속히 편성하려면 북한군 정규군의 인적·물적 원조를 받아야만 했다. 제2군단 본부가 주둔하고 있는 횡성군 둔내면으로 향했다. 둔내면은 횡성군의 동쪽 끝에 위치한 해발고도 500미터의 고원지대로 산과 언덕이 둘러싸고 있었다. 주봉인 태기산은 해발 1,261미터였다.

젊은 20대 대원은 35퍼센트뿐

가장 큰 난관은 시간 부족이었다. 임박한 총공격은 대전과 안동을 잇는 선까지 진출하는 것을 목표로 한다고 들었다.[10] 속히 적군의 등 뒤로 이동하여 후방 교란 작전을 수행해야만 했다. 1951년 2월 14일 박종근은 제3유격지대를 이끌고 서둘러 둔내면을 출발했다. 4월 20일까지 보현산 (1,124미터) 지역으로 진출하여 근거지로 만든 후 그곳에서 유격전을 벌일 계획이었다. 경북 영천군 화북면과 청송군 현서면에 걸쳐 있는 이 산은 대구에 인접한 요충지였다.

출발 당시 병력 총수는 356명이었다. 각자에게 소총 1자루와 탄환 40발이 지급됐다. 수류탄은 평균 1.3개씩 소지했다. 공용화기는 경기관총 2정뿐이었다. 무기도 빈약했는데 대원들의 전투력 또한 문제였다. 70퍼센트가 경북 출신으로서 후퇴 시에 입산했던 사람들이었다. 대중사업과 군

박종근 친필 서명
제3유격지대장 박종근의 친필 서명.

중정치운동에 종사하던 당원들로서 군사 경험이 없는 동무들이었다. 연령도 30세 이상이 60퍼센트를 점했고, 젊은 20대는 35퍼센트에 지나지 않았다. 박종근은 유격대 대원들이 전투 성원으로는 적당치 못한 일꾼들이 대부분이었다고 평했다.[11] 그가 내심 기대했던 수준은 훈련된 군사간부가 지휘하는 1,000명의 병력이었다. 당 중앙과 유기적인 연락을 주고받는 조건하에서 이 정도의 병력을 갖춘다면, 보현산 지구를 근거지로 하는 제2전선 구축이 가능하다고 판단했다. 그러나 실제로는 그렇지 않았다.

두 달이 지났다. 4월 20일이 됐을 때 제3지대의 상황은 출범 당시의 계획과는 사뭇 다른 상황에 처해 있었다. 가장 큰 곤란은 국군과 북한군이 대치하고 있는 전선을 돌파하는 것이었다. 숫자와 장비, 기동력이 월등히 우세한 정규군이 밀집해 있는 지역을 뚫고 이동하는 것은 많은 희생 없이는 불가능했다. 계속되는 전투와 쉴 새 없는 행군을 계속해야만 했다. 그 결과 전사, 낙오, 실종 등으로 인해 257명의 대원이 감소했다.

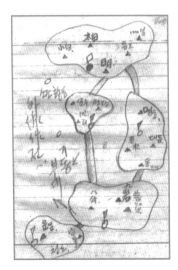

제3유격지대 배치도
빨치산 노획 수첩에 그려져 있는, 제3유격지대
부대별 분산투쟁 배치도.

그 대신 낙오된 북한군의 편입, 경북 관내 지하당원들의 편입 등으로 121명이 보충되어 전체 대원 수는 220명 선을 유지할 수 있었다. 하지만 환자가 43명이었다. 사령관인 박종근조차도 재귀열병에 걸려 3월 말부터 5월 초까지 한 달 이상 병고에 신음해야 했다. 장비 부족 문제도 심각했다. 대원들이 소지하고 있는 탄환 수는 1인당 7~8발이 고작이고, 수류탄을 가진 대원은 거의 없었다. 공용화기는 탄환을 전부 소모하여 무용지물이었다.

제2전선 구축은 현실적으로 불가능했다. 게다가 최전선의 형성이 애초의 예상과 달라졌다. 대전–안동 라인은 언감생심이었다. 1951년 5월에 접어들면서 북위 38도선을 경계로 일진일퇴를 거듭하고 있었다. 제3지대는 국군토벌대의 포위 속에 갇힌 꼴이 됐다.

박종근 사령관은 애초의 계획을 폐기하고 '부대별 분산투쟁' 방침을 수립했다. 역량 보존에 적합한 방침이었다. 대원들을 네 개의 부대로 나눴다. 자신이 이끄는 본대는 일월산에 거점을 두고, 다른 세 부대는 경북 관내의 다른 산악지대에 분산 배치했다. 지휘관의 성을 따서 도부대, 백부대, 강부대라고 부르는 세 예하부대는 각각 청량산 지구, 금장산–명동산–주왕산 지구, 태백산–소백산 지구에 각각 주둔하게 했다.

운명을 스스로 결정하다

박종근이 이끄는 제3지대는 악조건 속에서도 10개월을 더 버텼다. 그러나 1951년 12월부터 이듬해 3월까지 전개된 대규모 토벌작전의 시련을 견뎌내지는 못했다. 작전이 거의 막바지에 달한 1952년 2월 어느 날 빅종근 제3지대 사령관은 총상을 입었다. 스스로 움직일 수 없을 정도의 중상이었다. 생존자의 증언에 따르면, 동료들이 들것을 만들어서 싣고 다녔다고 한다. 그러나 눈 덮인 한겨울 산중에서 쉴 새 없이 추격해 오는 토벌대를 피해 다니면서 부상자를 돌보는 것은 불가능한 일이었다. 결국 박종근은 권총으로 자신의 운명을 스스로 결정하는 길을 택했다. 경북 영양군 석보면 포산리에 위치한 포도산(748미터)의 한 기슭, 1952년 2월 27일의 일이었다.

20

피살 51년 만에 발견된
빨치산 비밀 아지트의 주인공

지리산의 박영발 비트

2005년 2월, 지리산 깊은 산중에서 박영발 비트(비밀 아지트)가 발견됐다. 반야봉 중허리 함박골의 험한 산비탈에서였다. 세월이 흘러 백발이 성성해진 빨치산 참가 생존자들이 찾아낸 이 천연동굴에는 놀랍게도 옛 자취가 남아 있었다. 무전통신에 사용된 것으로 보이는 전선줄, 흰색 주사용

박영발 비트
박영발 비밀 아지트 출입구.
2005년 2월 지리산 반야봉 중허리 함박골의
험한 산비탈에서 발견됐다.
ⓒ 통일뉴스 김규종

앰플, 깨진 갈색 유리병, 수십 개의 폐배터리, 낡은 검정 고무신짝 등이 뒤섞여 있었다.[12] 박영발이 사망한 지 51년의 세월이 지났는데도 생전에 그의 손길이 닿았을 유품들은 현장을 지키고 있었다.

그뿐인가. 반경 10미터 내에는 3층으로 쌓아올린 돌 위에 흙을 얹어 평평하게 다진 구들장이 있었고, 근처 바위틈에서는 인쇄용 등사기와 롤러, 잉크통이 발견됐다. 잉크통 속에는 마르지 않은 등사용 검정 잉크가 가득 차 있었다.[13] 조선로동당 전남도당 위원장으로서 1954년 3월 19일 피살될 때까지 최후 국면의 빨치산을 이끌던 박영발의 조난 장소 풍경이었다.

"몰락해가는 부농층 봉건 가정"의 산골 소년

1913년 6월 12일 경북 봉화군 내성면 화천리에서 출생하였다. 곳은 산골 농촌이며, 집은 몰락해가는 부농층 봉건 가정이었다. …… 학교 입학은 거주하는 지리적 조건과 가정의 빈궁(어머니의 사정)과 불화로 인하여 불가능하였다.[14]

박영발은 훗날 모스크바 유학길에 오를 때 작성한 《자서전》에서 이렇게 썼다. '산골 농촌'이라는 표현에서도 알 수 있듯이, 그는 태백산맥과 소백산맥 줄기가 나뉘는 산악지대에서 태어났다. '봉화군 내성면 화천리 176번지', 오늘날 도로명 주소로 표기하면 '경상북도 봉화군 봉화읍 사계당길 17'. 이것이 그의 본적지이자 출생지의 주소였다.

자기 집을 '부농층 봉건 가정'이라고 표현한 점이 눈길을 끈다. '가정

박영발
모스크바 유학을 떠날 즈음에 촬영한
36세 때 박영발의 모습.

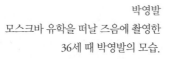

박영발 자필 자서전
모스크바 유학 중에 박영발이 직접 작성한《자필 자서전》.

의 빈궁과 불화'로 학교 교육을 받지 못했다는 뒷부분 언급과 모순된다. 하지만 집안 사정을 자세히 들여다보면 두 문장 다 실제와 같았음을 알 수 있다. 그의 부친은 1년에 40석 정도를 수확하는 부유한 중소 지주였다.[15] 1910~1920년대 농가 호당 평균 수확량이 5~6석이었음을 고려하면,[16] 부친의 생활수준은 농촌 평균보다 7~8배나 더 유족했다.

부친은 두 집 살림을 차렸다. 자신과 동갑내기인 아내가 서른다섯 살이 되도록 아들을 낳지 못하자 8년 연하의 젊은 여성을 둘째 부인으로 맞아들였던 것이다. 아마 '첩'이었을 것이다. 새로 맞은 부인은 부친의 기대를 저버리지 않았다. 곧 첫아들을 낳은 데 이어 몇 년 뒤에는 둘째아들도 출산했다. "첩살림은 밑 빠진 독에 물 길어 붓기"라는 속담도 있듯이, 부친은 둘째부인의 살림에만 돈을 들인 것으로 보인다. 정실부인이 서른여섯 살에 뒤늦게 아들 박영발을 낳았음에도 부친의 편애 습성은 바뀌지 않았다. 박영발이 '가정의 빈궁과 불화'라는 말에 괄호를 달아서 '어머니의 사정'이라고 덧붙인 까닭이다.

'왕복 4시간' 학교 대신 한문 서당에서 학업

박영발은 학교 교육을 받지 못했다. 그는 두 가지 이유를 들었다. 하나는 어머니가 가난했기 때문이었다. 어머니는 어린 아들을 학교에 보낼 여력이 없었던 것 같다. 또 다른 이유는 '지리적 조건'이었다. 그의 집에서 가장 가까운 곳에 위치한 초등 교육기관은 군청 소재지인 내성면 포저리의 내성보통학교였다. 거리가 8.9킬로미터에 달했다. 성인 걸음으로 2시간 15분 걸리는 거리였다. 학교를 가려면 날마다 왕복 4시간 30분을 걸어야만 했다.

　박영발은 학교 교육 대신 전통적인 방식의 한문 교육을 받았다. 일곱 살 되던 1919년부터 열다섯 살 되던 1927년까지 동네에 개설된 한문서당에 통학했다. 도중에 학업이 중단된 적도 있었다. 집안의 농사를 돕기 위해서였다. 중단된 기간을 제외하면 그의 한문 수학 기간은 1919년 6월~1922년 3월, 1925년 4월~1927년 12월, 도합 5년 5개월이었다.

　　1930년 7월에 동리에서 박학택, 황윤경 등 13인 동지들과 함께 독서회 조직에 참가하였다. 그것의 발전으로 1931년 5월에는 봉화적색농민조합 조직에 참가하였다. …… 1932년 2월에 서울로 왔다. 그때 정길성 동지의 지도 밑에서 경성적색노조준비회라는 지하조직의 연락 공작을 맡았다.

　박영발이 처음 비밀결사운동에 참가한 것은 18세 때였다. 1930년 7월, 봉화군의 청년 13인이 은밀하게 만든 독서회를 통해서였다. 독서회는 18~25세에 해당하는 봉화군의 청년층이 비밀리에 조직한 사회주의 연구 단체였다. 명단이 다 판명된 것은 아니지만 그중에서 지도적 역할을 맡은 이는 황윤경黃潤慶과 박항택朴恒澤이었다. 연령으로 보면 각각 7년, 4년 연상의 선배들이었다. 특히 황윤경은 1920년대 중반부터 이미 봉화 지역 사회주의운동에서 두각을 나타낸 인물이었다. 프로운동자동맹·봉화청년동맹·경북청년연맹 집행위원, 조선일보 봉화지국 기자, 신간회 봉화지회 조사부장 등이 그가 맡은 직책이었다. 독서회 참가자들 가운데 박영발은 나이로 치면 막내 급이었던 것으로 보인다.

　독서회를 만든 그해에는 혁명적 고양기라고 불러도 좋을 만큼 대중투쟁의 급격한 분출이 있었다. 반일 시위와 동맹 파업 등 전 조선의 학생 봉기가 고조된 게 바로 그해 봄이었다. 농민들도 움직였다. 해마다 평균 200건 안팎이던 소작쟁의 건수가 700건 안팎의 급증을 보인 해가 1930~31년이었다. 농민폭동도 자주 일어났다. 특히 함경도 일대에서는 마치 해방구를 연상하게 할 정도로 농민운동이 활발했다.[17]

경북 봉화군 청년들의 비밀 독서회

독서회 참가자들은 당시의 혁명적 정세에 영향을 받은 것 같다. 그들은 1년도 채 지나기 전에 봉화적색농민조합을 조직했다. 1931년 5월의 일이었다. 적색농민조합이란 모스크바에 소재하는 농민조합인터내셔널(크레스틴테른) 계열의 혁명적 농민 단체로, 지주와 부농을 배제하고 빈농·중농 위주로 구성된 비밀결사였다.

박영발도 적색농민조합에 참여했다. 그는 조직과 선전 분야를 담당했다. 각 마을 단위로 8개의 농민야학을 설립하고, 그것을 중심으로 적색농조의 마을별 세포 조직을 만들었다고 한다. 그는 자신이 살고 있던 마을, 내성면 화천리에도 야학교를 세웠다. 30여 명의 농민들이 모여들었는데, 주로 조선어와 산수를 가르치는 한편 계급의식 고취에 힘썼다. 특히 양반과 상민 사이의 차별적인 계급적 언어를 폐지하고 평등한 언어를 사용하라고 권고했다고 한다. 존댓말과 반말을 구별하지 않고 차별 없이 동등하게 대하도록 이끌었던 것이다. 파격적인 시도였다. 오래된 언어 규범을 바꾸는 일이라 대도시에서도 어려웠을 텐데, 하물며 유교적인 전통 규범이 강력하게 잔존해 있는 경상북도 농촌지대에서야 말할 나위도 없었다.

농민야학, 반상 차별 반대, 소작료 인하 투쟁……

그해 12월에는 소작쟁의까지 이끌었다. 소작료 인하가 쟁점이었다. 당시 통용되던 소작료율 50퍼센트를 40퍼센트로 낮추려고 했다. 4·6제를 내걸었던 것이다. 그에 더해 고용농민인 머슴들 품삯 인상도 요구했다. 쟁의는 한때 성공했다. 그러나 마을의 중소 지주들 대부분이 그의 친척들이었다. 그는 문중의 배척을 받았다. 친척 어른들에게 경제적으로 손해를 끼치는 것도 문제거니와 양반·상민 간의 엄연한 위계질서를 어지럽히는 행위는 결코 용납될 수 없었다. 비밀결사의 존재까지 노출될 위험이 있다고 판단한 박영발은 고향을 떠나야 했다.

1932년 2월에 경성으로 상경했다. 봉화군에 인접한 이웃 고을인 영주 출신 정길성丁吉成의 인도를 받았다. 정길성은 7년 연상으로 영주청년동맹, 신간회 영주지회에 참여한 이래 경성과 영주를 오가면서 적색노동조합과 사회주의운동에 몸담아온 신뢰할 만한 고향 선배였다. 박영발은 상경과 동시에 비밀결사 경성적색노동조합준비회에 가담했다.

> 1932년 9월 2일 종연방적鐘淵紡績 앞에서 살포된 격문 사건과 국제청년데이 경계 수색을 겸하여 동대문 밖 신설리 방면에 출장하여 밀행하던 중, 신설리 132번지 앞에서 일견 노동자풍의 조선인 남자를 목격하고 거동이 수상한 자로 인정하여 현장에서 취조한 바 …….[18]

동대문경찰서 순사부장 김승종은 상부에 올리는 〈사건 인지보고서〉에서 이렇게 썼다. 사건의 첫 단서를 얻은 경위에 관해서였다. 신설리 132번지 앞(현 신설동역 오거리)에서 잠복 경계 근무 중이었다고 한다. 진닐 밤 근치

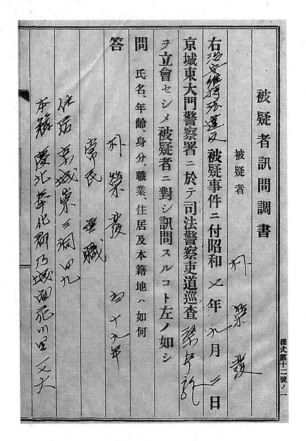

박영발 신문조서
1932년 9월 2일 체포 당일 동대문경찰서에서 작성한
피의자 박영발 신문조서 첫 페이지.

방적공장에서 격문이 살포되고 이틀 뒤에는 국제청년데이가 도래하기 때문에 경계 근무를 서고 있었다. 현장에서 거동이 수상해 보이는 노동자풍의 조선인 남자를 포착했다. 아마 잠복근무 중인 사복 경찰들을 발견하고 쭈뼛거렸던 것 같다. 경찰은 그를 붙잡았다. 이 체포는 뜻밖에도 '좌익노동조합 조직준비회 사건'의 발단이 됐다.

연락원 임무 수행 중 경찰에 붙잡혀

박영발은 레포 임무를 수행 중이었다. 레포란 연락원을 뜻했다. 그의 품에는 인텔리 출신의 저명한 국어학자이자 언론인인 대산袋山 홍기문洪起文에게 전하는 정길성의 비밀편지가 감춰져 있었다. 전차를 타고 동대문 경찰서로 연행되는 중이었다. 박영발은 틈을 봐서 편지를 입속에 집어넣었다. 씹어 삼킬 작정이었다. 그러나 불행스럽게도 발각되고 말았다. 강제로 입을 벌려야 했고, 결국 유일한 증거물품이 압수되고 말았다. 단지 의심스러웠을 뿐인 그의 혐의는 지극히 엄중한 것으로 바뀌고 말았다.

9월 2일에 시작된 수사는 10월 18일까지 계속됐다. 혐의자 백수십 명이 경찰에게 피검됐고, 삼엄한 취조 끝에 29명의 비밀결사 관련자들이 검찰로 송치됐다. 이 기간 동안 박영발은 감당하기 어려운 고문을 겪어야 했다. 그의 표현에 따르면 "고문에 의하여 발병 위독"한 지경에 이르렀다. 박영발은 제 발로 걸어 나오지 못했다. 함께 피검됐던 노동운동 동료 정재철에게 업힌 채로 경찰서 문을 나와야 했다. 그는 근육 위축으로 앉은뱅이가 됐다. 필사적인 재활 노력 끝에 다시 걸을 수 있게 된 것은 4년이 지난 1936년 5월부터였다.

21

박영발, 빨치산이 되기까지

박영발, 가혹한 고문에 앉은뱅이가 되다

박영발이 앉은뱅이가 될 정도로 가혹한 고문을 당한 까닭은 무엇일까. 체포된 다른 동료들도 비슷한 고초를 겪었을 것이다. 하지만 유독 그에게 혹독함이 부가된 이유가 있었다. 경찰 문서에 그 정황이 암시되어 있다. 동대문경찰서장이 작성한 검사국 앞 송치의견서에 이런 기록이 있다.

> 박영발은 …… 소지하고 있던 서신을 삼키려고 했으나 미수에 그쳤다. 뒤이어 정길성의 주소에 대해 취조를 받자, …… 파고다공원 5층탑 앞에서 만나기로 약속했다는 등 거짓말을 했다. 정길성이 잠복한 주소를 알면서도 그를 도망케 할 목적으로 사실을 공술하지 않았기 때문에, 결국 그 당시에는 정길성의 소재를 놓쳐서 체포할 수 없었다.[19]

피의자의 허위 진술에 농락당한 일본 경찰의 분노가 선명하다. 박영발은 증거를 없애기 위해 편지지를 씹어 삼키려 했고, 동료의 거처를 감추기 위해 거짓말을 했다. 서슬 퍼런 일본 경찰 앞에서 용납될 수 없는 행위를 감행했던 것이다. 어쩌다 한 번 그랬던 것도 아니었다. 거듭된 행위였다. 그로 인해 뒤쫓고 있던 주요 피의자를 놓치고 말았다. 경찰은 그를 용서하지 않기로 결심했던 게 틀림없다.

박영발은 대가를 치렀다. 체포된 지 한 달 만에 피투성이가 된 채로 동료의 등에 업혀서 경찰서 문을 나와야만 했다. 그뿐인가. 앉은뱅이가 된 채로 4년 동안이나 고향에서 갇혀 지내야만 했다. 이 참혹한 사건은 박영발이 20세 때 겪은 일이었다. 뒷날 동료를 지키려다가 희생된 또 한 사람의 청년, 바로 23세 때 학생운동 동료의 거처를 말하라는 치안본부 대공분실 수사관들의 요구에 불응하다가 고문 끝에 목숨을 잃은 박종철이 연상된다.

1936년 5월에 다시 걸을 수 있게 된 박영발은 생업의 길에 나섰다. 당시 그는 한 가족의 가장이었다. 16세 되던 1928년에 이미 부모의 뜻을 좇아서 2년 연상의 아내를 맞아 혼인식을 올린 바 있었다. 그에게는 어린 아이가 하나 있었다. 게다가 부친에게서 소박맞은 어머니도 부양해야 했다.

박영발은 외출이 가능해지자 봉화읍내 인쇄소에 취직하여 2년간 문선공으로 일했다. 하지만 벌이가 시원찮았던 것 같다. 그는 대도시로 향했다. 만주를 거쳐 중국 베이징으로 갔다. 그곳에서 1년 8개월간 동향 사람이 경영하는 양복점에서 점원으로 일했다. 1940년에는 서울로 되돌아와 구두 만드는 제화공장에서 4년 8개월간 경리 사무직으로 근무했다.

탄광과 무기공장에서 노동자 조직화

> 1944년 7월에 정재철, 신정균 등 동무와 함께 적은 크룹을 조직하였다.
> 처음에는 '무명 크룹'으로 그 후 혹은 '서울 크룹'이라고도 하였다. 책
> 임자는 정재철 동무이며 나는 조직을 담당하였다. 영월탄광의 박항택,
> 영주의 김제욱, 대구의 김일식, 부평조병창 공사장의 한종일 등 동지를
> 통하여 조직을 키우기에 힘썼다.[20]

박영발이 비밀결사에 다시 가담한 것은 1944년 7월이었다. 해방되기 1년
쯤 전이었다. 그의 나이 32세 때의 일이었다. 조그마한 '크룹'이었다고
한다. 크룹이란 러시아어 클룹клуб에서 온 외래어로서 영어의 클럽club에
해당하는 말이었다. 클럽과 그 일본식 음역어인 구락부가 주로 취미나 문
화적 코드를 같이하는 사람들의 집단을 가리키는 의미로 사용되는 것과
달리, 크룹은 당 조직이나 정치 단체의 한 형태를 가리키는 용어로 사용
되는 경향이 있었다. 그것은 한 무리의 비밀운동 참가자들이 둘 이상의
작은 조직으로 나뉘어 일정한 연계를 갖고 있는 상태의 조직체를 가리키
는 말로 사용됐다. 하나의 독립적인 비밀 단체를 가리키는 크루조크(소
조)와 구별됐고, 다수의 세포 단체 및 그를 총괄하는 집행부를 포괄적으
로 지칭하는 그루빠(그룹)와도 달랐다.

비밀결사의 구성원들은 어떤 사람들이었는가. 박영발의 기록에는 7
명의 구성원 이름이 나온다. 더 있었겠지만 그중 역할이 뚜렷한 사람들이
었을 것이다. 이 가운데 네 명의 신원을 확인할 수 있다. 30대 초중반이
었고 20대에 사회주의운동에 참가했다. 다들 적색노동조합·농민조합운
동 참가자들이었다. 출신지의 공통성도 눈에 띈다. 각각 영주(1인), 봉화(2

인), 대구(1인)였다. 다들 경북 출신자들이었다.

비밀 단체 '서울 크룹'의 책임자는 정재철이었다. 12년 전 고문으로 걷지도 못할 정도로 몸이 망가진 박영발을 업고 나왔던 바로 그 사람이었다. 박영발은 조직부 책임자 역할을 맡았다. 그가 역점을 둔 분야는 노동자 조직이었다. 특히 노력을 기울인 곳은 둘이었다. 하나는 영월탄광이었다. 그곳에는 수천 명에 이르는 탄광 노동자들이 전시 에너지 공급을 위해 동원되어 있었다. 다른 한 곳은 부평조병창이었다. 1939년에 설립된 대규모 무기 공장 '인천육군조병창'으로, 일본의 대외 침략전쟁을 뒷받침하는 조선병참기지화 정책의 상징 중 하나였다. 그곳에는 1만 명 이상의 조선인 노동자들이 일하고 있었다.[21] 전쟁 말기에 접어들자 조병창 인근에서는 토목·건설 공사가 쉴 없이 계속됐다. 무기 생산 능력의 확대를 위해서였다. 그 공사장이 바로 서울 크룹의 조직 확대의 무대가 됐다.

비밀결사 결성 이후 근 1년 만에 위기가 찾아왔다. 창립 멤버 신정균이 1945년 5월에 체포되고 뒤이어 책임자 정재철과 대구 조직을 담당했던 김일식이 검거됐다. 핵심 멤버들이 경찰에게 붙잡히고 만 것이다. 조직의 와해는 물론이고 개인의 안위도 위태롭게 됐다. 하지만 천운이었다. 사건이 확대되기 전에 8·15를 맞았다. 일본제국주의가 제2차 세계대전에서 패배한 덕분에 식민지 통치체제가 붕괴된 것이다. 체포된 이들은 풀려났다. 박영발과 동료들은 비밀결사 조직을 유지한 채 해방을 맞이할 수 있었다.

36세 모스크바 유학… 최상 레벨 성적

해방 후 불과 10일 만에 박영발과 동료들은 조선공산낭새선군미회의 연결됐다. 사회주의 진영 내에서 가장 강력하고 영향력 있는 그룹과 합류한 것이다. 박헌영이 이끄는 조선공산당재건준비회 대열과 결합한 것에 대해 박영발은 진정으로 기뻐했다. 과거에는 소규모 경험주의적인 조직운동에서 벗어나지 못했으나, 이제 이론과 사상적 결핍을 극복하고 체계적이면서 올바른 조직 활동을 할 수 있게 됐노라고 자부했다. 그리하여 그해 9월 20일에 조선공산당에 입당하고 당증번호 1168번을 받았다.

박영발은 합법 대중운동에도 진출했다. 해방 전부터 관계해오던 부평 지역 중심의 토건노동조합운동이 기반이 됐다. 해방되던 그해 9월에 이미 경성토건노동조합을 설립하고 위원장에 취임했다. 11월에는 전국 조직인 조선노동조합전국평의회(전평) 결성에 참여하고 서울지방평의회 부위원장 겸 중앙위원으로 취임했다. 전평은 그의 주된 활동 거점이었다. 1947년 2월에는 중앙상임위원회 조직부 부책임자 직위에 올랐다.

비밀 당조직 활동도 열심히 했다. 입당과 동시에 토건세포 책임자가 됐고, 머지않아 서울시당 중구위원회 선전책, 서울시당 노동부 부책임자를 맡았다. 나중에는 중앙당 노동부 소속 실무 간부로까지 진출했다. 당 내에서도 노동조합 관련 직책에서 일했던 것이다.

격렬한 대중투쟁을 지휘하기도 했다. 그는 1946년 9월총파업과 1947년 3·22총파업 당시에 두 차례에 걸쳐서 남조선총파업투쟁위원회 총무부 책임자를 지냈다. 전국적 총파업 투쟁을 중앙 지도부의 일원으로서 진두지휘했음을 알 수 있다. 이와 같이 박영발은 해방 이후 정국에서 당과 노동조합 양 부문에서, 그리고 총파업 투쟁의 지휘 방면에서 없어서는 안될 위치를 점하고 있었다.

이 때문에 그는 장래 당조직을 이끌 중견 지도자로 지목받았다. 최고위 간부교육을 이수할 자격이 있다고 평가받은 것이다. 1948년 7월 그는

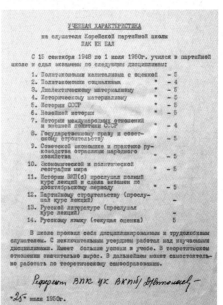

박영발 평가서
모스크바 유학생으로 추천하기 위해
남로당 부위원장 박헌영이
작성·서명한 박영발 평가서,
1948년 7월 31일 자.

박영발 성적표
모스크바 당학교에서 발급한
1950년 7월 25일 자
박영발 성적표.

모스크바 유학길에 올랐다. 다소 늦은 서른여섯의 나이였지만, 모스크바 조선노동당 간부학교 입학대상자로 추천된 것이다. 부위원장 박헌영이 서명한 평가서가 남아 있다. 거기에는 박영발이 노동자들을 열성적으로 조직했고 민주조선 건설 사업에 헌신했음을 인정한다고 쓰여 있다.[22]

한국전쟁이 발발하지 않았다면 박영발의 모스크바 유학 기간은 더 길었을 것이다. 그의 수학 기간은 1948년 9월 15일부터 1950년 7월 1일까지였다. 2년 동안의 학업 성적표에 따르면 그는 도합 14개 과목을 수강했다. 시험 점수가 명시된 12개 과목 가운데 10개 과목에서 5점 만점을 받고, 2개 과목에서 4점을 받았다. 매우 우수한 성적이었다. 유학 동기생 박종근이 12개 과목 전부 5점인 것에 비하면 약간 뒤처졌지만 최상의 학업성적을 올렸다.

박영발은 전쟁이 발발한 고국으로 급히 되돌아왔다. 러시아 유학에서 돌아온 박영발에게 주어진 보직은 전라남도당 위원장이었다. 그는 북한군 제6사단이 전남 광주를 점령한 뒤, 1950년 8월 초에 임지에 부임했다.

3월 19일 대 2월 21일, 두 개의 사망일은 왜?

박영발의 사망 일자에 관해 두 가지 견해가 있다. 그중 하나는 1954년 3월 19일 국군 토벌대에게 교전 중 사살됐다는 기록이다. 사망 직후 신문에 보도된 바에 따르면, 4인조로 이뤄진 국군 수색대가 반야봉 일대에서 작전하던 중 '무장공비'들이 은신하고 있던 동굴을 발견했다고 한다. 이에 박상옥 중사가 단독으로 동굴 속에 돌입하여 공비 3명을 사살했는데 그중 한 명이 재산在山공비를 지휘하던 박영발이었다는 것이다. 박 중사

는 이 전공으로 금성충무훈장을 받았다.[23]

또 하나의 견해는 박영발 사후 51년이 지난 뒤에야 나왔다. 빨치산 동료였던 박남진 노인이 박영발 죽음의 진상을 언론에 공개 증언했던 것이다. 그에 따르면 박영발의 사망일은 1954년 2월 21일이었다. 전투 중 치명상을 입고 절망감에 빠진 한 동료가 자포자기 심정으로 비밀 아지트 내에서 총기를 난사했고, 그로 인해 박영발을 포함하여 3인의 대원이 사망했다는 증언이었다. 문제의 난사범은 다른 빨치산에게 사살됐다고 한다.[24]

이 두 가지 상이한 견해 가운데 박남진의 증언이 신뢰할 만하다. 증언 내용이 구체적이고 피살 정황이 생생하기 때문이다. 박영발과 함께 전남도당 소속 빨치산으로 활동했던 생존자들도 이 날짜에 맞춰 추모제를 지내왔다고 하니 더욱 신빙성이 느껴진다. 토벌대 측의 3월 19일 설도 모순 없이 해석할 수 있다. 시신이 발견된 날짜였던 것 같다. 전공을 탐하는 수색대가 교전 후 사살했노라고 허위 보고를 올렸을 것으로 보인다.

사망 일자를 확인하는 문제는 망자의 제사를 지내고자 하는 입장에서 보면 중요한 의의를 갖는다. 상이한 견해를 대비해 살핀 까닭이다.

박영박의 생가
경북 봉화군 내성면 화천리 176번지.

22

방준표의 청년시대

통영 토박이 방준표

통영은 남해안의 아름다운 항구도시다. 수목 울창한 언덕과 짙푸른 바다, 중첩한 섬들이 놀라운 경관을 만들어낸다. 통영은 16세기 일본의 침략을 막아낸 이순신 장군의 도시이기도 하다. 지명 자체가 '삼도수군통제영'의 약칭이다. 거리에는 통제사 이순신을 기리는 사당 충렬사, 옛 관아의 객사 세병관이 우뚝하다. 그뿐인가. 윤이상, 박경리로 대표되는 예술가들의 고향이기도 하다. 예술가들은 그곳에서 태어났거나 교육을 받았으며, 결혼도 하고 가족을 잃기도 했다. 통영의 골목길에는 그들의 삶의 체취가 배어 있다.

이제 한 사람을 추가해야 하겠다. 바로 방준표方俊杓다. 한국전쟁 때 전라북도 도당위원장으로 빨치산을 이끌던 바로 그 사람이다. 그는 통영사람이다. 현지 토박이들은 '통영'이라 쓰고 '토영'이라고 발음하곤

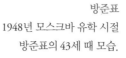

방준표
1948년 모스크바 유학 시절
방준표의 43세 때 모습.

방준표 생가의 현재 모습
통영군 통영읍 명정리 346번지.

했다. 방준표 또한 이력서처럼 중요한 문서에서조차 통영을 가리켜 저도 모르게 '토영'이라고 잘못 적었던 통영 토박이였다.[25]

통영은 방준표의 고향이었다. 그는 그곳에서 태어나고 자랐다. 일제하 행정구역 명칭으로 하자면, '경상남도 통영군 통영읍 명정리 346번지'가 본적이자 출생지였다. 거기서 1906년 4월 28일에 태어났다. 지금도 이 주소지는 남아 있다.

방준표는 9남매 중 둘째 아들이었다. 당시에는 자손이 번창한 다복한 가정으로 보였겠지만 대식구였다. 많은 식솔을 거느리고 있던 아버지 방한정은 해산물 상점의 사무원이었다. '술 잘 먹는 사람'이었던지라 가정 형편이 빈궁했다고 한다. 어머니 공재복이 생업에 나서야 했다. 그녀의 바느질품 노동이 가정을 지탱하는 한 기둥이 됐다.

방준표는 통영에서 3년간 서당을 다녔고 6년간 보통학교를 다녔다. 중등학교 진학 차 서울로 향하던 열일곱 살 때까지 통영에서 성장했다. 유학 중에도 방학만 되면 고향에 내려와 친구들과 어울렸다. 유학 4년차이던 1925년 을축년 대홍수 때에는 고향에 내려와서 통영수해구제회 활동에 참여했다. 구제회 간부 13인 가운데 한 사람이었다. 간부들이 대열을 셋으로 나누어 통영 각지에 나가 모금 활동을 했다. 그는 '재외유학생학우회' 대표 자격으로 통영면 일대를 순회했다.

고향 통영에서 처음 해방운동 참가

방준표가 해방운동에 처음 참가한 곳도 고향인 통영이었다. 그는 1929년 24세 때 본격적으로 해방운동에 뛰어들었다. 본격적이라 함은 다른 직업 없이 전업으로 해방운동에 종사했다는 의미다. 이는 그해 8월 통영청년단 위원장 자리에 취임한 것에서 확인할 수 있다. 통영청년운동의 사령탑에 오른 셈이었다.

통영청년동맹
1929~1931년 방준표가
위원장으로 재임하던
통영청년동맹 회관.

본래 통영청년단은 3·1운동 참가자들이 중심이 되어 결성한 합법 공개 영역의 청년 단체였다. 만세시위운동이 사그라들던 1919년 7월에 발족한 이 단체는 이후 통영 지역사회의 공개 대중운동을 이끄는 주도 단체역할을 했다. 1923년에는 벽돌로 번듯한 2층짜리 회관 건물까지 지을 만큼 현실적 영향력을 갖추고 있었다.

가택수색, 체포, 검거…… 위원장의 험난한 삶

위원장 방준표가 걷는 길은 험난했다. 경찰서 유치장과 형무소를 제집 드나들 듯 빈번하게 출입했다. 신문에 단편적으로 실리는 지방 기사만 훑어봐도 확인 가능하다. 예컨대 위원장 취임 두 달 뒤인 그해 10월 9일에는 통영경찰서 고등계 형사들에게 가택수색을 당했다. 같은 달 21일에는 동래경찰서 고등계에 체포됐다. 악명 높은 조선인 경찰간부 노덕술 경부가 지휘하는 수사망에 포착되어 부산까지 압송 당했다. 동래청년동맹과 통영청년동맹 간부들이 비밀결사 공산청년회를 조직했다는 혐의였다. 10월 28일에는 12인 청년들이 검사국에 송치됐는데, 증거가 거의 없었던 것 같다. 부산형무소 구치감에 수용되어 검찰 조사를 받던 중 11월 6일에 증거불충분으로 석방됐다.[26]

수난은 계속됐다. 이듬해인 1930년 8월 1일 경찰에 또 체포됐다. 청년동맹회관에서 통영학생회 정기대회가 열릴 예정이었는데, 회관 한편 흑판에 〈오늘은 적색 데이〉라는 불온 메모를 의도적으로 기재해 놓았다는 혐의였다. 1932년에도 그랬다. 메이데이를 며칠 앞둔 4월 26일 반일 격문이 발각되어 검거 선풍이 일었다. 통영 사회운동의 주요 간부 15명이 체포됐는데 방준표도 포함되어 있었다. 취조가 시작된 지 20여 일이 지난 뒤 혐의자 가운데 3인이 검사국으로 송치됐다. 방준표는 마지막 날까지 취조를 받은 유력한 혐의자였으나 다행히 송치자 명단에는 들지 않았다.[27]

방준표는 그해 말에 또 검거됐다. 12월 13일이었다. 당시 그의 지위는 통영노동조합 간부였다. 어느 땐가 청년운동에서 노동운동으로 활동 분야를 옮겼던 것 같다. 혐의 사실은 알려지지 않았다. 노동조합 간부 3인, 소비조합 간부 4인을 검거한 것을 보면 통영 지역 사회운동 관련인 것만은 틀림없어 보인다.

통영은 방준표에게는 어머니와 같은 곳이었다. 객지에 나가서 병에 걸리면 치료 차 되돌아오는 곳이었다. 그는 건강이 좋지 않았다. 호흡기 질환을 자주 앓았다. 일상적인 사회생활이 불가능할 만큼 병이 악화되곤 했다. 첫 직장인 부산보통학교에서 교원생활을 하던 중에도 그랬다. 교장과의 불화도 원인이 됐지만, 병 치료를 위해 고향으로 되돌아와야만 했다. 1929년 4월부터 10월까지 통영에 머물면서 치료에 전념했다. 24세 때 일이었다.

35세 때도 그랬다. 서울에서 노동운동에 종사하던 중 폐질환에 걸렸다. 폐디스토마로 인해 심한 각혈을 거듭했고 더이상 몸을 지탱할 수 없었다. 그가 선택한 길은 귀향이었다. 통영으로 되돌아와서 정양해야만 했다. 이번에는 치료 기간이 길었다. 1940년 4월부터 1942년 3월까지 무려 2년 동안이나 병고에 시달렸다. 하지만 오랜 시간 병석에 누워 있을 수만은 없었다. 생계를 이어가야 했다. 11년 연하의 어린 아내 '김정'이 있었다. 뭔가 일을 해야 했다. 통영읍내 정미회사, 밀양읍의 인쇄소와 밀양의원 등에서 사무원이나 직공으로 일한 것은 바로 그 때문이었다.

수재를 사회주의자로 키운 경성사범

식민지 수도 서울은 방준표에게는 가슴 설레는 중등학교 유학지였다. 17세 청소년 방준표는 1922년 이제 막 개교한 경성사범학교에 입학했다. 이 학교는 보통학교(초등학교) 교사를 양성하기 위해 식민지 시기에 설립된 최초의 관립 사범학교로 인기가 매우 높았다. 입학하면 학비를 전액 면제받고 매달 생활비를 지급받았기 때문이다. 졸업 후에도 보통학교 교사로서 취업이 보장됐고, 판임관 관등의 교육 관료로서 안정된 생활을 할수 있었다. 가정 형편이 어렵고 머리 좋은 학생들에게는 매력적인 곳이었다. 방준표에게도 그랬다. "보통학교를 졸업하고 나니 집안 형편은 상급학교로 갈 수가 없었다"고 한다. 그런데 "마침 서울서 사범학교가 설립되어 관비로 학생 모집을 하"는 것을 알게 됐다고 한다.[28]

경성사범학교
1922~1928년 방준표가 재학한 경성사범학교 본관 건물.

입학시험은 매우 어려웠다. 방준표가 응시한 1922년도 입학정원이 102명이었는데 응시자가 733명이었다. 대략 7대 1의 경쟁률이었다. 상위 14퍼센트 학생들만이 입학할 수 있었다. 그런데 민족별로 입학 정원이 할당되어 있었다. 대부분은 일본인 몫이었다. 조선인 합격자 정원은 10명에 불과했다. 1922년 당시 조선인 응시자는 221명에 달했다. 상위 4.5퍼센트에 들어야만 했다.[29] 일본인 학생들이 뒷날 남긴 기록을 보면, 경성사범의 조선인 학생들은 엄청난 입시경쟁을 통과한 '진정한 수재들'이었다고 한다.

경성사범학교에는 기숙사가 있었다. 모든 학생이 원칙적으로 기숙사에 입사해야 했다. 황금정(을지로5가)에 위치한 캠퍼스에는 기숙사 3개동이 있었고, 방 하나에는 조선인과 일본인을 구분하지 않고 12인의 학생을 수용했다. 기숙사 학생들은 고도로 통제된 단체생활에 적응해야 했다. 오후 9시에는 야례夜禮라고 부르는 점호에 참석해야 했다. 각 방에는 상급생과 하급생 사이에 위계질서가 엄격했다. 상급생에게는 존칭으로 '~상'을 붙이고, 하급생에게는 존칭을 붙이지 않았다. 오셋교說敎라고 부르는 집단 뭇매도 있었다. 단체 기합이었다. 군대 내무반 생활의 복사판이었다.

방준표는 이 사범학교에서 6년 동안 기숙사 생활을 했다. "전부 일본인 학생이었고 조선인 학생은 1할 정도밖에 안 되었다"고 한다. "나는 여기서 놈들의 민족차별 대우에, 특히 민족적 자각과 일제에 대한 증오를 느꼈다"고 술회했다. 졸업에 즈음해서는 이미 마르크스주의에 관한 책들을 탐독하게 됐다.

인쇄직공으로 서울 적색노조운동

방준표가 사회주의를 수용한 배경에는 경성사범학교 체험도 있지만, 가족의 영향도 있었던 것 같다. 여덟 살 연상의 큰형 방정표方正杓는 통영 3·1운동에 참가한 열혈 청년이었고, 통영청년단 창립 멤버이기도 했다. 1920년대 중엽에는 사회주의 사상 단체 정화회正火會에 참가하여 기관지 《횃불》편집인으로 일하다가 필화 사건에 연루되어 사상범으로 재판까지 받았다.

방준표는 1920년대 중후반기 서울에서의 학창 생활을 통해 사회주의 이념을 수용했다. 그에게 서울은 사상의 고향이자 노동운동의 무대였고 비밀결사운동의 거점이었다. 그가 서울에서 노동운동에 참가한 것은 29세 때였다. 그의 회고를 들어보자.

> 1934년 조선 사람은 조선서 일해야 되겠다는 것을 느끼고 조선으로 나와 고향을 거쳐 서울에 왔다. 인쇄직공 견습으로부터 시작하여 6년 동안 기계공 노릇을 하면서 조선인쇄주식회사, 서적회사, 곡강인쇄소, 영등포 기린맥주공장, 용산철도공장 노동자 속에 공산주의 그룹 조직 활동을 했다.[30]

1934년 5월부터 1940년 4월까지 6년 동안 서울에서 적색노동조합운동에 참가했다는 진술이다. 서울로 상경하기 전에는 일본에서 얼마간 사회주의운동에 참여하기도 했다. 도쿄에서 토목노동에 종사하면서 일본노동조합전국협의회, 일본공산당 활동을 했다고 한다. 아직 그에 관한 정보가 충분하지 않지만, 그러한 활동 경험이 서울의 적색노동조합운동에도 활용됐을 것으로 생각된다.

활동 구역은 영등포와 용산이었다. 서울에서 노동자가 가장 밀집되어 있는 대표적인 공장지대였다. 방준표는 인쇄직공 일을 익혔다. 이 기술은 노동운동에 매우 유용했다. 합법 신분을 유지할 수 있었을 뿐 아니라 인쇄소·서적회사 등에서 조직 활동을 하는 데 꼭 필요했다. 인쇄직공 일을 기반으로 맥주공장, 철도공장 등과 같은 타 분야 노동자 사회에도 진출할 수 있었다. 특히 철도공장 노동자 내부 활동은 해방 이후에도 유용하게 활용할 수 있었다.

23

방준표, 입산하기 전에 무엇을 했나

해방 뒤 서울, 운동 현장으로 되돌아가

1945년 8월 15일 해방되던 날, 방준표는 경상남도 밀양에서 살고 있었다. 어느덧 나이 마흔이었다. '밀양의원'이라는 읍내 병원에서 '고용인'으로 일하는 중이었다. 그의 전력이 인쇄소 직공, 정미회사 사무원 등이었음을 감안하면 의료 부문 종사자는 아니고 원무 행정을 담당하는 사무직이나 관리직 근로자였던 것으로 추측된다.

해방이 되자 그는 즉시 상경했다. 익숙한 운동 현장으로 되돌아가기 위해서였다. 서울에 도착한 때는 해방된 지 이틀 밖에 지나지 않은 8월 17일이었다. 그는 곧 30대 전반기를 불태우던 서울 지역 노동조합운동에 복귀했다. 29세부터 35세까지 용산과 영등포 일대의 인쇄소, 서적회사, 맥주공장, 철도공장 노동자들 속에서 사회주의 비밀결사 활동에 종사한 경험이 있지 않았던가.

그가 전념한 부문은 철도였다. 용산철도공장을 비롯하여 모든 서울 철도노동자 직장이 그의 활동 무대가 됐다. 용산철도공장은 26만 제곱미터(7만 9,000평가량)에 달하는 드넓은 면적에 들어선 중공업 기지였다. 기관차와 객차, 화차를 직접 제작하고 수리하는 곳으로 종업원이 1,500명에 달하는 대규모 공장이었다. 그중 현장노동자 숫자는 1,300명인데, 선반, 조립, 마무리, 쇠불림, 원통 제조, 주물, 객차, 도색, 전기, 강판 등 11개 제조 공정별로 나뉘어 일하고 있었다.[31] 철도노동자들을 조직화하고 의식화하는 일이 그의 주력 활동 분야였다. 사업장에서 노동조합을 조직하고 노동자들을 대중투쟁으로 이끌었다.

비밀결사운동에도 가담했다. 그해 10월 15일에 조선공산당 용산·마포 지구당에 입당했다. 줄여서 '용마구'라고 부르던 이 지구당은 영등포 지구당과 더불어 노동자 밀집지구로 손꼽히던 당내 요충지였다. 그는 평당원이 아니라 지구당 상임간부로 일했다. 당증 번호도 부여받았다. 1275번이었다.[32]

용산철도공장
방준표가 해방 직후 철도노동운동의 거점으로 삼았던 용산철도공장 전경.

노동조합과 비밀결사, 두 분야에서의 왕성한 활동 탓일까. 그는 감옥살이를 겪어야 했다. 해방 후 첫 투옥은 1946년 1월 23일에 일어났다. 이날 미소공동회위원회 개회에 즈음하여 '미소대표환영시민대회'가 서울운동장에서 개최됐다. 서울시인민위원회가 주도하는 이 대회에는 수많은 군중이 운집했다. 《조선일보》 기사에는 10만 명, 《해방일보》 지면에는 30만 명이 모였다고 적혀 있다. 서울 인구가 120만 명으로 추산되던 때의 일이었다. 군중집회는 시가행진으로 이어졌다. 서울운동장을 기점으로 종로, 안국동, 광화문 앞 대로, 신문로, 남대문으로 이어진 시가행진은 해질녘이 되어서야 끝났다.[33] 이 시위행렬은 도중에 신탁통치 반대세력의 습격을 받았다. 종로2가 종각 사거리에 숨어 있던 '반탁전국학생연맹'의 약 300명 극우 청년들이 벽돌, 돌멩이, 기왓장 등을 집어던졌다. 그때 방준표는 시위대열 속에 있었다. 그는 철도노동자들을 동원하여 반탁진영의 테러에 맞섰다. '반동분자들과 격투'를 불사했다. 결국 그는 미군에 체포됐고, 군사재판에 넘겨져 유죄판결을 받았다. 징역 1년에 벌금 6만 원형이 선고됐다.

첫 투옥은 오래 계속되지 않았다. 서대문형무소를 거쳐 마포형무소에 수감 중이던 방준표는 그해 4월 18일에 석방됐다. 수감 기간이 3개월이 채 안 되었다. 형기를 채우지 않았는데도 풀려날 수 있었던 이유는 무엇인가? 미소공동위원회 제5호 공동성명 덕분이었다. 미소공동위원회는 4월 17일에 합의문을 만드는 데 성공했다. 모스크바3상회의 결정에 지지를 표한 한국 측 정당과 단체는 모두 임시정부 수립에 참여케 한다는 내용이었다. 이 성명 때문에 정세가 일시적으로 호전됐다. 적대적 대치 국면은 부드럽게 이완됐고, 투옥된 사상범들은 석방됐다. 방준표도 그 덕을 보았다.

석방된 방준표는 지체 없이 운동 현장으로 복귀했다. 이때 그의 당내 소속이 변경됐다. 용마구 당부에서 서울 철도구 당부로 옮겨간 것이다. 직급은 상임위원이었다. 용산과 마포 지구에 국한되지 않고 서울 전역의 철도노동자 사업을 총괄하는 위치로 바뀐 셈이었다. 그의 책임과 권한 수준이 더 높아졌다. 그해 메이데이에는 '철도노동자 투쟁 열성자'로 선정되어 표창장까지 수여받았다.[34] 그는 해방 공간에서 철도노동자 투쟁의 상징으로 떠올랐다.

반탁 진영과 싸우다

부산은 방준표의 삶에서 적지 않은 인연을 맺은 곳이다. 그가 부산과 첫 인연을 맺은 시기는 20대 초반으로까지 거슬러 올라간다. 경성사범학교를 졸업한 23세 때 부산보통학교 교원으로 발령이 나서 1년간 근무한 적이 있었다. 부산시 영주동에 소재하는 초등교육기관이었다. 그러나 일본인 교장과 갈등을 겪었고, 좌익으로 지목된 데다가 호흡기 질환을 앓게된 탓에 그만두고 말았다.

41세 되던 1946년 8월에 그는 다시 한번 부산으로 옮겨가 살게 됐다. 경남도당 간부로 발령이 난 것이었다. 당내 직위로는 도당위원회 상임위원으로서 노동부장 직을 맡게 됐다. 8월 4일 자로 임기가 시작됐다.

〈자서전〉에 따르면, 경남도당에서 그가 역점을 둔 활동은 '철도노동자들 사이의 당조직 견고화', '반당분자와의 투쟁'이었다. 철도 부문에서 당조직을 강화하는 일은 자연스러워 보인다. 서울에서 줄곧 종사해온 일이었을 뿐더러 노동부장이라는 그의 소임에 비춰보더라도 그렇다.

흥미로운 점은 반당분자와의 투쟁이다. 반당분자는 누구를 가리키는 가? 당시에는 3당합당 문제가 현안이었다. 공산당과 인민당, 신민당이 합당하여 근로대중의 단일정당을 표방하는 남조선노동당을 수립하는 문 제였다. 3당 내에서는 합당을 추진하는 열기가 뜨거웠지만, 그와 동시에 합당 추진 방법을 둘러싸고 반대파가 형성됐다. 공산당 내에서는 이정윤 과 김철수를 중심으로 하는 6인 반간부파가 만들어졌다. 경남도당에서도 이를 지지하는 흐름이 강력했다. 경남 출신의 당내 중진인 윤일 등이 앞 장서서 각도 대표 40여 명을 규합하여 당대회 소집을 요구하고 나섰다. 이른바 대회파가 만들어졌다. 방준표는 경남도당 간부의 입장에서 이 흐 름에 맞섰다. 그의 표현에 따른다면, "반당분자와의 무자비한 투쟁을 전 개"했다고 한다.

부산에서의 10월항쟁 뒤 '야수적 고문'

방준표가 부산에서 직면한 최대의 사건은 9월총파업과 그에 뒤이은 '10 월항쟁'이었다. 9월총파업은 조선공산당이 주도한 전국적인 노동자 파 업투쟁을 가리킨다. 1946년 9월 23일 부산 지역 철도노동자 7,000여 명 의 파업이 첫 출발점이었다. 경남도당 노동부장인 방준표의 역할이 중요 했을 것으로 보인다. 그 자신의 표현으로도 "9월의 철도 파업을 부산서 조직 지도함에 전적으로 가담하였다"고 한다. 그가 맞섰던 대상은 대한 노총, 무장경찰, 미군 헌병 '3자의 합작적 공세'였다. 9~10월에 걸쳐 "장 렬한 피투성이 반항투쟁에 직접 참가 지도하였다"고 기록했다.[35]

9월총파업은 10월 1일 대구 경찰의 발포로 사망자가 나오면서 전국적인 군중봉기로 확산됐다. 방준표는 이 와중에 또다시 투옥됐다. 해방 후 두 번째 겪는 불운이었다. 그해 10월 7일 경찰에 체포된 그는 '야수적 고문'을 당했다고 한다. 고문 피해에 대해 더 자세히 기록하지는 않았지만 '야수적'이라는 표현이 그가 겪은 육체적·정신적 고통의 깊이를 짐작케 한다. 그는 재판에 넘겨져서 3년 징역형을 선고 받았다.

해방 후 겪는 두 번째 징역살이는 10개월가량 계속됐다. 이듬해인 1947년 7월 14일에 부산형무소에서 출옥했다. 이번에도 형기를 다 채우지 않고 석방될 수 있었던 것은 미소공동위원회 덕분이었다. 그해 5월 21일 재개된 제2차 미소공동위원회는 6월 말 7월 초에 이르러 서울과 평양에서 본회의를 거치면서 큰 진전을 보이는 듯싶었다. 이에 힘입어 정치범 석방 요구가 미군정 측에 의해 수용됐던 것이다.

모스크바 당간부학교, 고질병 폐질환

1947년 12월, 방준표는 38선을 넘어서 월북했다. 모스크바 당간부학교 입학 대상자로 선정된 까닭이었다. 당 집행부는 중견간부 양성의 기지를 모스크바에 설립했다. 장래가 촉망되는 신진 및 중견 간부를 유학시켜 당의 근간을 튼튼히 하고자 했다. 남로당 부위원장 박헌영이 작성한 추천서에는 "방준표 동무는 노동조합운동 조직에 열성적으로 참여했고, 민주조선 건설 사업에 충실하다"고 적혀 있다.[36]

방준표는 1948년 2월 1일부터 8월 1일까지 평양에 개설된 러시아어 예비 과정에 재학했다. 이 기간 동안에 러시아공산당사와 러시아어를 배웠다. 이어서 1948년 9월 15일부터 1950년 7월 1일까지 모스크바의 당

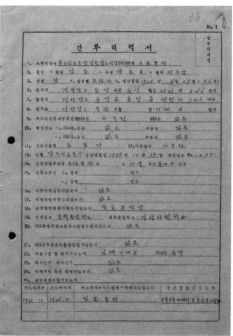

방준표 신원증명서
북한 주재 소련민정청 간부부장
아바세예프가 발급한 1948년 10월 20일 자
유학 대상자 신원증명서.
방준표의 사진이 첨부되어 있다.

방준표 간부이력서
자필로 작성한 방준표의
〈간부이력서〉 첫 페이지.

간부학교에서 수학했다. 이 기간 동안에 사회주의 이론과 정책에 관한 14개 과목을 수강했다.

의외인 점이 눈에 띈다. 당학교 성적표가 남아 있는데, 다른 유학생들에 비해 성적이 그다지 좋지 않다. 5개 과목에서 5점 만점을 받았고, 4개 과목에서 4점을 받았다. 1개 과목은 과락이었다. 동료 유학생인 박종근이 12개 전 과목 5점인 것에 비하면 상당히 뒤처져 있음을 알 수 있다. 젊어서 경성사범학교 입학생으로서 '진정한 수재'라 불리던 방준표가 아닌가?

이 의문을 당학교 교무 담당자 니콜라예프의 의견서를 통해 풀 수 있다. 그는 방준표에 대해 평가하기를, "인내심이 강하고 열심히 공부한다. 오래 병을 앓아서 장기간 결석했는데도, 학업 성적에서 뒤처지지 않았다. 근면함과 노력 덕분이다"고 썼다.[37] 성적 부진의 원인은 질병이었다. 방준표는 모스크바에서도 병을 앓았다. 장기 결석이 불가피할 정도였다. 폐질환은 그의 고질병이었다. 23세 때 호흡기병에 걸려서 6개월간 정양했고, 35~37세 때에는 폐디스토마로 인한 심한 각혈 때문에 2년간 치료에 전념했어야 했다. 그의 폐질환은 10년에 한 번꼴로 재발됐다. 43~45세 모스크바 유학 중에도 질병으로 인해 장기 결석한 것을 보면 말이다.

"자녀 셋과 아내, 어디 사는지 모릅니다"

방준표에게도 가족이 있었다. 〈자서전〉에는 가족에 대해 이렇게 쓰여 있다.

가정 형편은 대단히 곤란하다. 부양가족으로서 처와 아이가 셋이 있으나 지금은 어디 있는지 알 수 없고, 특히 처는 여성운동에 참가한 관계로 경

찰의 추궁을 받고 있다.[38]

놀랍게도 가족이 지금 어디 있는지 모른다고 말하고 있다. 전혀 가사를 돌보지 않고 운동에만 전념했던 것이다. 아내 '김정'은 32세, 11년 연하의 젊은 여성이었다. 그녀도 당원이었고 합법 공개 영역에서 부녀총동맹 일을 맡은 까닭에 경찰의 사찰을 받는 형편이었다. 자녀는 2녀 1남이었다. '영○, 명○, 성○'라는 이름을 가진 10세 미만의 어린아이들이었다. 이들은 아버지가 부재하고 어머니가 경찰의 시달림을 받는 불안정한 가정에서 성장해야만 했다.

9장

여성.

24

한국의 '로자', 박헌영의 연인 주세죽

21세기에 재조명되는 사회주의 여걸

주세죽朱世竹이라는 여성이 있다. 세상을 떠난 지 60년이 지났으니 역사 속 인물이라 할 만하다. 그녀는 잊힌 인물이었다. 민족해방운동에 참여했는데도 그랬다. 마땅히 남과 북 어디선가는 그녀의 삶을 되돌아보고 기억해왔을 법한데도 말이다.

　남한에서는 이념적인 금제 탓이었다. 정부 수립 후 줄곧 국가 이데올로기로 작동해온 반공 이념 때문이었다. 주세죽은 3·1운동 참가자였고, 그 직후에 물밀 듯이 밀려들어온 마르크스주의를 내면화한 첫 세대 사회주의자였다. 그녀의 삶이 공론장에 떠오른 것은 1987년 6월항쟁 이후였다. 민주주의적 권리와 언론 자유가 확장되면서 역사에 복귀할 수 있었던 것이다. 덕분에 비로소 활자 속에서 그녀의 이름을 만날 수 있게 됐다.

《한국사회주의운동인명사전》(1996)에 〈주세죽〉 항목이 만들어졌고, 2004년에는 그녀의 굴곡진 삶의 편린이 기록된 《이정 박헌영 일대기》가 출간됐다. 2007년에는 정점을 찍었다. 한국 정부가 고 주세죽에게 건국훈장 애족장을 추서한 것이다. 격세지감을 느낀다.

2017년 들어 더욱 이채로운 일이 일어났다. 주세죽을 소재로 한 장편소설이 연이어 출간되더니 나란히 문학상 수상작으로 선정된 것이다. 봄에 《코레예바의 눈물》을 쓴 손석춘 작가가 제2회 이태준문학상을 수상했다. 코레예바는 주세죽이 러시아에서 활동하던 시절에 썼던 이름이다. 가을에도 수상작이 나왔다. 주세죽과 그녀의 두 벗의 삶을 문학적 상상력에 의거하여 형상화한 《세 여자》가 출간됐다. 이 책을 지은 조선희 작가는 요산김정한문학상 제34회 수상자로 선정됐다.

놀랍다. 오랫동안 망각 속에 잠겨 있던 인물이 이처럼 급격히 부상하다니 말이다. 돌이켜보면 이는 오래전부터 있었던 일이다. 일본 식민지시대에 이미 그녀는 문학작품의 소재가 된 바 있다. 1930년에 신문 연재소설 형식으로 발표된 심훈의 장편소설 《동방의 애인》이 바로 그것이다. 주세죽을 모델로 한 문학작품으로는 아마 첫 자리를 점할 것이다.

《마르탱 게르의 귀향》이 생각난다. 16세기 프랑스 농촌의 한 가정에서 일어난 가짜 남편에 관한 이야기가 소설, 희곡, 오페레타, 영화, 뮤지컬 등 다양한 방식으로 수백 년간 구미 사람들의 인구에 회자되어왔다. 1981년에는 프랑스 영화감독 다니엘 비뉴에 의해 〈마르탱 게르의 귀향〉이라는 영화로 만들어졌다. 1983년에는 미국의 역사가 내털리 제이먼 데이비스가 같은 제목의 역사책을 출간했다. 미시사 연구의 걸작으로 손꼽히는 이 책은 역사 연구자들에게 지금도 마르지 않는 영감을 주고 있다.

머지않아 주세죽의 삶이 영화로 만들어질 예정이라고 한다. 문학에 이어 영화가 뒤따르고 있는 셈이다. 그녀의 삶이 문학과 예술의 여러 장르를 통해 다양하게 반추되는 현상을 목도하게 될 것만 같다. 그러기를 바란다. 비극적인 삶을 견뎌야 했던 그녀의 영혼에 따스한 위로가 되리라 생각한다.

모스크바 시절이 부부의 황금기

최근에 주세죽의 자필 기록이 발견됐다.[1] 〈이력서〉라는 제목의 6쪽짜리 문서다. 직접 펜을 들고 잉크를 찍어서 작성한 것이다. 일제 식민지 시대 풍의 옛 맞춤법에 따라 작성된 국한문 혼용의 글이다. 오자나 탈자가 눈에 띄지 않고 문장 구성이 문법에 맞게 짜인, 교육받은 지식층이 작성했을 법한 글이다. 펜촉이 덜 길든 탓인지 잉크 흐름이 균일하지 않아서 더러 진하기가 들쭉날쭉하다. 그래서 더욱 생생한 느낌을 준다. 젊은 여성 특유의 아담하고 단정한 맛이 느껴지는 필적이다. 역사 속 그녀를 직접 만나보는 듯한 느낌마저 든다.

이 문서는 연구자의 관심을 끈다. 역사학자들이 여태까지 활용할 수 있었던 주세죽에 관한 정보는 일본 경찰이 작성한 피의자 신문조서나 소련 내무인민위원부 심문관이 남긴 문답록 등 주로 타자에 의해 만들어진 것이었기 때문이다. 타자라기보다는 적대자라고 불러야 더 적절하겠다. 그녀에게서 '범죄' 혐의를 이끌어내려는 목적을 가진 자들이 생산한 기록들이었던 것이다. 이런 이유로 해당 문서들에서 주세죽의 진면목을 드러낸다든가 내면세계의 진정성을 밝힌다는 등의 목표는 처음부터 기대할 수 없었다. 맥락이 단절된 단편적인 정보들이 나열되어 있기 일쑤였

주세죽 서명
1930년 주세죽 한자 서명과
코레예바 노어 서명.

주세죽 이력서
1930년 주세죽의 자필 이력서 첫 페이지.

다. 이런 자료들에만 의존한다면 아무리 주의 깊게 사료 비판을 하더라도 메마르고 엉뚱한 이미지를 만들어내기 십상이었다.

그런데 뜻밖에도 당사자가 자신의 의지로 작성한 기록이 모습을 드러냈다. 이 문서는 1930년 3월 24일에 집필됐다. 주세죽이 모스크바에 살던 때였다. 30세, 젊고 활동적이고 아름다운 시절이었다. 그녀는 동방노력자공산대학에 재학 중이었다. 1929년 2월에 입학했으니 이제 2학년이었다. 혼자가 아니었다. 가족과 함께 살고 있었다. 남편 박헌영은 국제레닌대학 2학년에 재학 중이었다. 아이도 있었다. 세 살 난 어린 딸 박영이 무럭무럭 자라고 있었다. 모스크바라 '비비안나'라는 러시아식 이름으로 불렀다.

젊은 부부가 재학하고 있는 두 대학교는 세계 여러 나라 혁명 간부를 양성하기 위해 코민테른이 직접 운영하는 고등교육기관이었다. 주세죽이 다니는 동방노력자공산대학은 식민지 약소민족을 위한 교육기관으로서 조선학부가 있었다. 1929년 현재 조선인 재학생은 38명이었다.[2] 국제레닌대학은 코민테른 비서부가 직영하는 최상급의 간부를 위한 학교였다. 입학 자격은 매우 엄격했다. 각국 공산당의 지도적 지위에 있는 간부들만 입학할 수 있었다. 또 일정한 이론 실력과 언어 구사 능력을 필요로 했다. 조선인으로서 이 대학에 입학한 사람은 1920~30년대를 통틀어 박헌영을 포함하여 6명에 불과했다.

당시 러시아에서는 어느 대학이든 관계없이 입학이 허용된 사람들에게는 재학 기간에 기숙사, 장학금, 의복, 음식 등이 제공됐다. 박헌영과 주세죽도 코민테른으로부터 숙소와 생활비를 제공받으면서 양질의 고등교육을 이수할 수 있었다. 그뿐인가. 그들에 대한 코민테른의 신망도 두터웠다. 두 사람에게 모스크바 시절은 빛나는 황금기였다.

주세죽

1928년 9월 블라디보스토크로 탈출한 주세죽과 박헌영
두 사람이 오케안스카야 공원에서 휴식 중인 모습.

주세죽(1929)

1929년 8월 비비안나 돌 기념으로 찍은
일가족 기념사진에서 주세죽의 모습.

그런데 왜 자필 이력서를 썼을까. 부족함이 없었을 것만 같은데 무슨 목적으로 이력서를 작성했던 것일까. 이 의문은 문서 끝부분을 읽어보면 풀린다. 조선공산당에서 소련공산당으로 당적을 이전하는 수속을 밟기 위해서였다. 그녀는 3주일 전에 당적 이전 신청서를 제출했다. 이력서는 이를 위한 관련 서류였다. 당적을 옮기는 것은 모스크바에 거주해야 하는 조선공산당원으로서는 마땅히 해야 할 의무였다. 〈코민테른 규약〉에 따르면 "거주지를 변경한 공산주의자는 이주한 나라의 지부에 가입할 의무"가 있었기 때문이다.[3] 당적 이전은 모스크바 생활을 영위하는 데에도 유리했다. 모든 공적 활동에서 객체가 아니라 주체로서 참여할 자격과 권한을 얻는 것을 의미했다.

청순가련형 이미지의 사회주의 투사

일본 경찰 기록에 따르면 주세죽은 수동적인 여성이었다. 1925년 11월 말에 조선공산당 제1차 검거 사건에 연루되어 체포됐을 때다. 신문조서에 따르면 그녀는 사회주의를 깊이 연구한 적이 없고, 교육 수준이 낮아서 관련 내용을 잘 모르며, 사상운동에는 별다른 흥미를 느끼지 못하는 여성이었다. 1925년 4월에 비밀결사 고려공산청년회 창립대회에 참석한 이유는 자신의 집이었기 때문이었다. 주세죽은 그날 서울 훈정동 자신의 살림집에 십수 명의 장정들이 모여서 뭔가를 협의했지만 무슨 논의를 했는지 내용을 잘 모른다고 주장했다. 집의 안주인으로서 손님 대접을 위해 식사 준비를 했을 뿐 비밀결사에는 가담하지 않았다고 진술했다.[4]

피의자들은 엄격히 격리됐을 터였다. 이야기를 나눌 수 없었을 텐데도 박헌영은 아내와 동일한 내용으로 진술했다. 창립대회 장소로 사용된 자택이 단칸방이었음을 강조하면서 아내는 저녁밥을 준비하기 위해 회의장에 출입했을 뿐이라고 주장했다. 여성동우회를 대표하여 그 회합에 참여했다는 의심은 터무니없는 것이라고 주장했다.

언론에 보도되곤 하던 주세죽의 이미지는 청순가련형이었다. 박헌영이 1926년 7월 21일 신의주지방법원에서 경성지방법원으로 이송될 때였다. 포승줄에 묶인 채 서울로 압송되는 박헌영의 동정은 언론의 주목을 받았다. 신문기사에 따르면 신촌역에서 하차하는 공산당 사건 피고인들을 잠시라도 만나보기 위해 7~8명의 지인들이 역전에서 서성거리고 있었다. 그 속에는 주세죽도 있었다. 그녀는 "눈물 머금은 얼굴로 그리운 남편과 말 한마디 못하고 서 있는 정경"을 보여주었는데 "그야말로 비감한 무언극의 일 장면"과 같았다고 한다.[5]

1927년 9월 20일 공산당 재판 제4회 공판 때였다. 고문에 항의하는 소란 행위로 인해 피고 박헌영이 공판정 밖으로 끌려 나왔다. 신문 보도에 따르면, "지방법원 구내에 와 서 있던 박헌영의 부인 주세죽 여사가 이것

주세죽(1925)
1925년 허정숙, 김조이와 함께 청계천에서
탁족하던 주세죽의 모습.

주세죽(1927)

1927년 9월 20일 공산당 재판 제4회 공판 때 박헌영이 공판정 밖으로 끌려 나오자
그 모습을 보고 눈물을 머금던 주세죽의 모습.
《매일신보》 1927년 9월 23일.

주세죽(1921)

1921년 상하이에서 고려공산청년회와 고려공산당에
참여하던 시절 주세죽의 모습.

을 보고, 어찌 된 까닭인지 몰라 눈에 눈물을 머금고 이리저리 헤매"였다. 이 광경은 보는 사람들로 하여금 "밑도 모를 눈물을 재촉"했다고 한다.[6]

수동적이고 순종적이며 눈물을 잘 흘리는 청순가련한 여인! 타자의 기록에 보이는 주세죽의 이미지였다. 그러나 스스로 작성한 기록에는 전혀 다른 주세죽이 담겨 있다.

그녀는 혁명가였다. 일제 식민지 치하에서 피억압 민족의 해방을 위한 투쟁에 기꺼이 몸을 던졌다. 3·1운동이 첫 경험이었다. 운동이 고조되던 시기에 함흥에서 비밀결사 애국부인회를 조직했고, 만세시위운동에도 직접 참여했다. 그 때문에 일본 경찰에 체포되어 2개월간 수감되기도 했다. 특히 애국부인회가 주목된다. 서울뿐만 아니라 지방 도시에서도 비밀리에 조직됐으며, 만세시위와 밀접한 연관이 있다는 증언이 흥미롭다.

이미 보았듯이 그녀는 사회주의자였다. 사회주의 단체에 가입한 것은 1921년 망명지 상하이에서였다. 그해 6월에 상하이 고려공산청년회에 입회했고 11월에 고려공산당에 입당했다. 이후 그녀는 열성적인 사회주의자가 됐다. 한시도 사회주의 단체에서 벗어난 적이 없었다. 1923년에

주세죽(1938)
1938년 이후 40세 즈음의 주세죽.

주세죽(1945)
1945년 40대 중반의 주세죽.

국내로 귀환한 뒤에는 함흥에서 비밀리에 공산청년회 세포 단체를 만들었고, 공개 사상 단체인 칠칠회七七會 활동에도 관여했다. 1925년 4월에는 고려공산청년회 창립대회에 참석했다. 여성동우회 내 비밀 세포 단체의 대표 자격이었다. 대회가 끝난 뒤에는 고려공청 서울지방 간부 위원에 피선됐고, 제2선 지도부인 중앙후보위원 7인 가운데 한 사람으로 선출됐다. 그해 5월에는 인천 정미 여공들을 조직화할 목적으로 인천에 출장을 갔다. 거기서 비밀리에 공청 세포 단체를 결성했다.

그녀는 여성운동가였다. 3·1운동기에 이미 여성 비밀 단체인 애국부인회에 참여한 데다가, 1924년 5월에 사회주의 계열의 공개 여성 단체인 여성동우회 결성을 주도하고 7인 집행위원 가운데 한 명으로 선출됐다. 그뿐만이 아니다. 여성동우회 내부에 은밀하게 공산주의 세포 단체를 조직했다. 이듬해에는 서울 지역의 대중적인 여성 단체를 만들기 위해 경성여자청년동맹을 결성하는 데 참여했다.

주세죽의 글에는 이 같은 진보적 사회의식을 지닌 독립적인 젊은 여성의 삶이 묘사되어 있다. 수동적이고 순종적인 이미지와는 양립할 수 없는 인간상이다. 눈물 머금은 청순가련한 이미지는 그녀의 겉모습에 취한 착시의 소산이었다. 그녀의 내면에는 억눌리고 가난한 자들에 대한 공감과 연대의 정신이 활활 불타고 있었다.

문학예술 방면에서 주세죽의 삶을 형상화하려는 이들은 마땅히 이 기록에 주목해야 한다. 그녀의 진면목을 목도할 수 있기 때문이다. 그뿐만이 아니다. 이 기록은 사료적 가치가 높다. 그동안 잘못 곡해되어 온 사실을 정정할 가능성을 준다.

맺음말 삼아 보기를 하나 들어보자. 박헌영이 러시아에서 사용한 가명이 있다. 'Ли Чун'(리순)이 그것이다. 영문으로는 'Lee Chun'으로 표기됐다. 박헌영은 모스크바 시절 동안 줄곧 이 이름으로 불렸다. 하지만 이 가명의 한글 및 한자 표기가 무엇인지는 밝히기 어려웠다. 영문과 러시아어 표기만을 접할 수 있었기 때문이다. 그래서 연구자들은 잠정적으로 '이춘'이라 읽기로 결정했다.[7] 음가 그대로 옮겼던 것이다. 박헌영은 뒷날 상하이에서 발간한 비합법 출판물 《콤무니스트》에 기고한 글에서 '이정爾丁'이라는 필명을 사용한 바 있다. 그 때문에 'Ли Чун(Lee Chun)'이 '이정'과 동의어일 가능성이 있다고 추정하는 연구자들도 있었다.

그러나 모스크바 시절 박헌영의 가명이 '이춘'이나 '이정'이라고 보는 견해는 모두 잘못된 것임이 드러났다. 주세죽 이력서에 기재된 정보가 이를 정정할 수 있게 한다. 그녀는 남편을 일관되게 '리준'이라고 부르고 있다. 'Ли Чун(Lee Chun)'이란 곧 '리준'이라는 이름의 음차 표기였던 것이다. 두음법칙을 적용한다면 박헌영이 모스크바에서 사용한 가명은 '이준'이었다고 확정해도 좋다.

25

3·1운동기 여성의 투쟁과 수난의 상징, 김마리아

지갑 속 한 여인의 사진

김철수金錣洙 노인의 지갑에는 한 여인의 사진이 들어 있었다. 노인은 그 지갑을 늘 가슴에 품고 다녔다. 지인들은 궁금해했다. 부인도 아닌데 도대체 누구냐고 물었다. 어떤 사연이 있기에 지금도 품고 다니는지, 혹시 젊은 시절 연인인지 묻는 이도 있었다.

김철수
김철수의 노년 때 모습.

노인은 혁명가였다. 십수 년간을 일제의 감옥에서 보낸 투사였고, 비밀결사 조선공산당의 책임비서였으며, 탄압으로 와해된 조직을 일으켜 세운 지하운동가였고, 모스크바와 상하이를 넘나들며 코민테른 외교를 좌우하던 풍운아였다. 남북이 분단될 즈음에는 운동 일선에서 은퇴하여 고향인 전라북도 부안의 야트막한 야산에 토담집을 짓고 이따금 화가 허백련 등과 어울려 글씨를 쓰며 지내는 게 낙이라면 낙인 노인이었다.

동경여자유학생친목회장으로 활약

노인은 마침내 입을 열었다. 몇몇 지인들에게 사진에 대해 얘기했다. 사진 속 여인은 3·1운동 때 비밀결사 애국부인회 회장을 지낸 김마리아였다. 김철수가 그를 알게 된 것은 젊은 시절 상하이에서였다. 1923년 1월부터 6월까지 상하이에서 열린 국민대표회 회의장에서 처음 만났다. 한국 독립운동의 진로를 좌우하는 막중한 의미를 지니고 있던 이 회의에는 중국, 러시아, 미국에 소재하는 반일 단체의 대표원이 125명이나 모였다. 김철수는 고려공산당 상해파 대표원 자격으로, 김마리아는 애국부인회 대표원 자격으로 회의에 참석했다. 김철수 나이 31세였고, 김마리아는 그보다 한 살 많았다.

김마리아의 존재는 이채로웠다. 전체 대표원 중에서 3.2퍼센트에 지나지 않는 여성이라 그렇기도 했지만, 특이한 행동 때문에 더욱 그랬다. 그는 한자리에 오래 앉아 있지 못했다. 30분을 못 넘겼다. 의자에 앉았다가도 일정 시간이 지나면 다른 빈자리를 찾아 옮겨 앉았다. 때로는 자리에 앉았다가 서 있기를 반복하기도 했다.[8]

그러나 회의장의 어느 누구도 그의 산만한 행동을 질책하지 않았다. 그러한 행동이 무엇 때문에 초래된 것인지를 다들 잘 알고 있었기 때문이다. 사람들은 질책은커녕 연민과 동정의 시선으로 그를 대했다.

김마리아는 일본 유학생이었다. 서울에서 정신여학교를 졸업한 그는 24세 되던 1915년 도쿄로 건너가 조시가쿠인東京女子學院 본과(중등교육과정)에서 1년, 고등과(전문학교 과정)에서 3년간 수학했다. 김마리아는 유학생 사회에서 두각을 나타냈다. 도쿄에 건너간 이듬해에 동경여자유학생 친목회라는 단체의 회장에 선임됐다. 당시 도쿄의 여자유학생은 40여 명 정도였다. 전체 조선인 유학생 350명의 약 10퍼센트에 지나지 않았지만, 최상층의 여성 지식인 사회를 구성하고 있었으므로 그들의 사회적 영향력은 컸다. 김마리아 회장은 기관지《여자계》발간에 힘썼다. 이 잡지는 남녀 학생을 망라한 조선유학생학우회 기관지《학지광》과 함께 유학생 사회의 여론을 이끌었다.

무장투쟁 염두에 둔 애국부인회 재조직

김마리아는 3·1운동의 투사였다. 그는 1919년 2·8 도쿄유학생 독립선언에 참여한 후 선언문을 몰래 국내로 반입했다. 3·1운동의 소용돌이 속에서 그는 여학생 조직화에 노력했다. 도쿄여자유학생 그룹과 이화학당 그룹을 주축으로 서울 시내 각 여학교 대표자들의 연합기구를 조직하기 위해 동분서주했다. 그러나 비밀이 탄로되어 체포됐다. 3월 6일에 체포된 그는 3·1운동 여성 수감자들이 일반적으로 겪은 폭력과 수모를 견뎌야 했다.

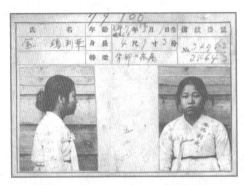

김마리아(1920)
조선총독부 경기도 경찰부의 일제감시대상
인물카드 중 김마리아의 카드.
*출처: 국사편찬위원회

애국부인회
1. 김영순 서기, 2. 황에스더 총무, 3. 이혜경 부회장, 4. 신의경 서기,
5. 장선희 재무부장, 6. 이정숙 적십자부장, 7. 백신영 결사대장,
8. 김마리아 회장, 9. 유인경 대구지부장.
*출처: 독립기념관

체포된 여성들이 받았던 학대에 대해서는 여러 증언이 있다. 무차별 구타는 기본이었다. 증언에 따르면, "그들은 포악한 태도로 나를 의자로부터 넘어뜨렸다. 그리고 나서 나에게 다시 달려든 그들은 얼굴과 팔다리는 물론이고 몸까지 사정없이 구타하였다." 성적 폭력도 병행됐다. "그들은 나의 옷을 모두 벗기고 억센 밧줄로 결박하여 천장에 매달았다. 허공에 매달려 있는 나에게 무수하게 내리쳐지는 참대 막대기의 뭇매에 나는 의식을 잃을 수밖에 없었다." 거리낌 없는 모욕도 가해졌다. "우리는 그 추운 밤에 발가벗기어 일본인 남자 앞에 오래 서 있었습니다. 어떤 형사부의 순사가 나더러 '고양이 모양으로 네 발로 기어서 저 거울 앞을 지나가거라, 허 네 모양이 예쁘기도 하다'고 했습니다."

김마리아는 서대문 감옥에 수감되어 옥중생활을 겪었다. 얼마나 폭행을 당했던지 말할 수 없이 쇠약해졌다. 그뿐 아니라 귀와 코에 고름이 들어차는 후유증을 앓았다.[9] 유양돌기염과 상악골 축농증이라는 고질병에 걸린 것이다. 이 질병은 김마리아의 이후 삶을 괴롭게 했다.

김마리아는 수감 4개월 뒤인 7월 24일, 체포된 여성 46명과 함께 경성지방법원 예심에서 면소처분을 받고 석방됐다. 그는 석방된 뒤에도 쉬지 않았다. 출옥하자마자 활동을 재개했다. 출옥 즈음에는 3·1운동의 혁명적 열기가 점차 식어가고 있었다. 게다가 6월 28일 베르사유 강화회의가 조선 독립에 관한 아무런 희망적인 조치도 없이 막을 내렸다. 만세시위와 유인물 살포, 운동자금 모금과 수감자 지원에 종사하던 비밀 단체들은 기력을 잃어가고 있었다. 여성 단체도 그랬다. 만세시위운동이 고조됐을 때 정신여학교 졸업 동기인 오현주吳玄洲를 중심으로 결성됐던 애국부인회는 침체에 빠져들고 있었다.

김마리아는 애국부인회의 재조직에 나섰다. 10월 19일, 16명의 여성이 은밀히 모였다. 정신여학교 부교장이던 미국인 선교사 천미례L. D. Miller의 사택 2층에서였다. 김마리아는 선교사의 호의로 그곳에 기거하고 있었다. 그날 김마리아를 회장으로 하는 애국부인회가 새로이 출범했다. 김마리아를 필두로 하는 정신여학교 졸업생 그룹이 주가 되고, 황에스더 등 몇몇 이화학당 졸업생들이 가세한 형상이었다. 전자는 기독교 장로교 계열이었고, 후자는 감리교 계열이었다.

애국부인회는 규모가 큰 비밀결사였다. 각 도에 하나씩 지부를 설립하기로 했고, 적십자부와 결사대 같은 특별 부서를 설치했다. 특별 부서를 둔 까닭은 만세시위운동이 종식된 이후 무장투쟁으로 전환해가려는 독립운동의 일반적인 흐름과 보조를 맞추기 위해서였다. 김마리아의 안목이 정세 변화의 흐름을 꿰뚫고 있었음을 보여준다.

조직을 새로 추스른 지 불과 두 달도 채 지나지 않은, 그해 11월 28일에 일제 검거가 시작됐다. 경상북도 경찰부가 주무 기관이었다. 검거 선풍이 분 지 며칠 만에 서울과 원산, 북간도, 제주 등지에서 52명의 관련자가 체포됐다. 모두 여성들이었다. 다들 대구경찰서로 압송됐다. 이처럼 전격적인 체포가 이뤄진 것은 바로 밀고 때문이었다. 구성원 가운데 배신자가 나왔던 것이다. 애국부인회 취지서와 규칙 등 비밀서류가 발각됐다. 지하실 땅속에 묻어뒀던 등사판과 회원 명부도 드러났다. 공문서 작성에 사용한 각종 도장도 빼앗겼다.

체포된 사람들은 폭력에 노출됐다. 특히 회장 김마리아는 저들의 표적이 됐다. 심문관들은 마리아의 두 무릎 사이에 굵은 장작개비를 넣고, 수갑을 채운 두 팔 사이에 쪼갠 대나무를 끼운 채로 빨래 짜듯이 비틀었다. 코에 고무호스를 끼우고 물을 집어넣었고, 굵은 나무토막을 끼고 앉은 가녀린 여성을 짓밟았다.[10]

차마 입에 올리기 어려운 참혹한 고문

김마리아는 차마 입으로 옮기기 어려운 참혹한 고문을 받았다. 일본 심문 관들은 원하는 정보를 얻기 위해 그녀를 발가벗긴 채 손과 발을 결박했다. 곁에는 이글이글 타오르는 화로가 놓여 있었고, 인두와 쇠꼬챙이가 그 속에서 벌겋게 타올랐다. 짐승 같은 자들은 끝내 그 도구를 사용하고 말았다. 화롯불에 달궈진 쇠꼬챙이로 여성 생식기에 화침질을 놓았다. "그렇게 하고서 문지르면 그곳이 벗겨질 것 아니여?" 진실을 전하는 김철수 노인의 목소리가 떨렸다. 김마리아는 공포와 고통에 몸부림쳤다. "아주 그냥 머리를 때리고 터지고 소리를 지르고 그냥 욕을 하구" 그러다가 결국 혼절했다.[11]

김마리아의 육신과 정신은 파괴됐다. 정신이 혼미하여 말을 분명하게 하지 못했다. 곡기라고는 입에 대지도 못했다. 뼈만 남은 몸에 얼굴은 퉁퉁 부었다. 면회소에 나올 때에는 제 발로 걷지도 못해 간수가 부축해야만 했다. 마치 송장을 떠메어 나오는 듯했다. 면회객은 그 모습을 보고서 끓어오르는 슬픔을 금하기 어려웠다. 아무래도 그가 살아나지 못할 것 같다고, 면회 소감을 얘기했다.

기독교 선교사들의 노력이 주효했을까. 1920년 5월 22일 대구지방법원은 김마리아의 병보석을 허가했다. 단 조건이 있었다. 주거지를 대구 거주 블레어W. N. Blair 선교사 사택과 주변 건물로 제한하고, 의료진 외에는 어떤 조선인도 면회해서는 안 된다는 제한이 붙었다. 치료가 급했다. 마리아의 목숨을 위협하는 병증이 한둘이 아니었지만 그중 가장 위급한 것은 귀와 코에 들어찬 화농이었다. 1921년 6월 20일 고등법원의 최종 판결이 나기까지 마리아는 세 사례나 수술을 받아야 했다. 서울 세브

대한민국 애국부인회 사건 공판

대한민국 애국부인회 사건 제1회 공판 소식을 전하는 《동아일보》 1920년 6월 9일 자 기사.
제일 위가 김마리아이며, 아래는 함께 구속된 황에스더, 이혜경이다.

란스병원에서 두 번, 한양병원에서 한 번 수술이 이뤄졌다. 고열과 신경쇠약의 직접 원인이 되는 콧속과 양미간, 귓속에 가득 찬 고름을 긁어내는 수술이었다. 그러나 완치되지는 못했다. 시간이 지나면 긁어낸 자리에 고름이 다시 고이곤 했다.

서해 바닷길로 탈출

최종심에서 징역 3년형이 확정된 지 9일째 되던 날이었다. 1921년 6월 29일, 김마리아는 정양을 위해 머물고 있던 성북동의 한적한 농가에서 홀연히 종적을 감췄다. 잠자던 이부자리만 남겨둔 채였다. 탈출이었다. 김마리아는 망명길에 올랐다.

　병고에 신음하는 젊은 여성이, 경찰과 사법 당국의 감시를 받는 상태에서 어떻게 국외로 탈출할 수 있었을까? 협력자들이 있었다. 선교사 조지 새넌 맥큔G. S. McCune은 김마리아의 망명 계획을 지지하고 재정을 지원해주었다. 망명과 정착 비용으로 4,000원을 제공했다. 신문기자 월급이 40~50원이고, 일용노동자의 하루 품삯이 1원~1원 10전 하던 때였다. 오늘날 구매력으로 환산하면 대략 4억 원쯤 되는 큰돈이었다.

　교통편을 주선하고 길을 안내해준 가이드도 있었다. 임시정부 교통부 소속의 요원으로서 상하이와 국내를 넘나들면서 비밀 임무를 수행하던 윤응념이었다. 그는 김마리아뿐만 아니라 상하이 망명객 가족들의 밀항을 진두에서 지휘했다. 상하이 거류민단장 도인권의 부인과 두 아들, 흥사단 원동위원부 김붕준의 아내와 세 자녀(아들 1인, 딸 2인)도 밀항선을 탔다. 일행이 산둥반도 웨이하이항에 도착한 때는 7월 21일이었다. 서해

金瑪利亞에게
突然入獄命令

金瑪利亞는 上海에

國民會員控訴

김마리아 탈출 기사
김마리아 탈출을 전하는
《동아일보》 1921년 8월 5일 자 기사.

넓은 바다에서 풍랑과 뱃멀미에 시달린 지 17일 만이었다.[12]

김마리아의 탈출 소식은 널리 알려졌다. 도하 신문 지면을 두루 장식했다. 국내의 친지와 동료들은 그의 망명을 기뻐했다. 건강과 앞날의 행운을 빌었다. 상하이의 망명자 사회에서도 김마리아의 도래를 환영했다. 상하이 거류민들은 그의 건강이 회복되기를 기다려 1921년 11월 25일에 환영회를 개최했다. 그는 3·1운동기 여성의 투쟁과 수난을 대표하는 상징적 인물로 간주되고 있었다.

안창호 등이 나서 혼담 주선

상하이의 조선 사람들은 김마리아를 찬탄과 동정 어린 시선으로 따스하게 대했다. 특히 가깝게 지내는 주위 사람들은 그가 홀로 지내는 것을 안타까워했다. 혼담이 오가기 시작했다. 혼인 상대로 거론된 이는 일본 고등사범학교를 졸업한 장진영이라는 사람이었다. 나이가 지긋한 미혼남이었다.

중매에 나선 사람은 흥사단 지도자 안창호와 고려공산당 대표원 김철수였다. 안창호는 김마리아의 뜻을 확인하고, 김철수는 시베리아에서 함께 지낸 적이 있는 장진영의 의사를 물어봤다. 장진영은 쾌히 승낙했다.

김철수
1922년 30세 때 상하이에서의 모습.

김마리아가 건강이 회복되지 않았음을 알면서도 승낙했다고 한다. "시집가면 병이 나을 것 같아" 승낙했던 것이라고 김철수는 해석했다. 그러나 혼담은 성사되지 않았다. 김마리아가 싫다고 거절했기 때문이었다. 안창호는 거듭 권했다. 제발 시집가라고, 그 사람은 좋은 사람이라고 강하게 권했다. 김마리아는 요지부동이었다. 그래서 첫 번째 중매는 실패로 돌아갔다.

두 번째 혼담 상대는 김철수였다. 김마리아와 숙소를 같이 쓰던 양한라가 나섰다. 제주도 출신의 흥사단 단원이었다. 그녀의 연인이자 2·8독립선언운동에 참가했던 재일 유학생 정광호도 거들었다. 두 사람은 김마리아의 의중을 먼저 확인했다. 그녀는 수줍게 승낙했다고 한다.

김철수의 뜻에 모든 것이 달렸다. 그는 오래 생각한 끝에 결심했다. "그 사람은 애국부인회 회장이다. 그런데 나한테 시집오면 첩이 된다. 아! 나에겐 아내가 있다. 내가 승낙하면 두 여성에게 죄를 짓는 일이 된다." 그래서 거절하기로 마음먹었다. 양한라는 물러서지 않았다. 김마리아의 내심을 다시 전해왔다. 혁명운동하는 동안 같이 사는 것으로 만족한다고. 만일 남자가 운동을 포기하고 조선 내지에 가서 편히 살려고 한다면 갈라서도 좋다고. 만일 독립이 된다면 내지에 있는 첫 부인과 결합할 수 있도록 허용하겠다는 의사였다.

조선의 혁명 여걸을 모욕할 수는 없다!

양한라에게서 김마리아의 의지를 전해들은 김철수는 깊이 고민했다. 마음이 착잡했다. 자신도 싫지 않았다. 그러나 결혼하게 되면 어떻게 될까? 둘이 아마 운동 일선에서 벗어나 어딘가로 가서 '교원질'이나 하면서 먹고 살게 되지 않을까? "아! 안 될 말이다." 이미 결혼한 여성도 버리고 해외로 망명하여 지하운동을 위해 돌아다니고 있는데 그래서야 되겠는가? 김철수는 다시 결심했다. 그렇게 되면 내가 욕을 얻어먹게 될 것이다. 김마리아도 기혼남의 첩 신분이 되는 것이니 그녀를 모욕하는 일이 된다. 그는 '조선이 낳은 혁명 여걸'이라 불리는 사람이 아닌가.[13] 그럴 수는 없다고 확고히 결정했다.

김마리아는 국민대표회 회기 중에 앓아누웠다. 김철수와 정광호는 문병을 갔다. 혼사에 관한 거절의 뜻을 명백히 전한 뒤에 있었던 일이다. 머리를 풀고 드러누워 있는데 그녀의 얼굴이 창백했다. 병상에서 말하고 움직이는 모습에 가슴이 아팠다. 대단히 측은했다. 80대 노인이 된 뒤에도 김철수는 그때 모습을 잊지 못했다. "그때부터 그 머리 푼 것이 지금도 눈에 훤해. 불쌍해"라고 회상했다.[14]

김마리아(1927)
1927년 파크대학 졸업 때의 모습.
ⓒ 박용옥

김마리아(1932)
1932년 미국 재입국증 사진.
ⓒ 박용옥

김철수는 뒷날 김마리아의 소식을 들었다. 미국으로 유학을 떠난 그녀는 9년간 파크대학, 시카고대학원, 컬럼비아대학 교육대학원, 뉴욕신학교 등에서 수학했다. 1932년 귀국한 후 종교 활동에만 종사한다는 입국 조건에 묶여 원산의 마르타 윌슨 여자신학원 교수, 장로교 여전회 회장 등의 일에만 전념했다. 그러다가 해방 1년 전에 원산에서 병으로 사망했다는 것을 알게 됐다. "아이고! 1년만 더 살았으면 해방되는 것을 보았을 텐데." 김철수는 책에 실린 그녀의 사진을 사진사로 하여금 옮겨 찍게 하고는 그것을 평생 품에 지니고 다녔다. 영혼이라도 위로하기 위해서였다.

26

사회주의자이자 페미니스트,
여의사 이덕요

의학 공부하러 일본 유학 떠난 간호원

그 사람 이름이 처음 신문에 난 것은 열일곱 살 때였다. 1914년 식민지
조선에서 유일하게 발행되던 조선어 신문 《매일신보》 지방판에서였다.
함흥 자혜의원 간호원 이덕요李德燿를 칭찬하는, 함흥지국에서 보내온 기
사였다. 기사에 따르면 이덕요는 함흥보통학교를 최우등으로 졸업했고,
함흥 자혜의원 간호부과에 진학하여 역시 우등으로 마쳤다. 인성이 어질
고 얌전하며 행동이 단아하고, 일본어를 능숙하게 구사하며 환자 간호에
헌신한 까닭에 칭찬 여론이 자자하다는 내용이었다.[15] 심지어 신문지국
을 찾아와 이 갸륵한 미담을 보도해 달라고 요청하는 퇴원 환자들도 있었
다. 병든 사람을 지극히 돌보는 간호원에게 감복한 환자들이었다.

　자혜의원이란 일제 식민지 시대에 각 도에 하나씩 설립된 총독부 직

영 병원이었다. 진료기관이면서 지방의 일반 개업의를 관리하는 감독기관이었고, 또 간호원을 양성하는 의학 교육기관이기도 했다. 그즈음 함흥 자혜의원 간호부과의 교육 기간은 1년 6개월이었고, 한 해에 20명의 간호원을 양성하고 있었다.

미담의 주인공 이덕요가 평생 간호원의 길로 나아간 것은 아니었다. 그는 더 많은 교육을 받는 길을 택했다. 경성으로 올라가 경성여자고등보통학교를 졸업한 후 일본 유학길에 올랐다. 그가 진학한 곳은 도쿄여자의학전문학교였다. 1900년에 설립된 이 학교는 11년간의 선행 수업연한을 요구하는 3년제 고등교육기관이었다. 소학교 6년, 고등여학교 5년을 이수한 여학생만이 응시 자격을 가질 수 있었다. 식민지 조선 출신의 이덕요는 입학에 어려움을 겪었을 것이다. 제국주의 본국의 학제와 차별이 있었기 때문에 그의 수업연한은 보통학교 4년, 여자고등보통학교 4년으로 도합 8년에 지나지 않았다. 아마 부족한 연한을 메우기 위해 예비학교를 다니거나 예과 과정을 이수했을 것으로 보인다.

도쿄여자의학전문학교에는 조선인 여성 유학생들이 여럿 있었다. 조선 최초의 여성 개업의이자 이광수의 부인으로 유명한 허영숙은 그의 7년 선배였다. 개인병원을 개업한 의사 정자영, 현덕신 등도 이 학교 출신이었다. 2년 선배로는 송복신, 박정 등이 있었고, 1년 선배로는 한소제, 길정희, 여성운동 지도자로 유명한 유영준 등이 재학 중이었다.[16]

그는 학업에 성심성의껏 임했다. 훗날 쓴 회상기에 따르면, "학교 시대에 어떻게나 공부에만 명심을 했던지 도쿄생활 6년간에 우에노 공원·히비야 공원을 졸업할 때야 비로소 처음 구경을 했다"고 한다. 그렇게 열심히 공부한 것은 내면의 결심이 있었기 때문이다. "금후부터는 여자도 경제적으로 꼭 독립하여야 하겠다는 각성"으로 그리 했다고 한다.

도쿄여자의과대학

도쿄여자의학전문학교의 후신인 도쿄여자의과대학 정문.

유학 중에 공부만 했던 것은 아니다. 3·1운동 이듬해인 1920년에는 도쿄 여자유학생 단체인 조선여자학흥회에 참여하여 집행부의 일원으로 활동했다는 기록이 있다. 연애도 했다. 자신과 같은 함흥 출신에 키 크고 너털웃음을 잘 웃는 도쿄제국대학 졸업생 주종건朱鍾建과 한때 연인 사이로 지냈다. 주종건은 두뇌가 명철하고 좌담에 탁월한 재능이 있는 사회주의자였는데, 아마 그러한 재능이 이덕요의 마음을 끌었는지도 모르겠다.

1924년 도쿄여자의학전문학교를 졸업한 이덕요는 조선으로 돌아와 의사의 길을 걸었다. 식민지 조선의 최대 병원인 총독부의원에서 내과, 소아과, 산부인과 진료를 맡아 보았고, 그 후에는 개인병원도 개업했다. 1928년에는 인천에서 성실병원을, 1930년에는 경성 낙원동에서 동양부인병원을 열었다. 이 기간에 그는 여의사로서 확고한 사회적 명성을 쌓았다. 신문 지면에는 '여의사 이덕요' 명의로 질병 예방과 치료에 관한 기고문이 빈번히 실렸다. 홍역, 종두, 백일해, 자궁병, 신경병, 소아 감기, 성홍열 등의 질병이 다뤄졌다. 그뿐인가. 해마다 신년이 되면, 신문사들이 다투어 개최하는 '여류 명사 초청 가정문제 좌담회'에 초대되어 여성 문제와 가정 문제에 대해 발언하곤 했다.

여성해방운동과 사회주의운동을 함께

이덕요는 열렬한 페미니스트였다. 문필과 단체 활동을 통해 여성해방운동에 참여했다. 기회 있을 때마다 남녀평등과 여성인권의 존중이 이뤄져야 한다고 역설했고, 남존여비와 조혼을 반대했으며, 여성을 억압하는 재래의 인습을 타파해야 한다고 주장했다. 특히 이혼의 자유를 강조했다. 의가

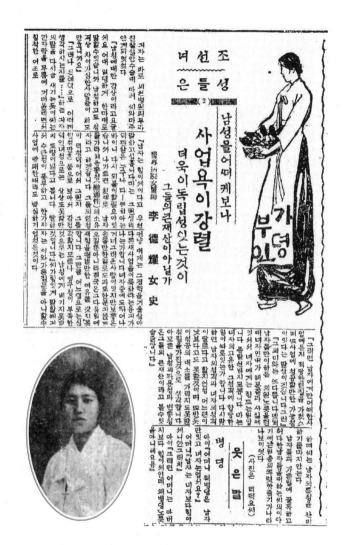

이덕요의 기고문

1924년 도쿄여자의학전문학교를 졸업한 이덕요는
조선으로 돌아와 의사의 길을 걸으면서 신문에 질병 예방과 치료 및 가정 문제 등에 관한 기고문을 발표했다.
〈조선녀성들은 남성을 어떠게 보나(二)〉, 《동아일보》 1929년 10월 26일.

맞지 않는 부부라면 이혼할 수 있는 자유를 허용해야 한다는 것이다. 그는 여성이 직접 행동에 나서야 한다고 설파했다. 행위의 주체는 여성이어야 한다, "우리 여성은 이 불합리한 인습을 타파하기 위하여 굳게 모이라!"고 외쳤다.[17]

이덕요는 미모가 출중한 여성이었다. 언론인이자 극작가인 이서구李瑞求는 프롤레타리아 문학의 대표 주자로 꼽히는 최서해가 입원했을 때 병원으로 문병을 갔다가 그녀를 만났던 순간을 이렇게 술회했다. "호박색 윤이 흐르는 그 흰 살결, 불그레 타오르는 입술, 어디까지든지 정열적인 그 눈, 먹장 같은 머리" 등 어디로 보아도 참 '절색'이었다.[18] 얼마나 아름다웠는지 가슴이 꽉 막혔다. 숨을 쉴 수 없을 정도였다. 교양과 이지와 총명이 은은하게 내비치는, 그리스의 비너스 여신과 같다는 느낌을 받았다고 한다. 신문기자이자 작가인 윤백남尹白南도 같은 의견이었다. 이덕요를 가리켜 대표적인 조선 미인이라고 평했다.

일본 경찰은 그를 감시 대상자로 지목했다. 경찰의 비밀 정보문서에 따르면, 이덕요는 '공산주의자'로 기재되어 있었다. 이는 실제에 부합한 것이었

근우회 경성지회 회의장
이덕요가 집행위원으로 선출된 근우회 경성지회 제3회 정기대회 회의장. 단상에 의장과 두 사람의 서기가 자리해 있다. 참석 회원이 80명, 남녀 방청객이 300명이었다.

다. 그는 사회주의운동에 가담한 형적이 뚜렷했다. 근우회는 기독교를 중심으로 하는 민족주의 계열의 여성들과 사회주의 계열의 여성들이 공동으로 참여한 통일전선 단체였다. 이덕요는 1927년 4월 발기인 모임 때부터 사회주의 몫으로 참여했다. 그해 5월 27일 창립총회에도 참가했으며, 그 자리에서 회의장의 정숙과 질서를 유지하는 '사찰' 역할을 맡았다. 주세죽, 강정희 등 유명한 여성 사회주의자들과 함께였다. 그는 집행부에도 진출했다. 창립총회에서 21인의 집행위원 가운데 한 사람으로 선출됐다. 집행부에서 그가 담당한 역할은 '정치부' 책임자였다. 그는 한 달에 한 번씩 근우회 회원들을 대상으로 정치연구반을 개최하는 일을 맡고 있었다.[19]

근우회에 대한 헌신은 오랜 시간 계속됐다. 창립 4년 차인 1930년에도 근우회 경성지회에 참여했음이 확인된다. 그해 2월에 그는 11인의 집행위원 가운데 한 사람으로 선임됐다. 담당 부서는 정치문화부였다. 근우회 여성 회원들의 정치적 각성과 의식 수준을 제고하는 일을 줄곧 맡아왔음을 알 수 있다.

이덕요는 여성운동의 의의를 프롤레타리아트의 역사적 사명과 연관시켜 이해했다. 일간신문에 실은 한 기고문을 보자. 기고문에서 그는 오늘날 조선이 요구하는 여성은 "오랫동안 남성에게 유린되어 온 조선 여성의 해방운동"을 실행함과 동시에, 한 걸음 더 나아가 "역사적 사명을 다하려는 대중운동과 악수"해야 한다고 강조한다. 언론 지면의 표현상 제약을 감안하더라도 여성운동과 노동운동을 연관 지어 포착하고 있음이 뚜렷이 드러난다.

사랑하며 비로소 참다운 삶을 맛봤지만

이덕요의 배우자도 사회주의자였다. 일제하 사회주의운동이 최고 이론가로 불리는 유명한 한위건韓偉健이 그의 남편이었다. 두 사람은 1925년 가을에 결혼했다. 이덕요는 유학을 마치고 귀국한 후 총독부의원 의사로, 한위건은 동아일보사 기자로 근무 중일 때였다. 한위건은 합법적으로는 언론인 신분을 갖고 있었지만, 비밀결사 조선공산당에도 깊숙이 관련을 맺고 있었다. 결혼 이태 뒤인 1927년에는 합법·비합법 양쪽에서 지도적 지위에 올랐다. 합법 공간에서는 동아일보사 정치부장으로 정치면 기사 작성을 책임지고 있었으며, 비합법 공간에서는 조선공산당 중앙집행위원으로 선전부를 이끌고 있었다.

두 사람의 금슬은 매우 좋았던 것 같다. 조그만 셋집에서 살림을 시작했지만, 부부는 서로 이해하고 사랑하는 감정을 지속했던 것으로 보인다. 이덕요는 결혼 후의 생활에 대해 짤막한 수필을 남겼다. 거기에서 그는 이성의 전적인 사랑을 받은 연후에야 사람은 비로소 참다운 삶을 맛볼 수 있다고 썼다. 한위건과의 결혼생활이 만족스러웠던 듯하다. 그는 결혼 적령기에 접어든 남녀에게 권했다. 주저 없이 결혼생활을 시작하라고.[20]

그러나 부부의 행복은 오래가지 못했다. 1928년 3월, 한위건이 '조선공산당 제3차 검거 사건'이라고 부르는 대대적인 탄압을 피해 해외로 망명한 것이다. 망명지는 중국이었다. 한위건은 상하이와 베이징을 오가면서 조선공산당 재건운동을 지휘하는 중임을 맡았다.《계급투쟁》이라는 제하의 당 기관지 발간을 주도하면서 맹렬히 필봉을 휘둘렀다.

이덕요는 외롭고 쓸쓸했다. 의사였던지라 여자 혼자 살면서도 생계를 걱정하지는 않지만 마음의 평화를 잃었노라고 고백했다. "H를 멀리 바다밖으로 보내고 벌써 3년째나 고독한 생활을 해오는" 중인데, "나에게는 그분을 사모하는 생각이 점점 강렬하게 움직이고 있다"고 토로했다. 그는 이별 3년 차 되던 1931년 1월, 신문에 실린 신년 소감문을 통해 무언가 결단하고 있음을 암시했다. 거친 파도를 헤쳐 저 앞에 가로놓인 큰 바다를 건너가고 싶다고 말했다. 조그만 배라도 한 척 얻어서 건너가고 싶다고 썼다. 설혹 그 배가 모진 파도에 부딪쳐 산산이 부서진다 하더라도 헤엄이라도 쳐서 저 바다를 건너가고야 말겠다는 용기가 생겼으면 좋겠다고 말했다.[21]

남편과 반일 혁명운동은 해보지도 못하고

1931년 5월, 이덕요는 마침내 망명을 결행했다. 행선지는 중국 베이징이었다. 국외로 탈출한 남편을 찾아 출국한 것이었다. 일본 경찰의 정보문서에 따르면, 베이징에 위치한 그의 주소는 "북평 신문내 순성가 여명보 공중학교 내"였다. 그렇다고 단순히 남편을 찾아 나선 것만은 아니었다. 국내 동지들의 견해로는 "이덕요는 그곳에 가서도 일을 하려던 사람"이었다.[22] 한위건과 나란히 반일 혁명운동에 직접 참가하려는 의도에서 망명했다고 이해하고 있었다.

그러나 이덕요의 망명생활은 길지 못했다. 베이징에 도착한 그는 얼마 안 되어 몸져눕고 말았다. 몹쓸 병에 걸린 것이었다. 그는 끝내 자리에서 일어나지 못한 채 세상을 떠났다. 베이징에서 체류하다 귀국한 신간회 중앙집행위원 박문희朴文熹는 주변 사람들에게 이덕요의 마지막 소식을 전했다. 그러고는 한마디 덧붙였다. 부군 한위건이 지금까지도 사별한 아내 이야기를 하면서 눈물을 흘리더라고.

27

종로 네거리가 좁았던
근우회의 책사, 박신우

혜성처럼 등장한 여성운동계 스타

박신우朴新友는 여성운동계에 혜성같이 등장했다. 1927년 연초부터 사회
주의 성향의 여성 단체 여성동우회에 출입하더니, 3월 8일 국제 여성의
날을 기점으로 존재감을 드러내기 시작했다. 당시에는 '국제무산부인데
이'라고 부르던 날이었다. 이날을 기념하여 여성동우회는 종로2가 YMCA
회관에서 대규모 강연회를 열기로 했는데, 여성운동계 유력자들로 구성
된 7명의 강사 명단 속에 그녀의 이름도 포함되어 있었다. 그녀가 맡은 강
연 제목은 〈3월 8일과 조선 여성〉이었다.

　박신우는 지방 강연에도 정성을 기울였다. 여성들의 의식을 계몽할
뿐만 아니라 전국 각지에 여성 단체의 조직 가능성을 확대할 수 있기 때
문이었다. 그래서 잡지 《부녀세계》사가 주관하는 지방 순회강연에도 선

박신우
1933년 11월 28일 소련 국가정치보위부에게 체포된 이튿날 촬영한
박신우 사진. 표정에서 당혹감과 공포감이 엿보인다.

뜻 참가했다. 1927년 4월에 창간된 이 잡지는 3·1운동 이후 발간된《여
자시론》(1920),《부인》(1922),《신여성》(1923),《부녀지광》(1924)의 뒤를 잇
는 대표적인 여성지였다. 잡지사는 창간호 발행을 기념하여 남부조선 순
회강연 사업을 벌였는데, 4월 17일에 두 명의 기자가 출발한 데 이어, 같
은 달 23일에는 박신우를 포함하여 4명의 후발대가 경성을 떠났다. 약 보
름의 일정이었고 첫 강연지는 전북 이리였다.[23]

　박신우가 여성운동계에서 두각을 나타낸 것은 근우회 때부터였다. 그
녀는 근우회 발기인 40인 명단에 이름을 올렸고, 1927년 5월 27일 창립
총회에서는 집행위원 21인 가운데 한 사람으로 선출됐다. 식민지 조선의
민족통일전선 기구이자 여성운동을 대표하는 단체의 간부가 된 것이다.
창립 직후 처음 열린 집행위원회에서는 7인으로 이뤄진 상무집행위원에
선임됐다. 간부 중에서도 핵심적인 지위에 선출된 셈이었다. 상무집행위
원은 명칭에서도 알 수 있듯 매일 상근하는 집행위원이었다. 날마다 출근
해서 직업적으로 단체 일에 종사하는 직무이니만큼 업무도 많고 권한도
큰 자리였다.

조직 활동 계획 세우고 전국 돌며 강연회

그녀가 맡은 분야는 '선전·조직부'였다. 운동 단체의 꽃이라 해도 좋을 만큼 중요한 부서였다. 당시 사회주의 비밀결사는 경찰의 추적을 피하기 위해 최소한의 인원인 3인으로 집행부를 구성하곤 했는데, 트로이카라고 불리는 이 최소 단위 집행부가 나눠 맡는 직무 분야는 대부분 총무, 선전, 조직이었다. 그만큼 중책이었다. 박신우는 그 직무를 능히 감당했다. 그는 취임 후 불과 20일 만에 선전과 조직 분야의 장단기 사업 계획안을 입안해냈다.

일본 경찰이 작성한 정보 보고서에 의하면, 6월 15일 자 근우회 집행위원회 회의석상에서 그녀는 10개 조목으로 구성된 조직 발전의 청사진을 제시했다. '여학생부'와 '노동부인부' 두 개 기구를 설치하여 지식계급과 노동계급의 여성들을 조직화하며, 조선 각지에 근우회 지부를 설치함으로써 여성운동의 대중적 기반을 쌓는다는 복안이었다. 조직 계획은 선전 계획과 밀접히 연결되어 있었다. 선전 계획을 들여다보면, 전국을 4개 권역으로 나누어 순회 강연대를 파견한다, 각 권역의 요충지에 여름방학 기간을 이용한 하계강좌를 3주간 개설한다, 순회 연극단을 조직하여 전국을 돌게 한다, 근우회 선언문과 선전 삐라를 작성하여 배포한다, 기관잡지《근우》를 발행한다는 등의 내용으로 이루어져 있었다.[24]

박신우가 작성한 선전·조직 사업 계획 초안은 하나하나 축조심의의 대상이 됐으며, 그 결과 만장일치로 통과됐다. 그녀는 근우회의 책사였다. 사실상 근우회의 활동 계획 전반을 설계했다고 평가할 수 있었다. 도대체 이런 비범한 안목과 수완을 어디서 익혔을까? 나이 서른 살밖에 되지 않은 젊은 여성이 말이다. 놀라운 일이었다.

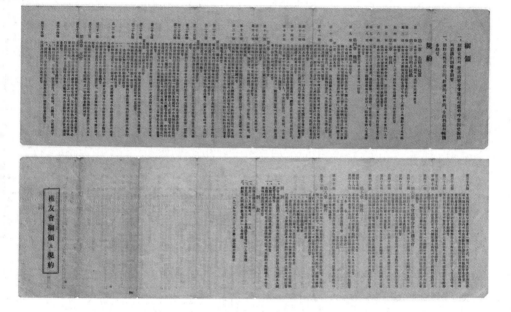

근우회 강령 및 규약
박신우는 근우회 선전·조직 사업 계획 초안을 작성하는 등 근우회의
활동 계획 전반을 설계한 책사였다. 이 초안은 만장일치로 통과됐다.
*출처: 독립기념관

기획력뿐이랴. 그녀는 실행력도 출중했다. 지방 강연을 위해 빈번한 출장을 마다하지 않았다. 근우회 결성 이후만 보더라도, 평남 평양(6월 6일), 경기 개성(6월 27일), 경기 수원(8월 8일), 전북 전주(8월 24일), 경성 용산(8월 26일), 전남 목포(12월 3일), 전남 담양(12월 23일)에서 여성문제 강연회를 개최했다. 1년 내내 전조선 일대를 누비고 다닌 셈이었다. 신문에 미처 보도되지 않은 사례도 있었을 터이므로, 실제로는 이보다 더 많았을 것이다. 이러한 노력은 조직 확대로 이어졌다. 창립 첫해인 1927년에 근우회 지회가 설립된 지방은 네 군데(전주, 목포, 담양, 김천)였는데, 이 중에서 3개 지회가 상무집행위원 박신우의 출장과 관련되어 있었다. 지부 조직의 75퍼센트가 그녀의 활동 결과였던 것이다.

근우회 첫 1년은 활기찬 해였다. 선전조직부 동료 멤버이던 정칠성丁七星의 회고처럼, "한참 당년, 근우회의 집행위원들의 멤버는 쟁쟁"했고, 종로 네거리를 좁다고 활개치고 다니는 그들로 인해 유쾌하고 씩씩한 기상이 넘치던 때였다.[25] 박신우는 그 활기찬 첫해의 선전·조직 담당 상무집행위원이었다. 근우회의 활력이 그녀의 헌신과 재능에 힘입지 않았다고 보기는 어려울 것이다.

하지만 그녀의 신상 정보는 거의 알려진 게 없다. 박신우는 어떤 사람인가? 더욱이 그녀의 행적은 이듬해 1928년부터는 어떤 자료에서도 발견되지 않는다. 갑자기 사라지고 말았다. 도대체 무슨 일이 있었던 것일까?

1928년 초 남편 김규열과 소련 국경을 넘다

뜻밖에도 박신우의 동향은 1929~30년 전국학생운동 사건에 연루된 함경북도 현지의 한 사회주의자 재판기록에서 발견된다. 1928년 1월 중순 매서운 추위가 몰아칠 때였다. 함경북도 최북단의 항구도시 웅기에 그녀가 나타났다. 남편 김규열과 함께 비밀리에 국경을 넘기 위해 애쓰고 있었다. 부부에게는 월경을 돕는 협력자들이 있었다. 두만강 하구 일대의 지리와 교통에 밝은 현지 비밀결사 동료들이 길 안내를 맡았다. 청진에서 웅기까지는 배로 이동하고, 웅기에서는 중국인이 경영하는 마차 한 대를 빌려서 얼어붙은 두만강을 무사히 건널 수 있었다. 그렇게 부부는 소련 연해주로 월경하는 데 성공했다.[26]

　박신우의 예기치 않은 월경은 남편이 관련 맺고 있는 비밀결사 조선공산당의 내부 사정 때문이었다. 1927년 12월 10일 은밀히 개최된 조선공산당 제3차 대회에서 중앙집행위원으로 선출된 김규열이 모스크바 파견 대표로 뽑힌 것이다. 소련을 근거지 삼아 코민테른과 관계를 맺고 조선 및 북간도와 통신 연락을 주관하는 것, 이것이 그에게 부과된 새로운 임무였다. 박신우·김규열 부부는 그 임무를 수행하는 데 적합한 경력과 재능을 갖고 있었다. 아내 박신우는 러시아 교민 2세 출신이었다. 박아니시야 다닐로브나, 이것이 그녀의 본명이었다. 그뿐인가. 두 사람은 모스크바의 동방노력자공산대학 동기생이었다. 1923년부터 1926년까지 3년간 코민테른이 제공하는 고등교육 과정을 이수한 사회주의 엘리트였다. 러시아어 구사 능력도 높은 수준이었고, 마르크스레닌주의 이론 소양도 깊었다. 두 사람은 블라디보스토크와 모스크바를 근거지로 조선공산당의 해외 부문 사업을 맡게 됐다.

일본 스파이로 몰려 소련서 처형돼

1933년 11월 27일, 모스크바 도심 동북쪽 마르흘렙스키 거리 18동 49호에 소련 국가정치보위부 요원들이 들이닥쳤다. 그곳에 살고 있던 박신우·김규열 부부를 체포하기 위해서였다. 사유는 '일본제국주의의 스파이 혐의'였다. 이튿날 촬영된 36세 박신우의 초췌한 사진에는 중범죄자로 지목된 어처구니없는 상황에 대한 당혹감과 공포감이 담겨 있었다.

두 사람만이 아니었다. 연루자가 더 있었다. 사건 번호 'P-37359'에 연루된 사람들로 윤자영尹滋瑛, 김영만金榮萬, 김중한金重漢 등도 있었다. 누구 할 것 없이 비밀결사 조선공산당의 간부이거나 열성 활동가들이었다. 1927년 말 당이 분열된 후 서상파로 지목되던 사람들로서 일본의 탄압을 피해 소련에 망명한 사회주의자들이었다. 연루자가 더 있었는지도 모른다. 아직 사건의 전모가 밝혀지지 않은 상황이다.

가장 먼저 체포된 이는 김중한이었다. 다른 사람들보다 6개월 빠른 1933년 5월 14일에 구금되어 오랫동안 취조를 받았다. 그를 제외한 다른 연루자들의 체포 일시는 거의 같았다. 박신우·김규열 부부는 11월 27일, 윤자영과 김영만은 그다음 날이었다.

정치보위부 취조관들은 김중한이 스파이임에 틀림없으며, 그와 친교를 맺고 있는 모든 조선인 망명자들도 그렇다고 단정했다. 하지만 증거는 진술뿐이었다. 김규열의 심문기록을 보면, 그에게 들씌워진 혐의는 이미 밀정으로 판명됐다고 간주되는 김중한과 연락을 주고받은 점, 코민테른의 지휘나 승인 없이 조선과 만주로 사람을 파견하거나 직접 왕래한 점 등이었다. 소련 비밀경찰의 눈에는 코민테른의 지도도 받지 않은 채 일본의 영토와 세력권으로 왕래하거나 통신을 주고받은 것이 스파이 행위나

마르흘렙스키 거리 18동
박신우·김규열 부부가 체포된 모스크바 마르흘렙스키 거리 18동.
이 건물의 어느 한편에 그들의 거처가 있었을 것이다.
현재는 '밀류틴스키 소로'로 개칭됐다.

다름없는 것으로 보였던 것이다.

　P-37359 사건은 바로 '소련 국가폭력에 의한 조선공산당 서상파 망명자 그룹 탄압 사건'이었다. 소련 정치보위부는 피억압 민족의 해방을 위해 투쟁한 혁명가들에게 '일본제국주의의 스파이'라는 모욕적인 범죄의 낙인을 찍었다. 체포 6개월 뒤 사건 관련자 가운데 김규열, 김영만, 김중한에게 총살형이 집행됐다. 1934년 5월 21일이었다. 다른 두 사람은 한두 등급 아래 처분을 받았다. 윤자영은 노동수용소 8년 징역형, 박신우는 5년 징역형을 선고받았다.[27]

너무 뒤늦게 찾아온 정의

노동수용소 이후 박신우의 운명에 대해서는 아직 알지 못한다. 관심을 갖고 주시한다면 언젠가 드러날 때가 있을 것이다. 이 탄압 사건의 피해자들은 뒷날 소련의 국운이 저물어가던 1989년에 비로소 소련 정부로부터 복권됐다. 55년이 지난 뒤였다. 너무나 뒤늦게 찾아온 정의였다. 그것을 정의라고 부를 수 있을까?

　범죄의 낙인보다 더 심각한 문제가 남아 있다. 길고 긴 망각의 세월이 지금도 계속되고 있다는 점이다. 박신우·김규열 부부를 비롯하여 소련 국가폭력에 의한 탄압 사건 희생자들은 조선혁명에 헌신했던 사람들이다. 그들의 헌신을 지금처럼 계속 잊고 살아도 좋은 것인가?

28

'여학생 만세 사건' 주인공, 송계월

경성여상 대표로 '대표자회합' 참석

검사가 피의자 송계월에게 물었다. 식민지 조선 최초의 사상검사로 유명한 이토 노리오 검사였다. 왜 여학교 학생대표들이 너를 다 알고 있느냐고. 예리한 추궁이었다. 경성 시내에 소재하는 13개 여학교 대표들이 어떻게 네 하숙집을 다 알고 찾아왔느냐는 질문이기도 했다. 무슨 단체라도 가입한 때문이냐고 물었다. 송계월은 부인했다. 단체에 가입한 적 없다고. 다만 2년 전에 경성여자상업학교 동맹휴학을 주도한 까닭에 서대문형무소에 수감되고 신문에도 관련 기사가 나고 그랬는데, 아마 그 영향인 것 같다고 답했다.[28] 무난한 대답이었다. 아귀가 딱 들어맞지는 않지만 검사는 다른 문제로 넘어갔다.

송계월의 혐의는 시위 주동이었다. 1930년 1월 제2차 경성 연합시위 사건을 주도적으로 모의한 혐의로 붙잡힌 것이었다. 제2차 연합시위란

1930년 1월 15일부터 16일까지 다수의 중등학교 학생들이 교내 만세운동의 범위를 넘어서 거리로 진출한 사건을 말한다. 이때 6개 남녀 중등학교 학생들이 가두시위에 나섰고, 교외 진출이 막혀 교내에서 만세를 고창한 학교가 경성 시내에서만 18개 학교 7,000여 명에 달했다. 1929년 11월부터 1930년 2월까지 전개된, 광주에서 시작하여 전 조선으로 확대되어나간 3·1운동 이후 최대 규모의 대중투쟁이었다. 항일 학생운동의 절정이라 할 만했다.

송계월은 디데이 전야에 열린 '여자중등학교 대표자 회합'에 참석했다. 모교 경성여자상업학교의 대표 자격이었다. 이 회합에는 13개 여학교 대표 30명 안팎의 학생들이 모였다. 참가자들은 다음 날 오전 9시 30분에 각 학교에서 일제히 만세를 부르고 종로 네거리에 집결하여 거리 시위를 벌이기로 약속했다. 구호로는 "광주학생 석방 만세", "약소민족 해방 만세"를 외치기로 했다. 눈길을 끄는 이채로운 점이 있다. 회합 장소였다. 다름 아닌 송계월의 처소였다. 그녀가 사전 모의 과정에 얼마나 깊숙이 개입했는지를 잘 보여주는 대목이다.

함경남도 북청군 출신인 그녀는 하숙을 하고 있었다. 가회동 48번지, 경성 북촌의 전통 주택가 골목 깊숙한 곳에 자리 잡은 평범한 민가였다. 회합이 끝나자 저녁 9시였다. 참가자들은 인근의 눈길을 끌까 염려하여 두세 사람씩 떨어져서 어둠 속으로 흩어졌다.

경찰 당국은 제2차 연합시위 사건 피의자들을 성별로 나누고 '여학생 만세 사건' 또는 '여학생 사건'이라고 불렀다. 남녀 학생들이 함께 들고 일어난 사안인데도 이렇게 호명했다. 광주학생운동 이래 전국에 걸쳐 항일시위가 급증한 까닭에 체포자가 날마다 늘고 있었다. 유치장과 형무소가 차고 넘쳤다. 정세가 급박하게 흘러갔다. 엄벌만이 능사가 아니었다.

송계월의 하숙집
여자중등학교 대표자 회합이 열린 가회동 48번지
송계월의 하숙집 당시 모습(《동아일보》 1930년 2월 17일)과 현재 모습.

총독부는 관대한 태도를 보여 민심을 위무하는 모습을 연출할 필요가 있다고 보았다. '여학생 만세 사건'이라는 호칭이 나온 이유였다.

경찰은 여학생들만 떼어내서 사법절차를 따로 진행했다. 체포된 여학생들 가운데 89명만 문제 삼았다. 그중 27명은 구속, 62명은 불구속 상태로 검사국에 송치했다. 송계월은 당연히 구속자 명단에 포함되어 있었다. 그녀는 다른 구속자들과 함께 서대문형무소에 수감됐다.

경찰 및 검사 취조의 핵심 가운데 하나는 각 학교 연대가 어떻게 가능했는지를 밝히는 것이었다. '배후 세력에 의한 계획적인 책동'이 있었다고 본 것이다. 이토 검사가 여학교 학생대표들이 송계월의 하숙집 위치를 다 알고 있는 점을 궁금하게 여겼던 이유도 여기에 있었다. 총독부 경무국장은 "배후 책동의 악분자를 철저히 밝히겠다"고 천명했다.[29] 여느 때같으면 이 지점에서 가혹한 고문 수단을 동원하여 비밀결사 연루자를 밝히려 했겠지만 시기가 적절하지 않았다. 바야흐로 비상시국이었다. 게다가 총독부는 관대한 처분이 가져올 정책적 이익을 계산하는 중이었다.

뜻밖에도 배후 문제는 쉽게 풀렸다. 공개 여성 단체 근우회가 수사망에 포착된 것이다. 근우회 집행부 자체는 여학생 만세운동에 관계하지 않았지만, 두셋 임원이 개인 자격으로 여학생들과 접촉해온 사실이 드러났다. 특히 근우회 상무위원 허정숙이 지목됐다. 경찰 최종 보고서에 따르면, 허정숙이 이화여고보 학생 최복순, 김진현 등과 정기적으로 회합하여 여학생 만세 사건을 주도했다고 한다.[30]

그래도 의문이 남는다. '여자중등학교 대표자 회합'에는 여학생뿐만아니라 남학생들도 참석했다. 회합에 갔던 휘문고보 남학생 3인은 단순한 참석자가 아니었다. 사회도 보고 행동 계획에 관한 합의를 도출하는데에도 주도적인 역할을 했다. 그뿐이랴. 남자 중등학교 대표자들의 독

◇明日出廷할女學生

（圓內）哨員似（上段右로부터）宋桂月、崔允淑、朴桂月
（下段右로부터）李順玉、崔福順、金鎭俊

여학생 만세 사건
여학생 만세 사건의 공판 일정이 보도된 언론 기사.
아래 사진 중 윗줄 오른쪽 첫 번째가 송계월이다.
《동아일보》 1930년 2월 20일.

자적인 협의체가 작동하고 있었다는 점 또한 중요하다. 여학생들에 앞서서 1월 13일부터 이미 여러 차례 회합을 갖고 연합시위운동을 준비하고 있었다. 이러한 사실들은 허정숙의 지휘와는 별도의 독립적인 네트워크가 작동했을 가능성이 있음을 말해준다. 특정하기는 어렵지만 비밀결사를 매개로 하는 비공개 움직임이 존재했다고 판단된다.

촉망받은 문인, 폐결핵으로 요절

송계월은 이제 막 스무 살이었다. 비교적 어린 나이인데도 그녀는 고등경찰과 사상검사의 날카로운 심문을 이겨내고 비공개 네트워크를 노출시키지 않은 것으로 보인다. 이는 그녀가 비밀 활동에 어느 정도 익숙했음을 알려준다. 그녀가 비밀 활동에 익숙했다는 증거는 어렵지 않게 찾을 수 있다. 그녀는 사상과 이론 문제에 관해서는 비타협적인 투사가 되곤 했다. 그녀와 교유하던 남녀 문인들은 말했다. "계월이는 그렇게 얌전하다가도 이론투쟁에만 들어서면 열화가 솟아오르는 기개가 있어 건드리기가 어렵다." 한걸음도 사양하지 않는 조리 있는 언변과 불길을 일으키는 듯한 열정으로 인해 무리 가운데 우뚝 섰다고 한다.[31]

송계월
조선총독부 경기도 경찰부에서 만든 일제감시대상
인물카드의 송계월 모습(1930).
*출처: 국사편찬위원회

학생 비밀결사에 참여했다고 보는 가장 두드러진 증거는 문단에 데뷔한 후 그녀가 쓴 작품 속에서 찾을 수 있다. 송계월이 쓴 작품 중 〈가두 연락의 첫날〉이라는 글이 있다. 이채로운 작품이다. 비밀 활동에 참여한 연락원의 내면 심리가 섬세하게 묘사되어 있다. 과문한 탓인지 일제하 비밀결사의 활동상을 그처럼 생생하게 재현한 문학 작품을 일찍이 본 기억이 없다. 당대의 평론가 중 한 명도 인정했다. 소재가 신선하여 매우 새로운 맛이 나고 감동까지 준다고.[32]

비밀 활동의 긴장감이 어떻게 묘사되어 있는지 그 부분을 축약해보기로 하자. 점심시간에 짬을 내서 가두 연락 임무에 나선 젊은 여성이 주인공이다.

여성은 손목시계를 들여다보았다. 12시 13분. 아직 약속시간까지는 꼭 7분이 남아 있었다. 행여나 시계가 오작동하는 게 아닐까? 불안했다. 다행히 종로 거리에는 가게마다 귀퉁이에 벽시계가 걸려 있었다. 두 번세 번 시간을 확인한 다음에야 마음이 놓였다. 종로 네거리에서 황금정(을지로) 네거리의 중간, 이곳이 연락 장소였다. 여성은 마음을 침착하게 가지려고 노력하면서 발길을 옮겼다. 복장과 손동작이 중요했다. 자신은 "검은 두루마기에 검은 양말, 흰 고무신, 그리고 왼손으로 두루마기 옆구리에 팔짱을 지르고" 있어야 했다. 상대편은 남자라고 들었다. "검은 중절모자에 검은 대모테 안경, 키는 보통보다는 작은 키, 구두는 황색, 왼편 팔에 남색 책보를 끼고 있는" 사람일 것이다. 약속 장소에 가까이 접근하면서 걱정이 들었다. 그 사람을 몰라보고 지나치면 어떻게 하나. 저편에서도 나를 몰라보면 어찌하나. 오가는 사람들의 옷차림과 행동을 눈여겨보았다. 혹시 벌써 지나쳐 버리지나 않았을까 싶어 두 번이나 뒤를 돌아보았다. 노중에 상대방이 붙잡히지는 않았나. 만나는 장소에 밀정이 있

으면 어찌하나. 공포심이 제어할 수 없이 솟아올랐다.[33]

실제로 겪지 않고서는 표현하기 어려운 구체성과 디테일이 살아 있음을 확인할 수 있다. 접선을 앞둔 사람의 흥분과 긴장감, 의복과 태도, 약속 시간과 장소에 대한 묘사가 생생하다. 송계월이 비밀결사에 참여한 적이 있음을 시사하는 부분이다. 더욱 눈여겨볼 만한 대목이 있다. 비밀 활동을 바라보는 그녀의 시선이다. 무사히 소임을 다했다는 성취감과 자긍심이 작품에 가득 차 있다. 마치 나치 치하의 프랑스에서 비밀리에 저항운동에 나선 레지스탕스의 활동상을 보는 듯하다.

송계월은 인물이 고왔다. "높은 코, 뚜렷한 눈동자, 날씬한 키, 가다듬은 듯한 두 다리"로 인해 "보는 사람마다 눈을 바로 뜨지 못할 만한" 미모를 갖추고 있었다. 그녀가 거리에 나서면 마주치는 사람들이 "한 번 더 바라보기를 주저할 수 없을 정도"였다. 평론가 이서구는 늦은 봄날 명동 길에서 그녀를 처음 보았을 때, "얼굴이 참 좋구나 했을 뿐인데, 걸음 걷

여학생 만세 사건 지도자들
옥고를 겪고 출옥한 '여학생 만세 사건'의 지도자 6인.
왼쪽에서 세 번째가 송계월이다.
《동아일보》1930년 3월 26일.

는 뒷맵시가 물 찬 제비같이 새뜻한 양이 참으로 황홀"하더란다. 자기도 모르게 안국동 네거리까지 뒤따라 걸은 적이 있다고 고백했다.[34]

송계월은 문장도 뛰어났다. 형무소 출옥 후 잡지사 개벽사의 기자로 뽑힌 이유는 그 때문이었다. 그녀는 기자로 재직하는 한편 문단에 데뷔했다. 그리하여 "싹터나는 반도의 여류문단의 빛나는 별"이라는 평을 받았다. 문학평론가 백철은 1933년도 조선 문단을 전망하는 글에서 송계월을 20여 명의 신흥문단 작가 가운데 한 명으로 지목했다. '신흥문단'이란 기성문단에 대칭되는 말로서 프롤레타리아트 문학을 가리킨다. 노동계급 문학의 거대한 약진과 성장을 이끌어낼 작가군의 한 명으로 손꼽은 것이다.

그러나 건강이 문제였다. 그녀는 폐결핵을 앓았다. 고향인 함남 북청으로 요양 차 귀향한 송계월은 끝내 회복되지 못하고 1933년 5월 31일에 사망했다. 나이 23세였다. 그의 요절 소식을 들은 기자 송봉우는 "글 쓴 것을 보아도 논지가 분명하고, 말하는 것을 보아도 조리가 있고, 좀 더 자라면 여류 운동객으로 장성할 분"이었는데 정말로 아깝다고 말했다.[35]

10장

대중 속 지도자.

29

이름 없는 이들도 쇠갈고리에 찢겼다
강용흘의 《초당》에 묘사된 3·1운동 풍경

《초당》으로 읽는 3·1운동

3·1운동 100주년을 맞아 다시 펼쳐보고 싶은 문학 작품들이 있다. 3·1운동의 양상을 핍진하게 묘사했거나 체험적 관찰 결과를 생생히 재현한 작품들 말이다. 재미작가 강용흘姜鏞訖의 장편소설 《초당》은 두드러진 보기다.

강용흘은 '최초의 한국계 미국 작가'로 꼽히는 인물이다. 3·1운동이 일어난 그해 말에 북미로 건너가 캐나다 댈후지대학, 미국 보스턴대학, 하버드대학 교육대학원 등에서 수학한 유학생이었다. 1931년 뉴욕의 찰스 스크립너스 선스Charles Scribner's Sons 출판사에서 첫 장편소설이자 자전적 성장소설 《초당The Grass Roof》을 영문으로 발간했다. 이 소설은 성인의 세계로 진입하는 한 소년의 성장 과정과 내면의식을 그리고 있다. 일제의 식민지로 전락한 1910년대 조선의 현실이 잘 묘사되어 있으며, 자신을 둘러싸고 있는 세계를 차츰 이해해가는 소년의 시선이 담겨 있다.[1]

《초당》은 적지 않은 반향을 일으켰다. 작가는 《초당》 덕분에 2년 뒤에 존 사이먼 구겐하임 재단에서 창작 기금 펠로우십을 받을 수 있었다. 조선에서의 반향도 컸다. 이광수는 〈강용흘씨의 초당(상, 하)〉이라는 《초당》 소개글을 《동아일보》에 기고했고, 평론가 홍효민도 〈초당을 독讀하고〉를 써서 관심을 표명한 바 있다. 6년 뒤에는 프랑스어 번역판이 《조용한 아침의 나라》라는 제목으로 간행됐는데, 우수한 번역 작품에 수여하는 '할퍼린 카민스키'상을 받기도 했다.

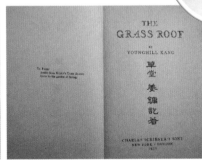

강용흘
하버드대학 교육대학원을 졸업한
1920년대 말 즈음의 강용흘.
ⓒ 김욱동

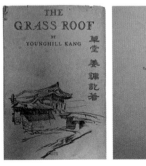

《초당》 겉표지와 속표지
뉴욕 찰스 스크립너스 선스Charles Scribner's Sons 출판사에서
출간된 《초당》 1931년 판 겉표지와 속표지.

그러나 반향은 오래가지 않았다. 대부분의 미국 내 다른 소수민족 출신 작가들처럼 강용흘도 미국 문단과 학계에서는 거의 주목을 받지 못했다. 백인 남성 작가 위주의 미국 문단에서 그의 존재는 잊히다시피 했다. 최근에야 비로소 《미국문학백과사전》(2002)에 그의 작품이 소개되었을 뿐, 미국 문학사의 한 페이지에 오르기까지는 좀 더 많은 시간이 흘러야 할 것 같다.[2]

3·1운동에 참가한 보통사람들에 대한 생생한 묘사

문학사적 평가가 어떻든 강용흘의 소설은 역사학자들의 큰 관심을 불러일으킨다. 1910년대 식민지 조선의 사회상이 생생하게 묘사되어 있기 때문이다. 《초당》은 3·1운동 전후 조선사회의 내부에 대한 잘 알려지지 않았던 흥미로운 정보를 제공한다. 그중 가장 주목할 만한 것은 3·1운동에 참가한 이름 없는 보통사람들에 관한 서술이다. 그들이 겪은 격정과 고통을 생생히 묘사하고 있다.

강용흘은 서울에서 발발한 3·1운동의 목격자이자 참가자였다. 1918년 함경남도 함흥 영생학교에서 중등교육 과정을 졸업한 그는 이듬해 봄 서울에 체류하고 있었다. 열일곱 살이었다. 어떻게 해서든 미국에 건너가 학업을 계속하고 싶은 욕망에 사로잡혀 있던 그는 북미 선교사들과 친교를 맺는 것이 중요하다고 판단했다. 태평양을 건너기 위해서는 일본 여권과 여행 경비가 필요했는데, 두 가지를 한꺼번에 해결할 수 있는 능력을 오직 그들만이 갖고 있었기 때문이다. 서울로 올라간 강용흘은 호레이스 G. 언더우드 여사가 영국 작가 존 번연의 《천로역정》을 번역하는 일을 돕게 되었다. 이 책은 지상에서 천국에 이르는 과정을 그린 일종의 우화로서, 기독교인이라면 반드시 읽어야 할 필독서 가운데 하나로 간주되고 있었다.

소년 강용흘은 3·1운동에 휩쓸렸다. 서울 거리의 시위 현장에서 경찰에게 체포되었고, 종로경찰서에 구금되어 심문을 받는 등 고초를 겪었다. 하지만 길지는 않았다. 나이가 어렸기 때문에 3일 만에 훈방됐다. 이 체험은 강용흘에게 깊은 인상과 충격을 주었던 것 같다. 소설 《초당》에 그 정황이 상세히 묘사되어 있는 것을 보면 말이다.

길거리 시위 현장에서 경찰에게 체포되던 상황을 보자. 기마경찰이 시위대열의 비무장 조선인들에게 쇠갈고리를 무자비하게 휘둘러 부상자가 속출했다. 《초당》의 주인공 소년도 말을 탄 일본인의 커다란 쇠갈고리에 걸려들었다. "갈고리는 내 목 안으로 파고들어 핏물을 옷에 뚝뚝 떨어뜨리고 뺨을 할퀴었으나, 다른 죄인들과 함께 줄지어 서라고 그가 말했을 때 나는 순순히 그의 말에 복종했다"고 한다. 그는 심한 통증을 느꼈지만 상처를 돌볼 여유가 없었다. 경찰은 "툭하면 쇠갈고리를 우리의 머리와 어깨와 소매 위로 휘둘러 여러 차례 우리에게 혹심한 고통을 안겨주었다"고 썼다.

소년은 종로경찰서로 연행됐다. 조그만 유치장 안에 다른 소년들 13명과 함께 수감됐다. "모두들 중상을 입고 있었다. 어떤 사람은 귀가 찢어졌고, 또 어떤 사람은 팔이 찢어졌다"고 한다. 유치장은 좁고 불결했다. "통풍장치가 전혀 없었는데, 창문도 없고 우리가 전부 앉을 만한 여유도 없었다"고 썼다. 수감 시설이 터무니없이 부족했음을 알 수 있다.

시설의 부족은 갇힌 자들에게 큰 고통을 가져다주었다. 이에 관해서는 또 다른 증언이 있다. 3·1운동 때 서대문형무소에 수감됐던 작가 심훈

3·1운동 당시 일제 경찰
《초당》에는 경찰의 무자비한 탄압 정황이 상세히 묘사되어 있다.
사진은 《한국의 독립운동 *The Korean independence movement*》에 수록된 3·1운동 당시 일제 경찰의 모습.
*출처: 컬럼비아대학

이 남긴 기록에 따르면, "두 간도 못되는 방 속에, 열아홉 명이나 비웃두름 엮이듯" 갇혀 지냈다. 여름에 더위가 시작되자 고통이 가중됐다. "날이 몹시 더워서 풀 한 포기 없는 감옥 마당에 뙤약볕이 내려 쪼이고, 주황빛의 벽돌담은 화로 속처럼 달고, 방 속에는 똥통이 끓는" 조건에서, 수감자들은 다리도 뻗지 못하고 살을 맞댄 상태로 쪼그리고 앉은 채 날밤을 새워야 했다.[3]

다시 《초당》의 주인공에게 돌아가자. 한밤중에 심문이 시작됐다. 새벽 1시에 호출된 소년은 "두 손을 앞으로 묶이고 수갑을 찬 채" 심문관 앞으로 불려갔다. 불려 나가면서부터 구타가 시작됐다. 너무 천천히 걸어도, 너무 빨리 걸어도 등허리를 채였다. 심문실에 들어갈 때에도 구둣발에 채여 꼬꾸라지듯 입장해야 했다. 그는 조선어밖에 모르는 척했다고 한다. 경관은 조선어를 할 줄 몰랐으므로 통역을 세웠는데, 그 통역은 천민 출신의 시골사람이었다. 심문관은 이름, 나이, 직업, 종교, 그해 봄 서울에 오게 된 경위, 만세를 부르게 된 경위 등을 물었다. 질문과 답변이 오고간 뒤, 심문관은 묘하게 웃으면서 "좋다. 매 좀 맞아봐라"라고 내뱉었다. 두 사람의 경관이 각목을 각각 집어 들었다. 무자비한 매질이 시작됐다. 머지않아 소년은 기절해버리고 말았다. 그들은 바닥에 쓰러진 소년에게 물을 먹이더니 다시 질문을 시작했다. 이런 식으로 새벽 5시까지 심문이 계속됐다. 이게 첫 번째 심문이었다.

똑같은 몽둥이 고문이 심문 때마다 되풀이됐다. 일요일 새벽에 시작된 심문은 수요일에 가서야 끝났다. 경관들은 판단을 내렸다. 소년을 부화뇌동하여 단순 가담한 자로 규정했다. "독립운동 기간 중 아무것도 모르고 있던 구경꾼인데 마음이 약해서 만세를 불렀다"라고. 결국 소년은 훈방 처분을 받았다.

일본 경찰에게 고문은 상습적인 행위

주목되는 부분은 훈방 처분을 받은 사람들조차 이처럼 가혹한 고문을 겪어야 했다는 점이다. 총독부 집계에 따르면, 3월 1일부터 6월 말까지 검사 처분에 부쳐진 3·1운동 피검자는 1만 6,908명이었다.[4] 방대한 수가 놀랍다. 하지만 여기에는 검사국에 송치되기 전 경찰과 헌병에 의해 즉결처분에 처해지거나 훈방된, 훨씬 더 많은 피검자들이 배제되어 있음을 유의해야 한다. 강용흘의 《초당》에는 공식적인 집계 과정에서 누락된 이름 없는 참여자들의 수난이 생생히 묘사되어 있다.

일본 경찰에게 고문은 예외적인 것이 아니라 상습적인 행위였다. 피의자로부터 범죄 사실을 시인받기 위해 으레 채택하는 심문 방법으로 간주됐다. 일제 식민지 시대에 일간신문 지면에는 고문 피해에 관한 기사가 끊이지 않고 계속됐다. 은폐, 검열 등을 통해 보도되지 않도록 방지했음에도 그랬다. 고문이 반체제 정치범에게만 가해졌던 것은 아니다. 민사·형사상의 통상적인 범죄 사건의 피의자에게도 고문은 피해가지 않았다.

《초당》에는 주인공의 숙부가 겪은 고문 체험이 상세히 기술되어 있다. 105인 사건에 연루되어 7년 징역형을 받은 그 숙부는 출감 이후에는 사람이 완전히 변해버리고 말았다. 끔찍한 고문을 겪은 탓이었다. 숙부는 열하루 동안 고문을 당했다고 한다. "양쪽 엄지손가락을 묶어 매달아 놓았는데, 두 발이 바닥에 닿을락말락할 정도로 매달려 있었지. …… 마구 때리더구나. 자기들이 묻는 건 무엇이든 다 자백하라는 거야. 그러니 내가 자백한 것은 사실이 아니었어. 그저 네, 네 할 수 밖에 없었지. 아이구 그 고문이라니. 얼마나 지긋지긋하던지! 열두 번도 더 당했어. 놈들한테 당한 것은 체면상 차마 다 말하지 못하겠다. 세 번은 기절을 했는데, 깨어

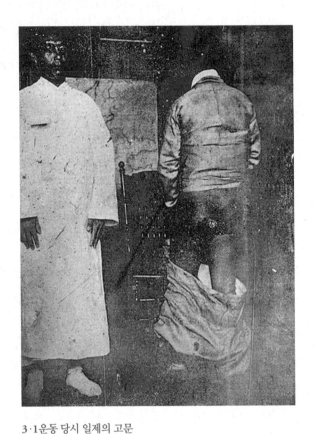

3·1운동 당시 일제의 고문

"일본의 고문과 잔혹한 행동. 대나무로 엉덩이를 90번 구타당했다Acts of Japanese torture and barbarism. Buttocks beaten into mesh with 90 blows of bamboo"는 설명이 덧붙여져 있다. 태형 90대를 맞은 희생자로 보인다.

＊출처: 위키백과

나 보니 나는 지저분한 마룻바닥에 눕혀져 있고, 한 경관이 내 입에 물을 먹이고 있더구나. …… 그들에게 채찍질 당한 것이 모두 몇 번이었는지 일일이 다 기억나지도 않아. 그들은 나를 발가벗겨 양손을 뒤로 결박시켜 놓고 매질을 해댔는데, 그 중간 중간에 경관이 내 몸의 가장 부드러운 곳에다 담뱃불을 가져다 대더구나.”

　강용흘은 《초당》 곳곳에서 고문의 실상과 폐해에 대해 밝히고 있다. 일본의 식민지 통치가 저들의 선전과는 달리 얼마나 야만이고 폭력적인 성격을 띠고 있는지를 폭로하고 싶었던 것 같다.

3·1운동 지도자들에 대한 묘사도

《초당》에는 3·1운동 지도자들에 대한 묘사가 포함되어 있다. 그중 단연 주목되는 것은 2·8독립운동의 지도자이자 초기 사회주의운동의 개척자 중 한 명이었던 최팔용崔八鏞에 대한 묘사다. 일본에 유학 중이던 1916년 당시, 최팔용은 25세가량의 키가 크고 매우 창백한 청년이었다. 키는 컸으나 비쩍 말랐던 것 같다. 너무 가냘파서 명주옷을 입은 그가 마치 잠자리같이 보였다고 한다. 최팔용은 도쿄의 ‘조선기독교청년회관’을 근거로

강용흘
서재에서 책을 읽고 있는 50대의 강용흘.
ⓒ 김욱동

하는 여러 집회를 주도할 만큼 활동적이었다. 그곳에는 조선인 유학생 거의 모두가 모였는데, 기독교인도 있었지만 그렇지 않은 학생도 있었다. 그는 유학생들 내에서 비밀결사를 만들었고, 먼저 귀국한 유학생들이 국내에서 결성한 비밀결사와 지속적 연계를 맺고 있었다고 한다.

강용흘이 최팔용에 대해 그처럼 잘 알 수 있었던 것은 동향이었기 때문이다. 함경남도 홍원이 그들의 고향이었다. 최팔용은 홍원군 홍원면 남당南塘리에서, 강용흘은 인접한 운학雲鶴면 산양山陽리에서 태어났다. 그뿐 아니라 두 집안은 겹으로 혼맥을 맺고 있었다. 최팔용의 누이는 강용흘의 당숙의 장손과 결혼했고, 그의 아내는 강용흘의 조모의 조카였다. 최팔용은 강용흘의 진외갓집 사위였고, 최팔용의 누이동생은 강용흘의 당숙 집안의 손자며느리였다. 두 집안 사이에 긴밀한 왕래가 있었음을 짐작할 수 있다.

《초당》에는 3·1운동 전후 식민지 조선의 사회상에 관한 흥미로운 관찰 기록이 담겨 있다. 소설이니만큼 그 속에 적힌 얘기들을 모두 사실이라 단정할 수는 없지만, 그 시절 조선인들의 삶의 모습을 반영하고 있음은 의심할 여지가 없다. 3·1운동 100주년에 즈음해서 다시 한번 찬찬히 읽어볼 만한 작품이다.

30

═══

인정받지 못한 독립유공자 장재성

공산당 관련 혐의로 독립유공자 서훈 취소

1962년 3·1절 일간 신문에 이채로운 보도 기사가 실렸다. 독립운동 유공자 서훈을 받기로 예정된 한 인물의 자격을 취소하기로 결정했다는 기사였다.

> 내각 사무처에 설치되어 있는 독립운동유공자심사위원회는 (1962년 2월)
> 28일 하오 제3차 회의를 열고 수훈 대상자를 다시 검토한 끝에, 단장을
> 받게 된 장재성 씨에 대한 수훈을 취소키로 결의하였다. 알려진 바로는
> 장씨에 대한 취소는 공산당에 관련한 혐의 때문이라고 한다. 이로써 건
> 국공로훈장 수훈자의 총수는 205명으로 줄어들었다.[5]

문제의 인물은 장재성張載性이었다. 1929년 광주학생운동의 지도자로

손꼽히는 이였다. 그에게는 건국공로훈장 단장單章을 수여할 예정이었다. 단장이란 포상 등급을 가리키는 용어로서, 1등 중장重章, 2등 복장複章에 뒤이은 3등 훈장이다.

해방 후 처음 시행하는 독립유공자 서훈이었다. 일제 식민지 통치로부터 벗어난 지 17년이 지난 뒤에야 겨우 실행에 옮겨졌음에 눈길이 간다. 정부 수립 이후 역대 정권이 정체성 확립과 관련하여 얼마나 무신경하고 무능했는지를 잘 보여주는 대목이다.

1962년의 독립유공자 서훈제도에는 정치공학적 책략이 숨어 있었다. 5·16쿠데타가 벌어진 이듬해였음에 주목하자. 취약한 적법성과 정통성을 보완하려는 박정희 군사정권의 의도가 깔려 있었다. 애국선열의 포상, 유공자 후손에 대한 원호, 민족문화 보존 등의 정책은 식민지에서 벗어난 독립국의 공동체적 가치를 선양하는 효과를 갖는다. 박 정권은 그것을 노렸다. 집권 후 첫 3·1절을 이미지 개선에 활용하고자 했다. 민족적 규범과 가치를 수호하는 공공성의 대표자라는 이미지를 갖고 싶었던 것이다.

왜 서훈을 취소했는가? 신문 보도에 따르면 서훈 결정을 번복한 까닭은 '공산당에 관련된 혐의' 때문이었다. 상훈심의위원회에서는 〈6개 제외 규정〉을 운용했다. 독립유공자라 하더라도 서훈하지 않는 경우를 명시했던 것이다. 이 중에서 반공 이데올로기와 관련된 것이 3개 항이었다. '국시 위배', '납북', '해방 후 월남치 않은 자' 등의 항목이 그것이다. 독립운동에 커다란 공로가 있다 하더라도 사회주의 사상과 운동에 공감한 경우에는 유공자 서훈을 하지 않겠다는 지침이었다. 장재성은 이 지침의 희생양이 되었다.

광주 지역 의식화 모임 주도

장재성이 처음으로 비밀결사에 가담한 것은 그의 나이 19세 때였다. 그는 광주고등보통학교 5학년에 재학 중이던 1926년 11월 3일, 광주고보와 광주농업학교 학생 16명이 성진회醒進會라는 사회과학 연구 모임을 조직했다. 세계에 대한 사회과학적 인식을 지침 삼아 함께 전진하자는 뜻을 담은 비밀결사였다.

22세 때 장재성의 비밀결사 관련성은 더욱 심화됐다. 그는 광주고보를 졸업하고 도쿄 주오中央대학으로 유학을 떠났다가 1929년 6월 귀국했다. 본격적으로 비밀결사운동에 뛰어들기 위해서였던 것 같다. 그새 사회과학 비밀모임은 광주의 각급 중등학교로 확산되어 있었다. 위에 언급한 두 학교에 더해 광주사범학교, 광주여자고등보통학교에서도 '독서회' 또는 '소녀회'라는 명칭의 사회과학 연구 모임이 활동하고 있었다. 장재성은 이 비밀 단체들을 규합하여 학교별 독서회를 지휘하는 '독서회중앙부'를 결성하고 책임비서 직위에 올랐다.

광주고보 독서회 사례를 들여다보자. 구성원은 17명이었는데, 5개 반으로 구분하여 반별로 독서모임을 가졌다. 즐겨 읽은 책은《공산당선

장재성
광주고등보통학교 재학 당시의 장재성.
ⓒ 장재성기념사업회

언》,《자본론》과 같은 마르크스 저작,《사회주의 대의》,《무산자정치교정》 등의 해설서,《노동자전》,《학생과 정치》 등과 같은 참고서였다.

이들은 그해 6월 하순에 무등산 중머리재에서 회합을 가졌다. 참가자 최성원의 기억에 따르면 장재성이 듣는 이의 심금을 울리는 감동적인 발언을 했다. '우리가 저들의 쇠사슬에 묶여 영원히 노예 노릇을 할 것인가, 아니면 멍에를 벗어던지고 자유인이 될 것인가? 이는 우리 스스로가 결정지을 일이지 남의 자비심에 의지할 수는 없는 일이다.' 그날 독서회 학생들은 점심을 먹고 난 뒤 난생처음으로 혁명가를 부르면서 시위 행진하는 연습을 했다. 평탄하고 광활한 중머리재를 누비며 땀을 뻘뻘 흘렸다고 한다. 그 예행연습이 없었다면 11월 3일의 대규모 시위가 과연 가능했을까? 최성원은 아마도 〈학도가〉 따위의 창가나 부르면서 도보 행진하다가 경찰에게 손쉽게 해산당하고 말았을 것이라고 회고했다.

장재성은 활동 영역을 비밀결사에만 한정하지 않았다. 그는 합법 영역의 공개적인 사회운동도 중시했다. 1929년에 광주 출신의 국내외 유학생들을 규합하여 '광주유학생회'를 조직하고 간부로 취임했다. 같은 해에 조선청년총동맹 전남도연맹에도 참가했다. 1929년 9월 광주에서 열린 도연맹 제2회 대회에 참석하여 21인으로 구성된 집행위원 가운데 한 사람으로 선임되기도 했다. 이처럼 그의 활동상은 다각적이었다. 하지만 외연이 일정한 범위 안에 있음이 눈에 띈다. 바로 광주 일원의 학생운동과 청년운동이었다. 그는 합법과 비합법의 양 공간에 걸쳐서 광주의 청년·학생운동을 이끌고 있었다.

장재성과 동료들이 개척한 합법 영역의 운동 가운데 가장 눈길을 끄는 것은 소비조합운동이었다. 그들은 학생들 왕래가 잦은 북성정北城町

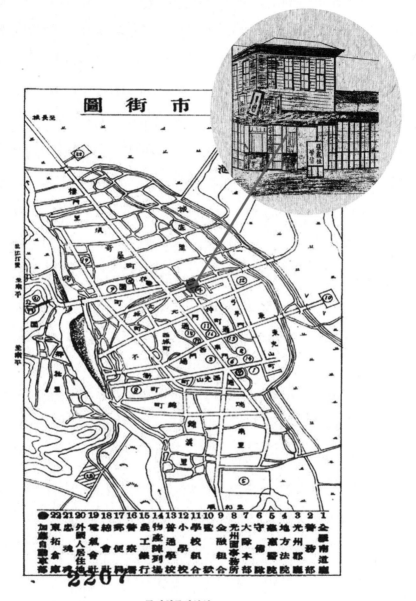

독서회중앙본부

일본 경찰이 그린 독서회중앙본부의 합법 소비조합 건물.

1층에는 '장재성빵집'과 문방구 두 개의 가게를 열었고, 다다미 18장이 깔린 2층은

비밀 회합과 인쇄 작업을 위한 공간으로 사용했나.

네거리, 오늘날 금남로4가역 교차로 금남로공원 중앙로 변에 위치한 일본식 2층 목조가옥을 임대했다. 문구점과 빵가게를 열기 위해서였다. 빵가게의 명칭이 이채롭다. '장재성빵집'이었다. 당시 학생들이 즐겨 찾던 호떡을 만들어 파는 가게였다. 다다미 18장이 깔린 널찍한 2층 공간은 비밀모임의 회합이나 은밀한 작업 공간으로 안성맞춤이었다. 그곳을 압수수색한 일본 경찰의 보고서에 따르면, 넓은 공간 한가운데에 회의용 탁자가 덩그러니 놓여 있었다고 한다.[6]

장재성은 11월 13일 체포됐다. 광주 학생들의 11월 3일 첫 시위, 11월 12일 2차 시위를 배후에서 조종한 혐의였다. 그는 '광주 3대 비밀결사 사건'의 피고인 116명의 수뇌로 간주됐다. 그 결과 1930년 10월 27일 광주지방법원에서 징역 7년을 선고받았고, 이듬해 6월 13일 상급심인 대구복심법원에서 4년형을 언도받았다. 동료 피고인들 중에서 가장 무거운 형이었다. 1934년 4월 11일 만기출옥한 뒤에도 장재성은 행동을 멈추지 않았다. 1937~1940년 시기에 반일 시국 사건에 연루되어 다시 3년을 복역해야만 했다.

해방 후 장재성의 행적에 대해서는 단편적인 정보만 알려져 있다. 8·15 직후에 광주시 건국준비위원회에 참여하여 조직부장으로 일했고, 1946년 2월에는 민주주의민족전선 결성대회에 전남대표 14인 중 한 사람으로 참여했다. 그는 민전 활동으로 인해 생명의 위협까지 느껴야 했다. 1947년 7월 11일에 우익 청년 단체 50여 명이 광주민전 사무소를 습격하여 사무국장 장재성을 비롯한 2~3인을 무수히 폭행했다. 경찰이 출동했을 때, 현장에는 '상당한 길이의 단도'와 흉기, 몽둥이가 팽개쳐져 있었다고 한다. 장재성은 중상을 입고 병원에 입원해야만 했다.[7]

광주민전 피습 사건 이후 장재성은 활동의 중심을 비합법 영역으로 옮긴 것 같다. 1948년 8월에는 남북연석회의 참석 차 황해도 해주에 다녀왔다고 한다. 하지만 대의원 명단에 이름이 올라 있지는 않다. 언론매체에 그의 이름이 마지막으로 등장하는 것은 피검 기사다. 기사에 따르면 장재성은 1949년 4월 4일 밤 11시 반에 서울 시내에서 종로경찰서 사찰계 형사들에게 체포됐다.[8] 남로당에 가담한 혐의였다.

장재성은 징역 7년형을 선고받고 광주형무소에서 복역했다. 하지만 그는 살아서 형무소 문을 나서지 못했다. 전하는 말에 따르면, 한국전쟁이 벌어지고 인민군이 빠르게 남하하는 정세 속에서 그는 다른 정치범 수감자들과 함께 총살되고 말았다고 한다. 아무런 재판도 받지 못한 채였다. 전시 국가폭력의 희생자가 됐던 것이다.

장재성 가족
1943년 부인 박옥희,
큰아들 장상백(11개월)과 촬영한
장재성 가족사진
ⓒ 장재성기념사업회

바뀌어야 할 독립유공자 서훈 기준

독립유공자 서훈 심사 기준에 문제가 있다. 앞에서 살핀 것처럼, 이 제도는 처음 시행되던 때부터 군사독재정권의 책략적인 의도가 숨어 있었다. 다행히 민주화가 진전됨에 따라 이데올로기적 개입은 약화되어 왔다. 김영삼 정부 때부터 사회주의 계열의 독립운동가들도 유공자로 인정받는 사례가 나타났고, 노무현 정부 시절에는 더욱 큰 진전이 있었다. 하지만 여전히 이데올로기적 외압이 이뤄지고 있다. 국가보훈처의 현행 독립유공자 심사 기준에는 문제 조항이 살아 있다. 해방 후 북한 정권 수립에 기여하거나 동조한 경우에는 설령 독립운동에 현저한 공로가 있더라도 독립유공자로 인정할 수 없다는 조항이다.

이데올로기적 외압 조항은 역사적 진실에 배치된다. 독립유공자 여부는 오직 순수하게 독립운동 공적 유무만으로 판단되어야 한다. 1945년 8·15 이전에 독립운동에 헌신한 공적이 있는지 여부만을 기준으로 삼아야 한다. 〈독립유공자 예우에 관한 법률〉에도 사후적인 정치적·이데올로기적 외압은 배제되어 있다. "일제의 국권침탈 전후로부터 1945년 8월 14일까지 국내외에서 일제의 국권침탈을 반대하거나 독립운동을 위하여 일제에 항거한 사실이 있는 자"가 애국지사다. 일제로 인해 순국한 자는 순국선열이다.

이데올로기적 외압 조항은 시민사회의 여론과도 배치된다. 학계와 시민사회의 중진들로 구성된 보훈처의 자문기구 '국민 중심 보훈혁신위원회'가 사회주의계 독립운동에 관해 권고한 내용에 귀 기울여야 한다. 판단의 시점을 1945년 8월 15일에 두고, 그때 독립운동을 하고 있었다면 그 전에 그의 사상이 어떠하든, 또 해방 후 정치적 행적이 무엇이든, 그 사람은 독립운동가로 판단해야 한다고 권고했다.

이데올로기적 외압은 역사학계의 정설과도 충돌한다. 2019년 5월에 열린 〈정책토론회: 독립지사 서훈, 어떻게 할 것인가〉에서 전 국사편찬위원장 이만열은 "해방 이후의 행적은 포상의 대상에서 불문에 부쳐야 한다. 사회주의자들과 현재 북한에 있는 사람들까지도 대한민국의 이름으로 독립유공자로 인정해야 한다"고 말했다. 서울대 정용욱 교수도 "해방 이후 불행한 역사를 겪었다고 그들을 방치하는 것은 지금 우리 국격에 맞지 않다"고 주장했다. 이 토론회 자리에는 국사편찬위원회, 한국학중앙연구원, 동북아역사재단의 수장으로 재임 중인 역사학계의 원로들도 합석했다.[9]

장재성은 독립유공자로 인정받아야 한다. 고교, 대학 시절부터 독재정권에 맞서 싸우고 노동운동에 헌신했던 작가이자 지금은 장재성 기념사업회 운영위원으로 일하고 있는 황광우는 되묻는다. "독립운동을 하다 청춘을 감옥에서 보낸 분을 서훈하지 않으면 누구를 독립유공자로 서훈할까?"[10]

31

광주학생운동 전국 확산의
불쏘시개, 장석천

궐기 촉구 '불온' 유인물 2만 장 뿌려

1929년 12월 3일 새벽, 경성 시내가 발칵 뒤집어졌다. '불온' 격문이 대량으로 살포됐기 때문이다. 〈조선 학생 청년 대중아 궐기하라〉는 제목의 전단을 비롯하여 6종의 등사판 유인물이 발견됐다. "검거된 광주의 조선 학생을 즉시 탈환하라", "식민지 노예교육에 반대한다"는 내용이었다. 전날 밤부터 시작하여 새벽에 먼동이 틀 때까지 누군가가 그 격문들을 경성 시내에 소재하는 거의 모든 고등·중등 교육기관에 은밀하게 뿌렸다. 십수 개 대학, 전문학교와 고등보통학교 교정에 동시에 살포한 것을 보면 한두 명의 소행이 아니었다.[11]

경성 시내는 물론이고 조선 각지에도 발송됐다. 도중에 발각되기도 했다. 광화문 우편국과 경성 우편국에서는 지방 배송 직전에 8,000장 분

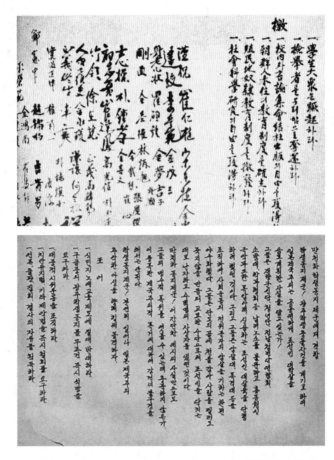

광주학생운동 격문

1929년 12월 3일 경성 시내에서 〈조선 학생 청년 대중아 궐기하라〉는 제목의 전단 포함
6종의 등사판 유인물이 발견됐다. 장석천, 차재정 등이 주모자로 지목되어 경찰의 추적을 받았다.
위는 광주학생운동 당시 교내에 게시된 격문, 아래는 광주학생독립운동 참여 학생들에 대한
일제의 무자비한 폭력에 맞서 전국의 모든 학생들이 함께 궐기할 것을 촉구하는 격문.
＊출처: 독립기념관

량의 격문을 압수했다. 경찰은 제작·살포된 유인물 숫자를 도합 2만 장으로 추산했다. 등사판 인쇄만으로 그러한 분량을 제작하는 것은 쉬운 일이 아니었다. 등사원지 한 장을 등사판에 걸면 최대 500장을 뽑을 수 있었다. 그나마 숙련된 등사 기능공이라야만 가능한 일이었다. 2만 장을 인쇄하려면 등사원지만 최소 40장을 제작해야 했다. 소수의 인원이 할 수 있는 범위를 넘어서는 분량이었다.

일본 경찰은 긴장했다. 경기도 경찰부가 지휘를 맡고 시내 각 경찰서가 분주하게 활동을 개시했다. 아침 일찍 모리 종로경찰서장이 오토바이를 몰아서 도경찰부를 방문하는 것이 목격됐고, 다나카 도경찰부장을 비롯한 경찰 고위 간부들이 집결하여 장시간 밀의를 계속하고 있다는 기사가 언론에 보도됐다. 마침내 전격적으로 일제 검거가 이뤄졌다. 신간회, 근우회, 조선청년총동맹, 중앙청년동맹 등과 같은 공개 사회 단체의 임원진이 속속 체포됐고 사무실과 자택에 압수 수색이 들어왔다. 중등학교 학생들도 붙잡혀 갔다. 사건 발발 이틀 뒤인 5일 오전에 이미 127명의 혐의자가 마구잡이로 끌려갔다.

마침내 5일 오후에 종로경찰서 요시노 도조 경부보가 이끄는 고등계 경찰이 단서를 잡았다. 고등계란 '대일본제국'의 치안을 위태롭게 할 정치 범죄와 사상 범죄를 전담하는 특수 부서였다. 20대 연령층에 속한 10여 명의 젊은이들이 보름 전부터 밀의를 거듭한 끝에 저지른 '범죄'임을 밝혀낸 것이다. 신문 기사의 표현에 따르면 '견딜 수 없는 취조'로 인해 얻은 정보였다.[12] 가혹한 고문과 악행이 자행된 끝에 알게 된 정보임을 말해주는 은유였다.

하지만 주모자로 지목된 장석천, 차재정 등은 어디론가 종적을 감춘 상태였다. 경찰은 사방에 경계망을 풀어서 그들의 행적을 추적했다. 수

은동, 당주동, 간동, 적선동, 청운동 등 경성 시내 오래된 주택가 일대에 정사복 경찰이 조밀하게 깔렸다. "골목골목과 산과 개천 등 사람들이 통행할 만한 곳은 전부 파수를 세우고" 수색에 나섰다. 그 결과 마침내 주택가 두 곳에 나누어 보관 중이던 등사판 6대가 압수됐다. 명백한 물증이었다.

경성에서 연합 학생시위 추진

장석천張錫天은 결국 붙잡히고 말았다. 차재정 등 10여 명 동료들도 함께 였다. 격문 살포 사건이 발발한 지 사흘이 지난 12월 5일 밤이었다. 바로 그날 밤부터 종로경찰서에서 시작된 취조는 이듬해 1월 5일까지 한 달간 계속됐다. 이 기간 동안 작성된 경찰 '신문조서' 5회 분량이 남아 있다. 이 문서들이 취조 실제 상황을 보여주는 것은 아니다. '견딜 수 없는 취조'와 극한적인 고통이 존재했을 것이다. 하지만 이 문서들에는 평면적인 문답만이 기재되어 있다.

취조실에 갇혀 있던 장석천이 몰래 예리한 단도를 지니고 있다가 발각됐다. 체포된 지 20여 일이 지난 시점이었다. 신문 보도에 따르면, '격문 사건의 주모자로 의심받는' 그의 몸을 검사한 결과 "왼쪽 바지 정강이에다가 보기에도 끔찍스런 단도를 숨겨 넣은 것"이 드러났다.[13] 취조 상황이 밖으로 흘러나온 이례적인 기사였다. 언제 어떤 경로를 통해 흉기를 구했는지, 어떤 목적으로 그것을 몸에 지니고 있었는지 추궁 당했겠지만 후속 보도는 이어지지 않았다. 아마도 탈출을 꾀했거나 막다른 상황에 몰릴 경우에 자해를 결심했거나 하지 않았을까 추정된다. 그가 얼마나 담대

격문 살포 사건 체포자

장석천은 1929년 12월 5일 밤 격문 살포 사건으로 체포됐다.

오른쪽에서 두 번째 맨 위가 장석천과 함께 체포된 차재정.

《중외일보》1930년 1월 29일.

하고 신념에 찬 성격의 소유자였는지를 잘 보여주는 대목이다.

경찰이 물었다. 언제 무슨 목적으로 상경했느냐고. 광주에서 운동권 간부로 활동하는 자가 상경한 데에는 불순한 의도와 목적이 있으리라고 예상됐기 때문이다. 장석천은 터놓고 이야기하는 태도를 취했다. 11월 17일 아침에 경성에 도착했고, 광주에서 일어난 학생시위운동의 진실을 전하기 위해 상경했다고 말했다. 경성에서도 학생들을 선동하여 일대 시위운동을 일으켜야 한다고 생각했다는 것이다.

취조의 초점은 경성에서 누구와 회합했으며 12월 3일 격문 2만 장 사건에 어떻게 관련됐는지를 확인하는 데 있었다. 장석천은 합법 공개 단체의 간부들과 회견한 사실을 숨기지 않았다. 신간회 중앙검사위원(이항발), 조선청년총동맹 중앙집행위원(차재정, 황태성), 중앙청년동맹 집행위원(곽현) 등과 협의했음을 인정했다. 장석천 자신도 조선청년총동맹 중앙집행위원 가운데 한 사람이었다. 의견이 같은 사람들끼리 업무를 나눠 맡았다고 한다. 시내 학생들의 연합시위가 필요하다고 본 자신과 황태성은 학교별로 적임자를 물색하기로 했고, 차재정과 곽현은 군중을 선동할 수 있는 대량의 격문을 살포하기로 했다는 것이다.

요컨대 장석천은 격문 2만 장 사건에는 관계한 적이 없다는 주장을 내세웠다. 취조가 거듭되는 와중에도 그 진술을 지켰다. 각 고등보통학교를 연락하여 연합시위를 준비한 사실에 대해서는 시인했다. 접촉한 학교는 경성제2고보, 경신학교, 중동학교였노라고 실토했다. 하지만 어느 경우나 성공하지 못했다고 진술했다. 자신은 연합 시위운동의 필요성을 설득했지만, 상대방은 교내 문제에 집중해야 한다거나 역량이 부족하다는 등의 이유로 소극적이었다는 것이다. 그 결과 실행에 옮기지 못하고 흐지부지됐다는 것이 장석천의 진술 전략이었다.

장석천의 진술에는 일정한 특징이 발견된다. 경찰이 이미 인지한 사실에 대해서는 시인하지만, 그렇지 않은 사안에 대해서는 단호히 부인하는 태도를 취했다. 물증이 제시되거나 자신의 주장 근거가 무너지는 상황이 되면 그제야 슬그머니 말을 바꿨다.

그는 비밀결사의 존재를 노출하지 않으려고 노력했다. 격문 사건이나 연합 시위운동 계획과 비밀결사 사이의 연계를 극구 부인했다. 설령 관계가 있다 하더라도 비밀결사 구성원 일부가 개인적인 결단으로 참여했던 것이라고 진술했다.

장석천의 진술투쟁은 유효했다. 그는 광주에서 학생운동을 선동했다는 이유로 제1심 광주지방법원에서 징역 1년 반을, 제2심 대구복심법원에서 1년형을 언도받았다. 광주학생운동의 또 다른 지도자 장재성의 제2심 선고 형량이 4년인 점과 비교하면 매우 낮다. 판결 이유 가운데 격문 2만 장 살포 사건, 서울 지역 연합 시위운동, 비밀결사 조선공산청년회 가담 사실은 포함되지 않았다. 그는 그렇게 노출되지 않은 비밀결사 동료들의 안위를 지키고 자신의 법정 형량을 최소화하는 데 성공했다.

조선공청 등 광주 지역 운동권의 핵심

12월 3일 격문 2만 장 살포 사건의 의의는 컸다. 당시 경성의 학생운동은 교내 문제에 국한되어 있었다. 광주학생운동이 1929년 11월 3일과 11월 12일 두 차례에 걸쳐 시위 형태로 폭발했는데도 그랬다. 식민지 통치 당국은 이 폭발의 재연과 확산을 막고자 총력을 기울였다. 총독부는 언론 보도를 틀어막았고, 경찰은 닥치는 대로 체포·구금했다. 일본인 이주민들은 갖은 흉기로 무장한 채 위력시위를 벌였다. 그 때문에 대중투쟁이 광주 일원에 고립될 위기에 처했다. 3·1운동 이후 처음 벌어진 대중적 시위투쟁이 그대로 잦아드는 상황이었다.

이때 장석천이 나섰다. 11월 17일 긴급 상경한 그가 추구한 것은 식민지 수도 경성에서 학생들의 연합시위를 이끌어내는 것이었다. 그의 노력은 주효했다. 12월 3일 격문 2만 매 살포 사건이 터졌고, 그것이 징검다리가 됐다. 교내 문제에 묶여 학교 울타리 안에 갇혀 있던 운동 수준을 일거에 한 단계 상승시켰다. 12월 9일에 제1차 연합 가두시위가 터져 나왔고, 다음 달인 1월 15~16일 제2차 연합 가두시위가 벌어졌다. 대폭발이었다. 전 조선에서 광주학생운동을 지지하는 연대투쟁이 전개됐다. 전국 194개 학교에서 5만 4,000여 명의 학생이 가두시위, 동맹파업, 격문 살포 등의 형태로 행동에 나섰다. 그로 인해 1,462명이 검거됐고, 2,330명이 무기정학을, 582명이 퇴학 처분을 받았다.

장석천은 광주학생운동을 전 조선 학생운동으로 전환시킨 놀라운 성취를 거둔 지도자였다. 그러한 동력은 어디서 나왔을까? 훗날 1980년에 일어난 광주민중항쟁은 고립되고 말았는데, 1929년에는 어떻게 그 고립을 극복할 수 있었을까? 무엇보다 먼저 전국 규모 비밀결사 네트워크의 효과를 꼽을 수 있다. 장석천은 비밀결사 조선공산청년회(조선공청)의 전라도 책임자였다.[14] 그 덕분에 그는 상경하자마자 공청 중앙집행위원회 멤버들과 회합할 수 있었고, 신속히 광주학생운동의 전 조선적 확산을 가져올 조치들을 준비할 수 있었다.

또 하나의 요인은 합법과 비합법 활동을 유기적으로 결합한 데에서 찾을 수 있다. 그는 1927년부터 광주에서 합법 공개 영역의 사회운동에 뛰어들었다. 광주청년회, 광주청년동맹, 전남청년연맹, 신간회 광주지회 등 단체에 가입하여 집행위원, 조사연구부장, 상임간사 등의 중책을 맡았다. 1929년 말까지 3년간의 헌신을 통해 광주 지역 운동권의 핵심으로 부상했다. 그뿐만이 아니다. 경성에 본부를 둔 전국 규모 단체에도 진출했다. 신간회 본부대회 출석 대표, 조선청년총동맹 중앙집행위원 직에 취임했다. 이와 같이 광주와 경성에 걸쳐 합법과 비합법 영역을 넘나드는 전업적인 활동 경력이 그에게 대중투쟁의 전국적 확산 가능성을 부여했던 것이다.

출옥 후엔 노동운동 현장서 활약

장석천은 학생운동 현장에서 노동운동 현장으로 이전해간 지식계급 출신의 전형적인 혁명가였다. 1931년 12월에 형기를 마치고 출옥한 그는 조금도 망설이지 않고 적색노동조합운동 현장으로 달려갔다. 무대는 경성이었다. 조선제사회사, 인쇄소 인쇄직공, 지물회사 직공과 사무원들 속에서 노동조합 조직 계획을 추진하기 시작했다.

그러나 성과가 채 무르익기도 전에 경찰에게 적발되고 말았다. 장석천은 다시 투옥됐다. 1932년 11월 12일 서대문형무소에서 촬영된 제 21,007호 사진 원판이 남아 있다. 검사국으로 송치된 지 한 달쯤 지난 시점이다. 벽돌 담장을 배경으로 찍은 수형자 사진이다. 무명베로 지은 하얀 한복을 입고 있는데, 확정판결을 받기 전 미결수 신분의 옷차림인 듯하다. 때가 묻어 꼬질꼬질하다. '장석천 4511'이라고 적힌 어깨띠를 메고 있다. 식별을 위해 형무소 측에서 강제로 착용케 했을 것이다. 숫자는 수인번호일 터이다. 직사각형의 네모진 얼굴에 광대뼈가 도드라져 다부진

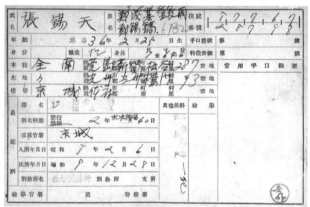

장석천 수형자 카드
적색노조 사건으로 체포된 뒤 형무소에서 찍은 장석천(30세).
앙다문 입 꼬리가 반달처럼 아래로 휘었다. 애써 감정을 숨기고 있지만, 반항기가 느껴진다.
출소 예정일이 1934년 12월 28일이라고 기재되어 있으나, 실제로는 중병에 걸려
1933년 11월 7일에 병보석으로 출감했다.
*출처: 국사편찬위원회

장석천이 사망한 자택
장석천은 광주학생운동의 발상지 광주고보 정문 앞인
광주군 누문리 93번지에서 33세의 젊은 나이에 고문 후유증으로 사망했다.
사진은 장석천이 사망한 자택의 현재 모습.

느낌을 준다. 코밑과 턱에 다듬지 못한 수염이 덥수룩이 자랐다. 무감각하고 음울한 표정으로 정면을 응시하고 있다. 턱을 치켜든 채 눈을 게슴츠레 떴다. 앙다문 입 꼬리가 반달처럼 아래로 휘었다. 애써 감정을 숨기고 있지만 저항의 기운이 느껴진다.

이 억누르지 못하는 저항의 기운 때문일까? 경성지법에서 2년형을 선고받은 그는 형기를 다 채우지 못했다. 중병에 걸린 채 보석으로 출옥했다. 고문 후유증으로 보인다. 1935년 10월 18일, 장석천은 광주학생운동의 발상지 광주고보 정문 맞은편에 위치한 자택에서 숨을 거뒀다. 창창한 33세의 나이였다.

32

형무소에서도 세 개의 이름을 가졌던
농민운동가, 허성택

'언변 좋아 선동 분야 사업 종사 적합' 평가

허성택은 해방 후 전평 위원장을 지낸 사람으로 유명하다. 전평은 조선노동조합전국평의회의 줄임말로서 해방되던 그해 11월에 설립된 전국적 노동자 단체였다. 16개의 산업별 단일노동조합과 1개의 합동노동조합을 아울렀고, 내부에 194개의 분회 조직과 21만 명의 조합원을 지닌 힘 있는 단체였다. 전체 노동자 숫자 추정치가 212만 명이던 때였다.[15] 10퍼센트의 조직률을 자랑하고 있다. 도대체 어떤 사람이기에, 해방 전에 무슨 일을 했기에, 해방 공간에서 그와 같이 영향력 있는 단체의 지도자로 나설 수 있었을까?

양복을 갖춰 입은 젊은 남성의 사진이 있다. 이제 막 이발소를 다녀온 듯 잘 다듬은 하이칼라 머리가 눈에 띈다. 양복 깃이 넓고, 십자 무늬로

허성택
1934~1937년 모스크바에 체류하던 시기의 허성택.
사진 뒷면에는 모스크바에서 사용하던 '김일수'라는 이름이
러시아어 필기체로 적혀 있다.

멋을 낸 넥타이도 두텁다. 1930년대 중엽 유행하던 패션으로 보인다. 이
목구비가 뚜렷하고 갸름하게 잘 생긴 얼굴이다. 하지만 왠지 부자연스럽
다. 흑백사진이라 불분명하지만 얼굴색이 검은 편이라서 그런 것 같다.
늘상 양복을 입는 사람이라면 느껴질 자연스러움이 보이지 않는다. 증명
사진을 찍기 위해 평소에는 잘 입지 않는 복장을 했기 때문인 듯하다. 사
진 뒷면을 뒤집어 보았다. 이름이 적혀 있다. 러시아어 필기체로 '김일수К
им-Ир-Су'라고 쓰여 있다.

'김일수'는 허성택이 모스크바에 체류하던 시기에 사용하던 이름이었
다. 동방노력자공산대학에 재학할 당시 작성된 자필 이력서가 이를 증명해
준다. 거기에는 자신의 본명이 허성택이고, 그 외 허국봉과 허성봉이라는
이름도 썼으며, 지금은 김일수라는 이름을 사용하고 있다고 쓰여 있다.[16]

실제로 공산대학의 각종 기록에서는 일관되게 김일수라는 이름으로
불리고 있다. 입학 첫해 겨울에 작성된 학적부 기록을 보면, 김일수의 학
업성적은 '정치상식'에서는 최우수, '모국 문제'에서는 우수 평점을 받았
다고 적혀 있다.

2학년에 재학 중이던 1935년 6월 7일 자 평정서에도 그의 이름은 김일
수로 표기되어 있다. 학과장 김단야가 작성한 평정서에 따르면, 김일수는

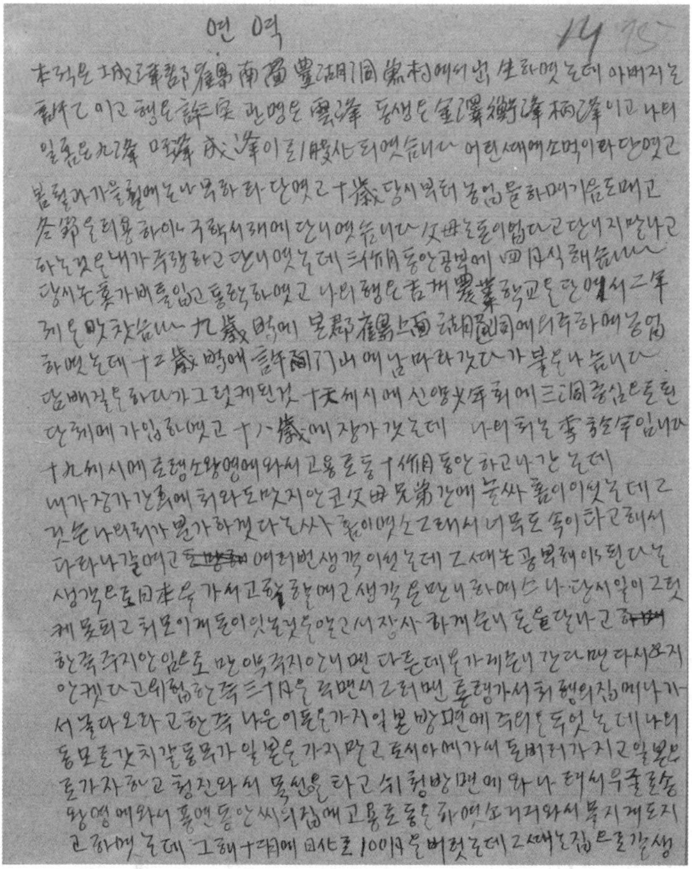

연역

허성택 자필 이력서

허성택이 1936년 4월 3일,

동방노력자공산대학 재학 중에 작성한 자필 이력서.

입학 때부터 지금까지 학업에서나 학과 내 정치·사회생활 분야에서 가장 열성적인 학생 중 한 사람이었다. 그래서 학업 성취가 빨랐다. 신입생 때에는 지식이 부족했으나 이후 큰 진전을 봐서 독립적으로 소논문을 쓸 수 있을 정도가 됐다고 한다. 다만 문장력은 좋지 않았던 것 같다. "문필력은 그저 그렇습니다만 언변은 좋습니다"라고 기재한 것을 보면 말이다. 그래서 졸업 이후에는 다른 어떤 업무보다 대중을 상대로 하는 선동분야 사업에 종사하는 것이 적합하다는 평가를 받았다.[17]

공산대학 내에서만이 아니었다. 모스크바에 체류하는 동안 줄곧 김일수라는 이름을 사용했던 것 같다. 보기를 들면 허성택은 1935년 7월 25일부터 8월 21일까지 개최된 국제당 제7차 대회에 조선을 대표하는 대의원 자격으로 참석했다. 그는 대의원 신상 조사서를 작성하도록 요구받았다. 18개 항목에 걸쳐 여러 가지 신상 정보를 기재하도록 인쇄된 서식이었다. 그는 각 항목에 응답한 뒤, 이 문서의 마지막 페이지 날짜 및 서명란에 '1935년 7월 17일, 김일수'라고 적었다.[18]

국제당 제7차 대회는 파시즘의 위협적인 대두에 맞서 '인민전선 정책'을 도입한 것으로 유명한 국제대회였다. 인민전선 정책은 조선과 같은 식민지 처지에 있는 나라들에서는 제국주의에 맞서는 '민족통일전선 정책'을 부활시킨다는 의미로 간주됐다. 그래서 허성택의 출석은 눈길을 끈다. 그가 앞으로 민족통일전선 정책의 부활을 선도하는 역할을 맡게 되리라 예측되기 때문이다.

농민운동을 주도한 사회주의 비밀결사

허성택이 모스크바에 유학할 수 있었던 동인은 무엇일까. 돈이 많거나 우수한 시험성적을 올렸다고 해서 모스크바 유학생이 될 수 있는 것은 아니었다. 중요한 것은 혁명운동에 대한 헌신성과 투쟁 경력이었다. 허성택이 선발될 수 있었던 것은 함경북도 성진의 농민조합운동에 헌신한 덕분이었다.

성진농민조합운동은 1931~1932년 두 해 동안 절정에 달했던 대중적인 농민운동이었다. 그것은 1930년대 함경남북도를 휩쓸었던 혁명적 농민운동의 고리 중 하나였다. 그중에서도 함경남도의 단천, 영흥, 정평, 홍원군과 함경북도의 성진, 길주, 명천군의 농민운동이 특히 거셌다. 이 운동들은 예외 없이 사회주의 비밀결사가 주도했다는 특징을 갖고 있다. 함경도 해안의 농업지대가 광범하게 혁명화했던 것이다.

허성택은 성진군 토박이였다. 아버지는 1.3정보(4,000평) 규모의 농지를 가진 소농이었다. 여러 자식들 가운데 맏아들만 중등교육까지 뒷바라지했다. 보통학교를 거쳐 길주농업학교를 졸업하게 했으나, 둘째 아들인 허성택부터는 교육을 시키지 않았다. 돈이 없어서 시킬 수 없었다고 한다. 허성택은 어릴 때에는 소 먹이러 다녔고, 봄가을에는 나무하러 다녔으며, 열 살 때부터는 농업 노동에 참가했다.

그는 배움에 대한 갈망이 있었다. 부모는 돈이 없다고 다니지 말라고 하는데도 고집을 부려서 겨울철을 이용하여 한문서당을 다녔다고 한다. 3개월 통학하는 데 4원의 학비가 들었다. 12세 때부터 6년간 그렇게 했다. 덕분에 성인이 됐을 때 국한문 혼용으로 쓰인 일간신문 지면을 읽을 수 있었다. 일본어는 읽지 못하지만 한자가 많이 섞인 책은 내용을 짐작할 수 있는 정도였다.

　허성택이 학식이 있어서 농민운동에 두각을 나타냈던 것은 아니다. 소년기 이래 농민사회의 네트워크에 익숙해 있었고, 헌신적으로 농민조합에 참여한 덕분이었다. 그는 10대 중반부터 신양소년단에 참가했고, 20세에는 성진청년동맹 학상면지부에 가담했다. 농민조합에 가입한 것은 23세부터였다. 한번 발을 내딛은 이후에는 정력적으로 활동했다.

각종 농민운동에 참여하다 감옥으로

보기를 들어보자. 1930년 1월, 출옥동지 환영회를 대대적으로 거행했다. 서대문형무소 복역을 마치고 귀환한 3인의 출옥자들이 성진역에 도착하자 2,000명 군중을 이끌고 붉은 기를 휘날리며 굉장한 시위행진을 벌였다. 허성택은 그 행진의 지도자 역할을 했다고 한다. 이 사건은 대대적인 검거 사건의 단서가 됐다. 이른바 제1차 성진농조 검거 사건이다.

성진농민조합 1931년 메이데이 기념사진
구성원 가운데 여성이 다수를 점하고 있는 점이 이채롭다.
《조선일보》 1934년 10월 17일.

그해 5월에는 메이데이 기념식을 조합원들끼리만 산속에 들어가서 비밀리에 거행했는데, 어떤 경로인지 경찰에게 발각되어 쫓기게 됐다. 허성택은 이때부터 '망명'하게 됐다고 한다. 여기서 말하는 망명이란 국외로 피신하는 것이 아니라 산속에 토굴을 파는 등으로 거처를 마련하여 산중 생활을 하는 것을 의미했다.

1931년 9월에는 학중면 농성동의 지주 김상초 일족 반대운동에 가담했다. 이른바 '농성시위 사건'이라고 부르는 것인데, 수백 명의 농민들이 몽둥이를 들고 지주 측의 아성인 농성동을 습격한 사건이다. 양측에 충돌이 발생하여 다수의 부상자가 나왔다고 한다. 지주 김상초는 기독교회 장로인데, 교회와 교인들을 이용하여 재산을 불리고 재산을 지키기 위해 농민조합의 비밀을 누설하는 등 관청과 유착해 있던 인물이다.

1932년 6월에는 성진군 농민조합 중앙부의 임원으로 선임됐다. 제1차 성진농조 사건으로 타격을 받은 집행부 조직의 재건에 참가한 것이다. 그는 아지프로(선전선동) 부장을 맡았다. 그뿐 아니라 사회주의 비밀결사에도 가입했다. 성진군의 공산당준비기관 설립에 참여하여 자위부와 농민부 책임을 맡은 것도 그즈음이었다. 이외에도 허성택은 차용증서 36종 액면가 6,000여 원의 빚문서 소각투쟁, 학동면 수립조합 반대투쟁, 신작로 개설 반대운동, 수동마을 소작쟁의 등 여러 투쟁에 참여하거나 지도했다.

옥중에서 촬영한 한 남성의 사진이 있다. 박박 민 머리에 죄수들이 입는 수인복 차림이다. 가슴에 성명과 수인 번호를 기재한 표시판을 달았다. '허국택許國澤 729'라고 적혀 있다. 머리 모양은 길쭉한 말머리 형이다. 코가 쭉 내려뻗고 좀 두터운 듯한 입술을 앙다물고 있는, 건강해 보이는 30세 청년이다. 눈동자가 카메라 아래쪽을 응시하고 있어서 표정을

허성택

1938년 6월 4일 서대문형무소에서 촬영한 허성택의 사진.
치안유지법, 폭력행위처벌에 관한 법률 위반 혐의로
징역 4년형을 언도받았다. 허성택의 다른 이름인
'허국택許國澤'이 적혀 있다.
*출처: 국사편찬위원회

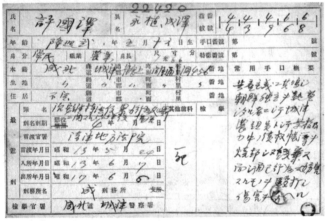

허성택 수감자 카드

우측 아래편에 허성택의 구체적인 혐의 사항이 적혀 있다.
모두 1931~32년 농민조합 활동과 관련되어 있다.
*출처: 국사편찬위원회

읽어내기가 쉽지 않다. 간수의 지시에 순응하는 듯하지만 내면의 자아 정체성을 잃지 않기 위해 고투하고 있는 표정으로 읽힌다.

허국택이라는 이름은 허성택이 모스크바에서 돌아온 후 국내에서 사용하던 가명 가운데 하나였다. 그 외에 허영식이라는 이름도 썼다. 그래서일까. 형무소 당국이 작성한 허성택의 수감자 카드는 세 종류가 남아 있다. 각각 허성택, 허국택, 허영식이라는 서로 다른 표제 이름을 달고 있지만, 내용은 사실상 동일하다. 옮겨 적는 과정에서 생긴 것으로 보이는 미세한 차이가 있을 뿐이다.

출감하자마자 예방 구금

허성택이 모스크바로부터 귀환한 때는 1937년 3월경이었다. "김일수 동무의 출발 및 파견 시 행동 지침에 관한 요청을 허락한다"는 공문서가 발급된 시점이 그해 3월 8일이었다.[19] 그로부터 얼마 지나지 않아 국경을 넘어서 조선으로 되돌아왔을 것이다. 그는 지체 없이 함경도 일원에서 사회주의 비밀결사운동에 복귀했다. 각 군에 비밀리에 노동조합과 농민조합을 복원하는 사업이 핵심이었다. 그러나 활동 기간이 길지 못했다. 얼마 안 되어 성진경찰서에 검거되고 말았다.

그의 혐의가 형무소 수감자 카드에 적혀 있다. "공산주의에 공명하고 조선독립을 열망하는 자이고, 성진농민조합원으로서 학교 급 문중의 채권 장부를 소각·폐기하고 자기 행위에 방해되는 자를 구타하여 상해를 입혔다"는 내용이었다.[20] 구체적인 혐의 사항이 모두 1931~32년의 농민조합 활동과 관련되어 있다. 일본 경찰이 모스크바 유학과 국제당 제7차 대회 사안에 대해서는 전혀 탐지하지 못했던 것이다.

허성택의 출소 예정일은 1942년 6월 6일이었다. 그러나 조선사상범 예방구금령이 그를 기다리고 있었다. 1941년 3월부터 시행된 이 법령은 '재범의 우려가 현저하다'는 검사의 판단만으로 인신을 구속하는 악법이었다. 허성택도 그에 해당했다. 일본 관헌 측의 치열한 전향 공작을 뚫고 끝까지 비전향을 고집했던 것 같다. 그는 출감하자마자 예방 구금되고 말았다. 다시 감옥에 갇혔다. 기약 없는 수감 생활이 계속됐다. 그는 해방이 되어서야 비로소 감옥 문을 나설 수 있었다.

33

≡≡≡

우물 속 주검을 둘러싼 교활한 각본
송하 살인 사건의 진실

허철봉의 어머니 김씨 부인, 시신으로 발견되다

이른 아침에 동네 우물에서 시신이 발견됐다. 1932년 5월 23일 함경북도 성진군 학중면 송하 마을에서였다. 가구 수가 170호쯤 되고 철길 건너 송상 마을까지 합하면 300호가 넘는 번성한 농촌 마을이었다. "성진농민조합운동의 가장 강력한 근거지요, 검거 바람이 그칠 줄 모르는" 동네로 이름난 곳이었다. 시신을 발견한 사람은 이웃집 아낙이었다. 평소와 다름없이 무심코 우물에 두레박을 내려뜨린 여성은 으레 듣던 출렁하는 물소리가 아니라 둔탁한 충돌음을 들었다. 섬뜩한 생각이 들었다. 조심스레 우물 속을 내려다보았으나 아직 날이 채 밝지 않아서 잘 보이지 않았다. 우물 귀틀 안에 얼굴을 박은 채 한참 동안 내려다보니 그제야 희멀끔한 것이 시선에 들어왔다. 머리칼이 쭈뼛 일어서는 것을 느꼈다.[21]

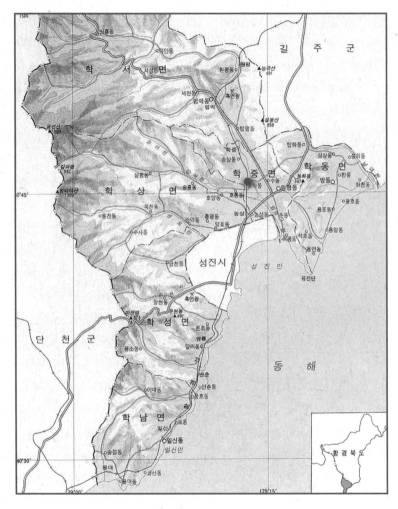

해방 전 함경북도 성진군 지도
붉은 점 찍힌 곳이 성진군 학중면 송하 마을이다.

시신의 주인공은 동네 주민인 농부 '허간' 씨의 아내 김씨 부인이었다. 54세의 초로에 접어든 평범한 농촌 여성이었다. 그녀는 남편과 다 자란 아들딸들이 있던 유복한 가정의 안주인이었다. 집에는 28세 난 아들 허철봉을 비롯해서 큰딸 허어금(19)과 작은딸 허주화(17)가 함께 거주했다. 장성한 자식들이 병풍처럼 어머니를 둘러싸고 있었다. 김씨 부인은 조선 여느 집안의 어머니들과 마찬가지로 특히 아들에 대한 사랑이 지극했다. 아들을 위해서라면 무슨 일이든 마다하지 않을 어머니였다.

아들 허철봉은 열성적인 운동권 인물이었다. 스무 살이 되자 청년운동에 참여했고 민족통일전선 단체인 신간회운동에도 뛰어들었다. 그는 머지않아 면 단위 조직의 간부로 성장했다. 1928년 3월 11일에 열린 성진청년동맹 학중면지부 설립대회에 참석하여 24인의 집행위원 가운데 한 사람으로 선임됐다. 이듬해 12월 24~25일 신간회 성진지회 제4회 대회에서는 집

성진농민조합 사건 판결 기사
성진농민조합 사건 관련 최고 5년, 최하 2년 징역을 언도했다는 판결 기사.
《조선일보》 1934년 10월 26일.

행위원 후보에 선출될 만큼 비중이 커졌다. 군 단위 운동 단체의 간부 반열에 이름이 오른 것이다. 1931년 사회운동이 농민조합 중심으로 개편될때에도 허철봉은 그 흐름의 한가운데에 있었다. 5월 30일 성진농민조합창립대회에서 20인 집행위원 가운데 한 사람으로 선출됐다. 이 단체는조합원 숫자가 2,000명, 지부 조직이 14개, 기층 세포 단체인 반의 숫자가 45개에 달하는 큰 단체였다.[22] 1930년대 저 격렬한 함경도 농민운동을대표하는 유명한 농민조합들 가운데 하나였다.

김씨 부인에게 불행이 닥친 것은 그해 12월 말 어느 날 새벽이었다.아들 허철봉이 성진 고등계 경찰에게 덜컥 체포되고 말았다. 신문 보도에따르면, 눈이 펑펑 퍼붓는 날 해가 뜨기도 전인 새벽 5시경에 패검 소리를 요란스레 쩔렁거리며 정복 경찰대 30명이 송하 마을을 습격했다.[23] 30여 명의 청년들이 체포됐는데 그 속에 허철봉이 포함되어 있었다. 검거는계속됐다. 이른바 성진농민조합 제1차 사건이었다. 1931년 9월에 개시된검거가 해가 바뀐 뒤에도 그치지 않고 계속되고 있었다. 성진군 전역에걸쳐 700여 명의 젊은이들이 체포됐다.

어머니 김씨 부인은 노심초사했다. 아들의 석방을 위해 면 주재소와읍내 경찰서를 연거푸 찾아다녔고, 경찰에 선이 닿는 사람들을 만나려고노력했다. 어머니의 노력 덕분일까? 아들 허철봉은 성진경찰서 유치장에서 석방됐다. 여전히 갇혀 있는 다른 수감자들의 처지에 비하면 이례적인조치였다. 수감된 지 5개월이 지난 1932년 5월 초순의 일이었다.

일제 경찰은 "딸들이 살해했다"

경찰은 이 사안을 살인 사건으로 간주했다. 그들이 행한 조치를 보면, 타살로 보는 관점은 사건 당일이 아니라 그 이튿날에 가서야 세워졌음을 짐작할 수 있다. 당일 오전 현장에 나타난 주재소 순사는 이 사건을 심드렁하게 대했다. 그런데 하루 만에 태도가 바뀌었다. 이튿날 경찰은 시신 확보에 관심을 기울였다. 시신은 면 주재소를 거쳐서 읍내에 있는 성진도립병원으로 옮겨졌다. 의사의 검시 소견을 얻기 위해서였다. 시신 이송 과정에 성진경찰서 고등계가 개입했음을 시사한다. 의사는 경찰의 요구에 호응했다. 육안 검시에 더해 해부까지 진행했다. 그 결과 시신의 옆구리와 후두부에 타박상이 있으며 그것이 치명상이라는 검시 소견을 제출했다.

경찰은 이 소견을 근거 삼아 주검이 타살의 결과라고 못 박았다. 남은 문제는 누가 왜 죽였느냐를 밝히는 것이었다. 경찰은 가족을 범인으로 지목했다. 허어금, 허주화 두 딸이 혐의를 받았다. 경찰 조사에 따르면, 두 자매가 힘을 합쳐 곤봉과 기타 흉기를 가지고 어머니 김씨를 난타하여 기절시킨 후 부엌에 눕혔다. 그곳에서도 난타를 그치지 않아 결국 22일 밤에 사망에 이르게 했다고 한다. 그 후 범죄 사실을 감추기 위해 시체를 동네 우물 속에 버렸다는 것이다.[24]

왜 죽였는가. 경찰 조사에 따르면, 김씨 부인이 아들의 석방을 위해 농민조합의 비밀을 경찰에게 누설한 사실이 알려진 때문이라고 한다. 그 때문에 피신 중이던 다른 농민조합 간부가 체포됐다는 것이다. 이 사실을 알게 된 아들 허철봉은 어머니의 행위를 비난했고, 동지들에게 차마 얼굴을 들고 대할 수 없다면서 집을 나가버렸다. 5월 17일 즈음의 일이었다. 그 후 어머니와 두 딸 사이의 갈등이 깊어졌다. 딸들은 오빠를 동정하면서 어머니를 비난했다. 경찰의 취조에 따르면, 그 갈등은 언쟁에 머물지 않고 폭행 양상으로 번졌으며 급기야 살인 사건으로까지 나아갔다.

자매는 살해 혐의를 부인했다. 어머니와 갈등을 겪은 것은 사실이지만 폭행을 가해 죽음에 이르게 한 것은 아니라고 항변했다. 어머니는 스스로 우물에 몸을 던져 자살하신 것이라고 주장했다. 상처가 왜 났는지는 자신들도 모른다, 아마도 투신 중에 부딪혀서 생긴 것 같다고 말했다. 두 자매는 법정 심문 중에도 일관되게 그와 같이 진술했다.

그러나 총독부 판사는 자매의 주장에 귀 기울이지 않았다. 피고인들의 유죄를 인정했다. 그리하여 두 자매는 청진지방법원 공판에서 각각 징역 10년형과 7년형을 선고받았다. 살인 사건치고는 형량이 매우 낮다는 여론 때문이었을까. 경성복심법원에서 행한 공소(항소) 재판에서는 자매의 형량이 오히려 더 늘었다. 큰딸에게는 15년형, 작은딸에게는 10년형이 부과됐다.

송하 살인 사건 관련 신문 기사
경찰은 허어금, 허주화 두 딸이 어머니 김씨를
흉기로 난타하여 사망에 이르게 한 후 범죄를 감추기 위해
시체를 동네 우물 속에 버렸다고 발표했다.
경찰의 조사 결과를 알리는
《동아일보》 1932년 11월 15일 자 기사.

농민운동 추락시킬 호재

송하 살인 사건은 농민운동의 위신을 추락시킬 수 있는 호재였다. 총독부 기관지 《매일신보》는 〈밀정이라고 어머니를 때려죽이는 것이 주의상으로 보아 옳은 일인가〉라는 제목의 기사를 실었다. '저주받을 죄', '뱀같이 쌀쌀한 태도', '동정할 길이 없는 대 죄악', '저주하는 분노성', '말세가 된 세상' 등의 수사를 통해 농민운동과 사회주의에 대한 혐오를 부추겼다.[25] 사건 자체가 갖는 특이성 때문일까. 다른 신문들도 정도 차이는 있지만 비슷한 논조를 보였다. 언론 보도는 이 사건을 '살모 사건'이라고 불렀다. 두 자매는 어머니를 살해한 악녀로 지목받았다. 그들은 손가락질의 대상이 됐으며 사회적으로 고립됐다. 형기를 다 마치고 출소했다면 큰딸 허어금은 34세, 작은딸 허주화는 27세에 세상에 다시 나왔을 것이다. 그들의 이후 삶이 어떠했는지 알려주는 자료는 아직 발견되지 않았다.

송하 살인 사건 혐오를 부추기는 신문 기사
총독부는 송하 살인 사건을 농민운동의
위신을 추락시킬 호재로 보고 기관지인
《매일신보》를 통해 농민운동과 사회주의에 대한
혐오를 부추기는 기사를 실었다.
《매일신보》 1932년 11월 19일.

일본 경찰과 재판부의 시선이 아닌, 농민운동 측의 기록이 없을까? 송하 살인 사건의 진실을 보여주는 자료 말이다. 다행히 있다. 비록 단편적 일망정 농민운동 측의 시선으로 바라본 기록이 있다. 성진에서 태어나고 자랐으며, 1931~33년에 성진농민조합에 주도적으로 참가했고, 뒷날 동방노력자공산대학 유학차 모스크바로 떠났던 허성택이 남긴 기록이다. 1936년 성진농민조합 활동에 관해 작성한 자전적 기록이다. 기록에 따르면 "송하 스파이 사건 검속자 구원으로 각 동에서 구조사업"을 행했다고 한다.[26] 여기서 말하는 송하 스파이 사건이란 곧 '송하 살인 사건'을, 그 검속자란 허어금과 허주화 자매를 지칭하는 것으로 해석된다. 성진군의 여러 마을에서 그들을 돕기 위해 구조사업을 수행했다고 한다. 이 기록 안에는 두 자매에 대한 비난의 함의가 없다. 그러기는커녕 여러 마을 사람들이 나서서 도와줘야 할 대상으로 보는 시선이 내재되어 있다.

또 있다. 작가 한설야가 집필한 《설봉산》이라는 장편소설이 주목할 만하다. 해방 후 1956년에 북한에서 간행된 이 작품은 일제하의 성진농민조합운동을 소재로 다루고 있다. 특히 송하 살인 사건 관련자들이 주인공으로 등장한다. 물론 이 작품은 소설의 형식을 취하고 있고, 사건 발발 후 30여 년이 지난 뒤에야 나왔음에 유의해야 한다.

소설에 기재된 정보들은 기본적으로 픽션이며, 사건 당시의 상황을 전하는 1차적 자료가 될 수 없다. 하지만 일정한 조건하에서는 사실을 반영하는 것으로 보아도 좋으리라. 왜냐하면 작가가 집필에 앞서 성진농민조합운동에 관한 자료를 조사하고 참가자들의 증언을 널리 청취했기 때문이다. 《설봉산》의 내용 가운데 경찰 자료와 신문 보도 등에 의해 교차 확인할 수 있는 것은 사실로 간주해도 좋다고 본다.

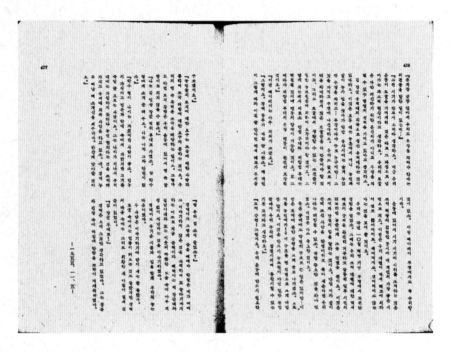

《설봉산》
한설야의《설봉산》(평양: 조선작가동맹출판사, 1958, 재판)의 마지막 페이지,
탈고 날짜 '1955. 11. 5.'가 기재되어 있다(김성수 교수 제공).

예를 들면 이런 정보 말이다. 김씨 부인은 자살하기 며칠 전 농민조합 사문위원회에 출석했다고 한다. 마을 뒷산 산중에 구축한 대형 토굴에서 였다. 50~60명이 함께 들어갈 수 있는 넓은 공간이었다. 그 자리에 여러 마을의 농민조합 간부와 열성자들이 모였다. 불을 켜지 않아서 서로 얼굴도 볼 수 없고, 어디에 누가 앉아 있는지도 알기 어렵게 만든 조건에서 문답이 이뤄졌다. 피의자 심문이 있었다. 스파이 혐의가 사실인지, 농민조합 간부를 하나 잡아주면 아들을 석방해 준다는 약속을 받은 일이 있는지 질문했다. 김씨 부인은 그 사실을 끝내 부인했다.

스스로 죄를 뒤집어쓴 두 자매

성진경찰서 고등계 형사들이 교활한 취조 전략을 구사한 것도 확인되었다. 그들의 첫 노림수는 농민조합을 집단 범죄자로 낙인찍는 데 있었다. 김씨 부인의 밀정 행위를 인지한 조합원들이 작당하여 그녀를 타살한 것으로 각본을 짰다는 것이다. 그러나 딸들은 끝내 이 각본에 응하지 않았다. 아무리 고문을 해도 바라는 대답이 나오지 않았다.

경찰은 부득이 차선의 계책을 택했다. 딸들을 살해범으로 만드는 길이었다. 허씨 자매는 스스로 오욕을 짊어질지언정 무고한 농민조합에게 죄를 뒤집어씌우는 일은 결단코 거절했다.

11장

사회주의 개척자.

34

레닌에게 면박당했다는
이동휘의 진실

유학생 출신 2030 사회주의 지식인들의 비난

잡지 《이러타》 1931년 8월호에는 이동휘(1873~1935)에 관한 흥미롭지만 기이한 일화가 실려 있다. 이동휘가 모스크바에서 레닌과 회견할 기회가 있었는데 그 자리에서 봉변을 당했다는 얘기다. 조선 실정에 관한 무지로 인해 레닌에게서 무안과 책망을 받았다는 내용이었다.

회견 석상에서 레닌이 물었다. 현재 조선에 부설된 철도의 길이가 얼마인지, 해안선이 몇 마일인지, 최근 1년간 산물의 생산고가 얼마인지 질문을 던졌다. 이동휘는 쩔쩔맸다고 한다. 거듭되는 질문에 한 번도 제대로 대답을 못했다는 것이다. 이에 레닌이 책망하듯이 말했다. "동무여, 그렇게 조선 실정을 모르고 어떻게 조선 일을 하시렵니까?"

과연 사실일까? 일국의 혁명을 대표하는 사람에게 그처럼 면박을 주
었다는 게, 아무리 세계를 뒤흔든 러시아혁명의 지도자 레닌이라 할지라
도 있을 법한 일인지 의심스럽다. 《이러타》는 1931년 6월에 창간된 잡지
로, 《비판》, 《시대공론》, 《신계단》, 《대중》 등과 더불어 여론에 영향력을
미치던 합법 사회주의 잡지였다.[1] '지양止揚'이라는 필명의 이동휘 에피
소드 집필자는 〈레닌과 우리 선구 이동휘 군〉이라는 기사를 통해 이동휘
에 관한 무지와 책망의 서사를 소개했다.

혁명운동의 노 선배를 가리켜 '군'이라고 일컫는 것을 보면 일본식 풍
습에 익숙한 사람으로 보인다. 일본 유학생 출신의 젊은이였을 것이다.
《이러타》 잡지 관련자들은 사회주의 실천운동과는 별다른 관계를 맺지 않
았던 듯하다. 당시 비밀운동을 이끌던 이재유는 《이러타》와 같은 합법 사
회주의 잡지를 가리켜 '프롤레타리아트 혁명운동과 유리되어 있는 유동

《이러타》
이동휘 불명예 서사를 퍼트린 잡지
《이러타》 창간호(1931년 6월호) 속표지.

분자들의 무책임한 언론'으로 지목한 바 있다. 이로 미뤄보면《이러타》관련자들은 비밀결사와의 연계는 맺지 않은 채 합법 영역에서만 활동하던, 유학생 출신의 20~30대 사회주의 지식인 그룹이었던 것으로 판단된다.

아니나 다를까.《이러타》기사는 맹렬한 비판을 받았다. 당시 가장 대중적이고 인기 있는 종합잡지이던《삼천리》1931년 11월호 지면에 〈시베리아의 회상, 잡지 '이러타' 소론에 대하여〉라는 비판 기사가 떴다. '창해거사'라는 필명을 사용한 필자는 러시아 조선인 사회에서 오랫동안 체류한 이력이 있다면서, 자신이 '저간의 사정'을 잘 알고 있음을 피력했다. 이어서 그는 통렬한 비판을 가했다. 앞뒤 맥락도 잘 모르는 일개 서생의 무책임한 발언에 대해 분노가 솟구친다고 통박했다. 그는 레닌과 이동휘의 회견에 관해 자신이 알고 있는 내용을 소개한 뒤, 필명 '지양'을 향해 혁명운동의 오랜 선배에 대해 존경심을 표할 줄 알아야 한다고 조언했다.

《아리랑》
이동휘 북명예 서사를 확사시키《아리랑》
1941년 영문판 초판 표지.

그러나 소용없었다. 이동휘에게 들씌워진 불명예는 그 뒤로도 계속 사람들 입에 회자됐다. 레닌 회견 시에 무지로 인해 면박을 당했다는 소문은 수그러들지 않고 꾸준히 유포됐다. 《아리랑》의 주인공 김산(1905~1938)도 그 일화를 들었다고 한다. 1937년 중국 연안에서 미국의 진보적인 저널리스트 님 웨일즈Nym Wales에게 조선혁명의 역사를 술회하던 김산은 이렇게 말했다.

> 1918년에 이동휘가 맨 처음 시베리아에서 모스크바로 갔을 당시 그는 이론이라고는 전혀 갖고 있지 못했으며, 오로지 대중운동과 소련에 대한 믿음밖에 없었다. 조선에—공장, 철도, 농촌에—얼마만큼의 노동자가 있느냐고 레닌이 물었을 때, 그는 대답을 할 수가 없었다. 그런 것은 하나도 생각하고 있지 않았던 것이다. 레닌은 웃으면서 지노비에프를 불러서 말했다. '우리는 여기 있는 이동휘 동지를 도와주어야만 합니다. 이동휘 동지는 조선 독립에 대한 뜨거운 피를 가지고 있기는 하지만 방법은 갖고 있지 않습니다. 이것은 동양의 자연적인 상태입니다. 그들은 혁명적 기지를 전혀 갖지 못하고 다만 테러리즘과 군사행동의 배경만을 갖고 있을 따름입니다.'[2]

김산이 노 혁명가 이동휘를 의도적으로 폄하하려 했던 것은 아니리라. 그는 아마도 들은 대로 가감 없이 얘기를 전했던 것으로 보인다. 그러나 김산의 진술 내용은 근거 없이 왜곡된 부분이 많았다. 회견 연도도 틀렸고, 배석자에 관한 정보도 근거가 없었다. 시간이 흘러 후대로 내려갈수록 이동휘 불명예 서사가 덧붙여지고 윤색되기까지 했음을 알 수 있다.

한인사회당 대 고려공산당

왜 이러한 악의적인 풍문이 오랫동안 지속될 수 있었을까? 앞뒤 맥락을 잘 아는 이동휘 측 인사들이 백방으로 나서서 변호했음에도 불구하고 말이다. 혹시 그 풍문이 사실이기 때문이었을까. 사실의 힘이 그처럼 오랫동안 소문에 생명력을 부여했던 것이 아닐까, 이런 추정이 있을 수 있다. 하지만 또 다른 추정도 가능하다. 이동휘 불명예 서사로 인해 이득을 취하는 세력이 있다면, 게다가 그 세력이 하나가 아니라 복수였다면, 그런 현상이 나타날 수 있었을 것이다. 이 의문에 답하기 위해 이동휘와 레닌의 회견이 어떠한 맥락 속에서 언제 어떻게 이뤄졌는지를 확인할 필요가 있다.

이동휘는 한국 최초로 사회주의 정당을 창설한 인물이었다. 그는 45세 되던 1918년 4월, 망명지이던 러시아 하바롭스크에서 '한인사회당'이라는 혁명정당을 결성하고 중앙위원회 위원장직에 올랐다. 식민지 조선의 해방투쟁에 헌신하기 위해 망명길에 오른 지 6년 만의 일이었다. 망명길에 함께 나섰던 비밀결사 신민회의 젊은 동료들이 행보를 같이했다. 이 단체에는 재러 동포 출신의 저명한 여성 혁명가 김알렉산드라도 합류했다. 그녀는 하바롭스크를 임시 수도로 하는 극동소비에트 정부의 외교부장관이자, 러시아 볼셰비키 지방당의 임원이었다.

한인사회당의 지도 이념은 마르크스레닌주의였다. 적백 내전에 휩싸여 있던 러시아의 혼란한 정세 속에서 볼셰비키와 보조를 같이했다. 이듬해 모스크바에서 코민테른(국제공산당)이 창설되자 지체 없이 당 대표단 3인(박진순, 박애, 이한영)을 파견한 데서도 이 당의 성격을 쉽사리 가늠해 볼 수 있다. 당 대표단은 한인사회당을 국제당의 지부로 가입시키고, 러시아 레닌 정부로부터 거액의 자금 지원을 약속받는 혁혁한 성과를 올렸다.

이동휘 자신이 직접 국제당에 대표로 나간 것은 3년 뒤인 1921년이었다. 국제당 조직 원칙에 따라 명칭을 고려공산당으로 개칭한 이동휘는 당면한 당의 위기를 해결하기 위해 모스크바로 직접 향했다. '위기'란 무엇을 말하는가? 국제당 동아시아 담당관들과의 불화와 대립이다. 국제당의 동방부와 극동비서부의 요직에 취임한 슈먀츠키Б. Шумяцкий, 보이틴스키Г. Войтинский 등이 이동휘 그룹을 배제하고, 이르쿠츠크에 기반을 둔 또 하나의 고려공산당을 내세워 조선혁명을 주도하려고 나섰던 것이다. 이에 호응한 조선인 그룹들이 있었다. 이른바 '이르쿠츠크파' 고려공산당이 그들이었다.

민족해방혁명 대 사회주의혁명

당시에는 조선혁명의 성격에 관해 민족해방혁명이냐 사회주의혁명이냐를 둘러싸고 연구와 논쟁이 심각하게 진행되고 있었다. 이동휘 그룹은 전자를 지지했고, 이르쿠츠크파 세력은 러시아혁명과 마찬가지로 조선혁명도 사회주의혁명이어야 한다고 주장했다. 양자의 대립은 심각했다. 화

김성우(김아파나시)
이동휘·레닌 회견기를 남긴
러시아어 통역 김성우(김아파나시).

해할 수 없는 적대성마저 나타났다. 이 문제를 해결해야 했다. 이동휘가 직접 모스크바로 향한 것은 바로 이 때문이었다.

1921년 11월 28일 이동휘 일행은 레닌과 회견했다. 고려공산당 대표단 자격으로 러시아공산당과 소비에트러시아 정부의 지도자인 레닌과 공식적인 면담을 가졌던 것이다. 약속 시간은 오후 5시, 장소는 크레믈린 내부의 접견실이었다. 회견에 초대된 조선 대표단은 4명이었다. 고려공산당 대표단 이동휘, 박진순, 홍도 3인과 러시아어 통역 김성우(러시아 이름, 김아파나시)였다. 이 중에서 박진순과 김성우는 러시아어를 모국어처럼 구사할 수 있는 재러 동포 2세들이었다.

예정된 회견 시간은 30분이었다. 통역 김성우의 기록에 따르면, 접견실로 들어서는 레닌은 아주 활달했다. 일제히 일어서서 경의를 표하는 조

모스크바에서 회견한 사람들
1921년 11월 28일,
모스크바 크레믈린 접견실에서 회견한 사람들.
레닌, 이동휘, 박진순(캐리커처), 홍도.

선 대표단에게 가깝게 다가와 한 사람씩 악수를 나눴다. 그의 첫 발언은 "고려공산당과 만나니 참으로 기쁩니다"였다. 이동휘가 조선어로 먼저 말을 꺼냈다. 시간이 많지 않으므로 혁명운동의 여러 문제를 솔직하게 묻겠다고 말했고, 레닌도 만면에 희색을 띠면서 그렇게 하자고 동의했다. 쌍방 사이에 조선의 정치경제 상황, 일제의 식민정책, 고려공산당의 내부 상황, 3·1운동의 특성, 조선혁명의 투쟁 조건 등에 관한 대화가 오갔다. 레닌은 특히 조선에 부설된 철도선과 산업화에 관해 관심을 표명했다. 조선인들은 책상 앞에 놓인 지도를 가리키면서 그의 질의에 답했다.

담화 중에 비서관이 들어왔다. 회견 시간이 다 지났다고 통보하기 위해서였다. 레닌은 여유 시간이 25분 있으니 좀 더 얘기해도 괜찮다고 말했다. 회견 시간은 거의 1시간에 가깝게 계속됐다. 회견 말미에 쌍방은 작별인사를 나눴다. 레닌은 특히 대표단장 이동휘의 손을 굳게 쥐고 오랫동안 석별의 정을 표했다.[3] 그때 레닌은 51세, 이동휘는 48세의 나이였다.

레닌의 지지가 불러온 악의적 풍문

이동휘는 레닌과의 담화를 잘 기억하고 있었다. 뒷날 국내 신문에 기고한 회상기에서 말하기를 그날 레닌은 다섯 개 요점을 강조했다고 한다. 첫째, 테러 정책을 사용하지 말 것, 둘째, 일본 노동계급과 연대할 것, 셋째, 대중에 대한 선전과 조직에 노력할 것, 넷째, 3·1운동의 전개 과정에서 철도가 큰 역할을 했음에 주목할 것 등이었다. 끝으로 가장 깊은 감화를 줬던 것은 조선혁명의 성격에 관한 견해였다. 조선혁명의 첫 계단은 민족혁명운동이라는 지적이 그것이었다.[4] 레닌은 초창기 조선 사회주의자들의 혁명 성격 논쟁에 대해 이동휘 그룹의 입장을 지지했던 것이다.

이동휘에게 들씌워진 불명예가 어떤 맥락 속에서 형성된 것인지 짐작할 만하다. 그것은 이동휘 그룹이 성취한 조선 사회주의운동의 주도권이 자파의 수중으로 넘어오기를 바랐던 경쟁자들, 국제당 동아시아 담당관들과 이르쿠츠크파 사람들이 만들어낸 이미지였다. 이동휘에 대한 악의적 풍문은 그들에게 정치적 이득을 가져다줬다. 그 풍문이 지속적으로 유포된 배경에는 바로 이러한 사정이 있었다.

35

상해파 공산당 쇠락엔
그의 죽음이 있었다, 최팔용

2·8독립선언 작성과 선포 주도

최팔용은 3·1운동의 도화선이라고 평가받는 2·8독립선언의 지도자였
다. 그는 재일본 유학생들의 독립운동에서 주도적 역할을 맡았다. 1919
년 2월 8일 도쿄 조선기독교청년회관에서 열린 유학생학우회 총회에서
단상에 올라 수백 명 유학생들을 지휘한 사람이 바로 그였다. 현장 모습
을 전하는 한 기록에 따르면, 그는 북받쳐 오르는 감격에 눈물 섞인 목소
리로 집회를 이끌었다. 그는 독립선언서의 수석 서명자이기도 했다. 그
날 배포된 선언서에는 '조선청년독립단 대표자' 11인의 성명이 적혀 있
는데, 맨 첫 자리에 그의 이름이 올라 있다.

　1919년 1월 6일경부터 시작된 준비 과정도 최팔용이 총괄했다. 선언
서 집필을 담당한 이광수에게 상하이 망명을 지시한 이도 그였다. 이광수

도쿄 조선기독교청년회관
1919년 2월 8일 도쿄
기독교청년회관에서 열린
유학생학우회 총회에서
2·8독립선언서가
배포되었다.

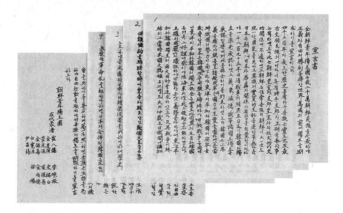

2·8독립선언서
2·8독립선언서 서명자 첫 자리에 최팔용의 이름이 보인다.
*출처: 독립기념관

2·8독립선언 주도자 기념사진
가운뎃줄 맨 왼쪽이 최팔용이다.
그 옆으로 윤창석, 김철수, 백관수, 서춘, 김도연, 송계백.

의 증언을 들어보자. 자신에게 맡겨진 책임은 선언서를 집필하는 것이었는데, 정성과 재주를 다해 밤을 새워가면서 그 일을 했다고 한다. "2월 초하룻날 잔설은 아직 간다쿠神田區의 조선기독교청년회관 뜰 앞을 가린 채로, 무서운 간토 폭풍이 시가지를 훑고 지나가던 밤"이었다.[5] 바람 소리에 유리창이 덜컹거릴 때마다 순사 옆구리에 차는 패검 소리나 아닌가 하여 몇 번씩이나 작업을 중단했다. 마침내 원고를 완성했을 때, 최팔용이 찾아와서 상하이로 피신할 것을 제안했다. 내부도 중요하지만 외부도 중요하니, 선언서를 가지고 해외로 나가라고 권했다는 것이다. 선언서 서명자들의 역할 배분과 같은 중요하고도 은밀한 일을 최팔용이 관장했음을 엿볼 수 있다.

일본 관헌들이 보기에도 그는 죄가 컸다. 그는 재판정에서 가장 무거운 형벌을 받았다. 2·8독립선언으로 인해 공판에 회부된 사람은 9인이었는데, 이 중에서 최팔용은 서춘徐椿과 함께 징역 9개월의 실형을 선고받았다.

국제 비밀결사 단체서 활동

최팔용의 영향력이 컸던 데에는 그럴 만한 이유가 있었다. 그는 독립선언이 있기 몇 년 전부터 도쿄 조선유학생회 임원으로 활동했다. 1917년 2월부터 편집부 부원으로 일하게 됐고, 그해 9월에는 편집부장으로 선임되면서 책임이 더욱 무거워졌다. 편집부의 소임은 유학생회 기관지 《학지광學之光》을 펴내는 일이었다. 1914년 4월에 창간된 이 잡지는 격월간으로 기획됐지만 실제로는 연 2~4회 발간됐다. 최팔용이 편집부에 있는

全羅南道瑞州郡烏岩
州頭二徒里二ノ七
咸鏡南道咸興郡川西面
新中里
京城府鑄鉄通二丁目ニ
香組
慶尚北道氷川郡永川面
城内洞
咸鏡南道洪原郡州輩
面南痒里五ノ一
平安南道定州郡
亭城北部仁達坊二六ノ四

三月三日午後六時頃ヨリ歴
趣ハ山佐藤ケ内町九
朝鮮組學生
荏乙三丁目町ニ九
養老館ナ
大正五年一月ヨリ 朝鮮中
神田錦町一ノ九
瑞龍館ナ
目下支那北京ニ滞在中

明治大學生
慶應義塾大學生
生徒逸課時條
早稲田大學生
正則英語学校
生徒
元外国語学校
生徒

年
同
同
同
同
同
同

洪斗杓 二五
洪震義 二三
李重國 二四
李燦鎬 二二
崔八庸
白南奎 二七
河相行 二五

신아동맹당 당원 명부

경찰이 파악한, 비밀결사 신아동맹당 구성원 명단 속의 최팔용.

동안에는 제12호(1917년 4월)부터 제17호(1918년 8월)까지 도합 여섯 호가 나왔다. 직접 글도 썼다. 본명이나 '당남인塘南人'이라는 필명으로 다섯 꼭지의 기사를 썼다. 당남은 그의 아호였다. 자신이 태어난 고향 '함경남도 홍원군 주익면 남당리'에서 가져온 이름이었다.

그의 외모와 재능도 한몫했다. 최팔용은 기골이 장대한 사람이었다. 같은 시기에 일본 유학을 했던 최승만은 최팔용을 가리켜 "키가 크고 큰 몸집을 가진 인물"이라고 묘사했다. 함경도 출신으로 허우대가 좋고 유학생들의 리더 격이었다고 회고한 글도 있다. 게다가 그는 웅변도 잘했다. 1918년 4월 13일 개최된 '각 대학 동창회 연합 현상 웅변회'에서 1등상을 받을 정도였다.[6] 이날 그는 〈대세와 각오〉라는 제목으로 연설했다. 그는 국가와 민족이 설령 망했다 하더라도 영구히 그런 것은 아니라고 말했다. 설혹 융성한다 하더라도 역시 영구적인 것은 아니었다. 그는 세계 역사를 보라고 환기했다. 망국 폴란드는 오늘날 독립했고, 러시아 제국은 쇠망 상태에 처했음을 지적했다. 끝으로 제1차 세계대전이 어떻게 종결될지 주목해야 한다고 주장했다. 그에 즈음하여 청년은 마땅히 자신의 의무를 다할 각오를 해야 한다고 의미심장하게 마무리했다.[7] 합법 공개 집회였기 때문에 에둘러서 표현했지만, 조선의 멸망은 영구적인 게 아니므로 전쟁 종결을 맞아서 청년은 마땅히 궐기해야 한다는 주장이었다. 2·8독립선언을 예감케 하는 격렬한 연설이었다.

유학생들을 이끄는 지도적 역량은 무엇보다도 그의 비밀결사 경력에서 나왔다. 최팔용은 신아동맹당이라는 비밀결사에 가담했다. 신아동맹당은 국권 회복을 목적으로 1916년에 결성된 혁명 단체였다. 조선, 중국, 타이완 출신 유학생들이 각각 자국의 혁명을 도모하기 위해 연합해서 만든 기구였다. 이 중에서 조선인 구성원은 18명이었다. 의지가 굳고 조국을 위해 죽음도 불사할 만한 사람만 구성원으로 받아들였다고 한다.[8] 2·8 독립선언의 동지인 김도연도 같은 멤버였다. 구성원 가운데 절반 정도는 사회주의를 받아들여 뒷날 고려공산당 상해파의 중핵을 이루기도 했다. 장덕수, 김철수, 김명식, 홍진의 등이 대표적이었다.

언론이 주목한 '영웅'의 귀환

2·8독립선언 이듬해인 1920년 3월 26일, 최팔용은 형기를 마치고 도쿄 스가모 감옥 문을 나섰다. 뒷날 사상범을 주로 수용하던 형무소로 유명해 졌고, 제2차 세계대전이 끝난 뒤 A급 일본인 전범들이 처형된 곳으로 이름난 바로 그곳이었다. 최팔용은 귀국길에 올랐다. 2·8독립선언의 지도자였던 만큼 그의 동정은 언론매체의 관심 대상이 됐다. 열차 편으로 경성에 도착하여 5일간 체류했다가 다시 경성 발 열차로 귀향하는 그의 일정을 일간 신문들은 낱낱이 보도했다. 그는 조선사회의 명사가 되어 있었다. 고향에서는 영웅 대접을 받았다. 열차가 함흥역에 도착했을 때 50~60명의 환영객이 역까지 출영을 나왔을 정도였다. 그날 저녁에는 만찬에 초대하려는 지인들의 권유 때문에 귀향 일정을 하루 미뤄야 했다. 다음날인 4월 25일, 버스 편으로 고향 홍원으로 출발할 때에도 전송객 수십 명이 그를 둘러쌌다.[9]

스가모 감옥
화가 다케이 다케오武井武雄(1894~1983)가 그린 1914년 작
도쿄 스가모 감옥 풍경. 최팔용이 이곳에 수감됐다.

스가모 감옥 구조
멀리서 본 스가모 감옥의 구조.

고려공산당 전신 사회혁명당에 참여

최팔용은 출옥하자마자 운동 일선에 복귀했다. 이제는 학생운동이 아니라 민중운동이었다. 맨 먼저 착수한 조직 대상은 청년층이었다. 그는 고향에서 청년운동을 시작했다. 1920년 5월 15일에는 홍원청년구락부 결성에 참여했다. 홍원군 내 11개 면의 청년들을 대상으로 웅변회, 운동회, 강연회 개최하는 일을 본분으로 삼는 단체였다. 귀향한 지 불과 20일 만이었다. 놀라운 일이었다. 옥중에서부터 이미 출감 후 어떻게 할지를 정했던 것으로 보인다.

그가 염두에 둔 향후 진로는 바로 사회주의운동이었다. 그는 1920년 가을에 경성에서 사회혁명당이라는 명칭의 비밀결사 조직에 가담했다. 일본제국주의를 몰아내고 사회주의 국가 수립을 목적으로 하는 사회주의 혁명 단체였다. 주목할 것은 단체 멤버들이다. 참가자 김철수의 회고에 따르면 설립 당시의 구성원은 약 30명이었는데, 일찍이 도쿄 유학생 시절에 조직했던 비밀 단체 신아동맹당의 당원들이 핵심을 이루었다. 최팔용을 비롯하여 장덕수, 김철수, 홍진의, 김명식, 정노식 등이 바로 그들이었다. 이듬해 이 비밀 단체는 해외 망명지의 사회주의자들과 결합하면서 더욱 확대되어 고려공산당이라는 명칭을 갖게 됐다. 본부를 상하이에 뒀기 때문에 '상해파 공산당'이라고 불리기도 했다.

최팔용과 동지들은 합법·비합법 운동을 결합하는 방침을 굳게 지켰다. 3·1운동 이후 총독부가 허용한 이른바 문화정치의 빈 공간을 활용하는 정책이었다. 최팔용과 동지들은 그 공간 속에서 각계각층의 전국 규모 합법 대중 단체를 조직하기 위해 노력했다. 전조선청년회연합회, 조선노동공제회 등의 단체는 그 결과물이었다. 합법적인 사회주의 선전기관을 세우는 일에도 노력을 기울였다. 최팔용은《학생계》라는 잡지의 주간으로 취임하여 사회주의 사상을 보급하는 매체로 활용하고자 했다. 이러한 노력은 큰 성과를 거뒀다. 해가 다르게 사회주의 확산 속도가 빨라지고 범위가 확대되기 시작했다. 최팔용의 출옥 후 행보는 3·1운동 직후 조선에서 사회주의 사상과 운동이 확대되는 과정을 전형적으로 보여주었다.

32세에 신병으로 요절

호사다마라는 말이 있다. 1922년 11월 4일 자 일간 신문에 최팔용의 사망을 알리는 기사가 떴다. 갑작스럽고 충격적인 소식이었다.

> 최팔용 씨는 그제 2일 오후 10시경에 함경남도 홍원군 홍원면 남당리 자택에서 신병으로 세상을 떠났는데, 씨는 성질이 중후 순직한 인격자로 사회의 촉망이 많았으며, 향년 32세인데, 일반 유지들은 그의 부음을 듣고 사회의 유망한 청년 하나를 잃어버렸다 하여 매우 애석히 생각지 아

최팔용 사망 기사
최팔용은 1922년 11월 2일 함경남도 홍원 자택에서
32세의 나이에 병사했다. 최팔용의 사망 일시와 장소, 원인을 알리는
《동아일보》 1922년 11월 4일 자 기사.

니하는 사람이 없으며, 시내 종로 6정목에 유숙하고 있는 그의 자녀 삼
남매는 이 놀라운 부음을 듣고 어제 아침에 홍원으로 급행하였다.[10]

사망 일시와 장소, 원인이 실려 있다. 1922년 11월 2일 오후 10시경에
함경남도 홍원 자택에서 병사했다고 한다. 요절이었다. 1891년생이니까
32세에 불과한 나이였다. 가족에 관한 단편적인 정보가 눈에 띈다. 경성
종로 6정목에는 어린 자녀 3남매가 머물고 있었다고 한다. 아마도 홍원
과 경성 사이의 왕래를 위해, 또 어린 세 자녀의 교육을 위해 경성 시내에
살림집을 마련해 두었던 것 같다.

가장 눈에 띄는 정보는 사람들의 반응에 관한 것이었다. 유망한 청년
을 잃었다는 애석함과 애도의 심리가 널리 퍼졌다고 한다. 그의 부재는
상해파 공산당의 세력이 부진해진 원인 중 하나가 됐다. 그의 돌연한 죽
음이 없었다면 그가 몸담고 있던 비밀결사의 약화 현상이 일어나지 않았
을지도 모른다.

36

사생을 같이할 수 있는 동지, 홍도

홍진의, 큰 물결이 되고자 했던 홍도

노년기의 김철수는 국내 첫 사회주의 단체에 대해 구술 기록을 남겼다. 그에 따르면, 3·1운동 다음 해인 1920년 가을에 사회혁명당이라는 단체가 만들어졌다. "우리 조선 안에 공산주의 비밀결사로는 처음" 조직된 것이었다. 절대 비밀이었다. 어지간한 동지는 다 떼어내버렸다. 3·1운동에 헌신한 이들 중에서도 결심이나 각오가 평균보다 약간 더한 수준의 동지들은 받아들이지 않았다. 오직 '사생을 같이할 사람들'만 들였다. 죽음마저도 기꺼이 함께할 수 있는, 가장 신뢰하는 동지들만 규합했다.

 구성원은 열대여섯 명이었다. 김철수는 기억을 더듬어 한 사람 한 사람 이름을 밝혔다. 그중 앞자리에 호명한 한 사람에게 눈길이 간다. "저 홍진이라고, 시베리아에서 죽었어. 홍도라고 별명을" 불렀다고 한다.[11]

'홍진이'라고 적은 것은 구술을 녹취한 사람의 착오였다. 김철수가 의도한 발음은 '홍진의'였다. 기록에 따라서는 더러 홍진의洪鎭義라고도 표기되지만, 그의 본명은 '홍진의洪震義'였다. 동지들은 홍도洪濤라는 가명으로 즐겨 불렀다고 한다. 본명은 아버지가 지었으므로 자식의 의중이 실리지는 않는다. 하지만 가명은 자신이 직접 짓는 것이므로 그의 내면의식이 담기기 마련이다. '큰물 홍洪', '큰 물결 도濤'라는 글자를 선택한 데서 엿볼 수 있듯이, 그는 일제의 식민통치 체제를 쓸어버리는 대혁명의 큰 파도를 염두에 두었던 것으로 보인다. 스스로 그 큰 물결이 되고자 했다.

김철수의 회고담에 의하면, 홍도의 역할 가운데 두드러진 것은 해외 연락이었다. 비밀 사명을 띠고 "홍도라고 하는 사람이 상해를 갔다 왔"다고 한다. 해외의 한인사회당과 연락하여 전국 규모의 통일된 공산당을 조직한다는 사명을 띠고 왕래했다는 말이다.

김철수의 회고담을 다른 관점의 자료를 통해 확인할 수는 없는가? 있다. 다행스럽게도 홍도가 작성한 자필 이력서가 남아 있다. 그 속에 홍도 자신의 시선으로 본 전후 사정이 적혀 있다. 왜 상하이에 왕래했는지 그 의미를 명확하게 전해준다.

홍도(1921)
1921년(27세) 상해파 고려공산당의 코민테른 파견
대표로 활동하던 시기의 홍도.

1919년 2월에 다시 내지에 들어가서 내외지간의 연락 급 3·1운동에 직접 노력하다가, 체포를 피키 위하여 이해 5월에 다시 상해에 망명함. 1919년 9월에 해삼(블라디보스토크)에 갔다가 이곳에서 개최된 한인사회당 제2차 당대회에 참가하였으며, 또 입당하였음. 1920년 6월에 한인사회당의 사명을 가지고 비밀히 내지에 들어가서 한인사회당 내지부 조직에 대하여 일하다.[12]

1919년 2월부터 이듬해 6월까지 1년 4개월 동안의 행적을 썼다. 인용문에서 말하는 '내지'란 바로 조선 국내를 가리킨다. 국경을 넘나들면서 참으로 분주하게 투쟁했음을 보여주는 기록이다.

이 기록에는 어느 역사책이나 논문에서도 밝혀진 적이 없는 중요한 사실이 포함되어 있다. 홍도가 1919년 한인사회당 제2차 당대회에 참석했고, 또 한인사회당 내지부 조직을 위해 국내로 다시 잠입했다는 진술에 유의하자. 초기 사회주의운동사의 비밀 중 하나를 밝힐 수 있는 정보이기 때문이다. 이 대회는 독립운동사상 전환점이 되는 결정을 여럿 채택했다. 박진순, 박애, 이한영 3인 대표단을 모스크바에 파견하여 코민테른 (국제공산당)에 가입하게 한 점, 책임비서 이동휘 등을 상하이로 파견하여 대한민국임시정부에 합류하게 한 점, 활동의 중심을 조선 내지에 두고자 노력한 점 등이 그것이다. 이 가운데 주의할 점은 세 번째 사안이다. 종래에는 이 결정 사항이 어떻게 실행에 옮겨졌는지 알지 못했으나, 이제 홍도의 기록을 통해 실마리를 얻게 됐다. 서울 복판에 한인사회당의 내지부를 조직하기 위해 홍도가 직접 파견됐다고 한다. 김철수가 회고한 국내 최초의 사회주의 비밀결사 사회혁명당이 곧 한인사회당 내지부의 위상을 갖는 것이었음을 시사하고 있다.

이로 인해 초창기 사회주의운동사의 커다란 의문점이 해소됐다. 1921년 5월 상하이에서 열린 고려공산당 창립대회에 대의원을 파견한 두 개의 단체, 한인사회당과 사회혁명당이 어떻게 연대를 맺을 수 있었는가 하는 의문이 그것이다. 사회혁명당은 성립 당초부터 한인사회당과 연계를 맺고 있었을 뿐 아니라 그 내지부라는 조직 위상을 갖고 있었던 것이다. 그러한 관계를 매개하고 실행에 옮긴 이가 바로 홍도였다.

새로운 사실을 알려주는 홍도의 자필 이력서

홍도의 자필 이력서는 역사학자들이 미처 알지 못했던 여러 가지 새로운 사실을 알려준다는 점에서 무척이나 흥미롭다.

그는 20세 되던 1914년 서울에서 보성고등보통학교 재학 중에 비밀 결사에 가담한 것을 시작으로, 1928년 러시아로 망명할 때까지 쉼 없이 혁명운동에 참여했다. 배달모듬, 신아동맹단, 신한청년당, 한인사회당, 사회혁명당, 고려공산당, 적기단, 조선공산당. 이것이 그가 가담했던 비밀결사 리스트다.

이 단체들의 근거지는 러시아를 포함한 동아시아 4개국에 걸쳐 있다. 그의 동선을 뒤따라가보자. 함경남도 함흥(보통학교), 서울(보성고등보통학교, 배달모듬), 도쿄(메이지대학, 신아동맹단), 상하이(신한청년당), 서울(3·1운동), 상하이(임시의정원), 블라디보스토크(한인사회당), 서울(사회혁명당), 상하이(고려공산당), 모스크바(국제당 파견 대표), 베르흐네우딘스크(고려공산당 연합 당대회), 상하이(국민대표회), 함흥(노동동무회), 서울(적기단 사건, 서대문형무소), 함흥(조선공산당, 함흥농민조합), 블라디보스토크

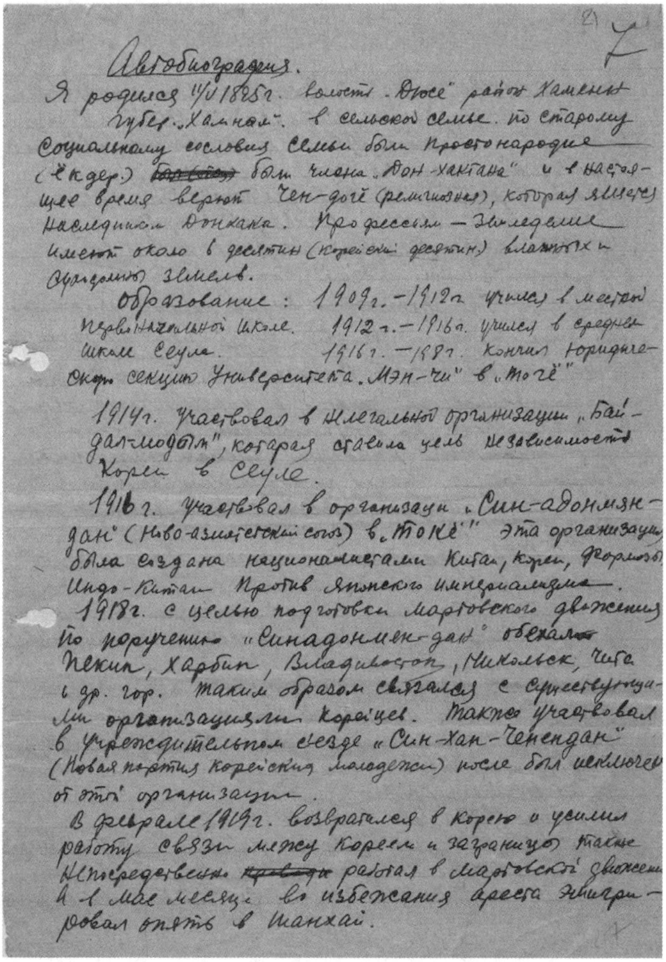

7

Автобиография.

Я родился 11/V 1885г. волости „Dюсе" район Хаменю губер. „Хамнам". в сельской семье. по старому социальному сословия семьи были простонародие (Ёндер.) ~~[illegible]~~ были члена „Дон-хактана" и в настоящее время верют Чен-доче (религиозная), которая является наследником Донхака. Профессия — Землевладение имеют около 6 десятин (корейских десятин) влажных и суходолных земель.

Образование: 1909г.–1912г. учился в местной первоначальной школе. 1912г.–1916г. учился в средней школе Сеула. 1916г.–188г. кончил юридическое секцию Университета „Мэн-чи" в „Токё"

1914г. участвовал в нелегальной организации „Бай-дал-модым", которая ставила цель независимости Кореи в Сеуле.

1916г. участвовал в организации „Син-адонмян-дан" (Ново-азиатский союз) в „Токё" эта организация была создана националистами Китая, Кореи, Формозы Индо-Китая против японского империализма.

1918г. с целью подготовки мартовского движения по поручению „Синадонмен-дан" объехал Пекин, Харбин, Владивосток, Никольск, Чита и др. гор. таким образом связался с существующими организациями корейцев. Также участвовал в учредительном съезде „Син-Хан-Чендан" (Новая партия корейския молодежи) после был исключен от этой организации.

В феврале 1919г. возвратился в Корею и усилил работу связи между Кореей и заграницей также непосредственно ~~[illegible]~~ работал в мартовском движении и в мае месяце во избежания ареста эмигрировал опять в Шанхай.

홍도의 이력서

1930년에 작성된 홍도의 이력서 러시아어 번역본 첫 페이지.

(망명) 등의 도시가 줄을 잇는다. 어지러울 정도다. 그가 불꽃같은 삶을 영위했음을 짐작케 한다.

30세 되던 해에 홍도는 시련을 겪는다. 1924년 8월 일본 경찰에게 체포되고 만 것이다. 북간도에 본부를 둔 비밀단체 적기단에 연루된 혐의였다. 함흥의 부호 고형선에게서 거액의 군자금을 받아낸 적기단원 이정호李廷鎬를 후원했다는 죄목이었다. 불행한 일이었지만, 다행스런 점도 있었다. 상해파 공산당의 비밀 당원이던 홍도는 일본 경찰의 가혹한 취조에도 굴하지 않고 끝까지 당 조직의 노출을 막는 데 성공했던 것이다. 이 사건으로 홍도는 감옥살이를 겪었다. 징역 3년형을 선고받고 1927년 8월까지 서대문형무소에서 복역했다.

출옥 후 얼마 안 되어 홍도는 운동 일선에 복귀했다. 1927년 12월에 비밀리에 열린 조선공산당 제3차 당대회에서 중앙간부 9인 가운데 한 사람으로 선출됐다.[13] 당의 최고위 간부 대열에 오른 것이다. 그는 합법운동 내에도 거점을 구축했다. 고향인 함흥으로 돌아가 현지 사회운동에도 참여

홍도(1927)
1927년 8월, 적기단 사건으로 3년 복역 후
서대문형무소에서 출옥한 홍도의 모습.
《동아일보》 1927년 8월 29일.

했다. 함흥농민조합 위원장에 취임했고, 신간회 함흥지회에서도 위원으로 선출됐다. 합법·비합법 양 방면으로 국내 사회운동에 뿌리를 내리려는 의도였다.

그러나 출옥 1년 만에 홍도는 다시 체포될 위험에 처했다. 이번에는 공산당 조직 자체가 노출되고 말았다. 1928년 4월부터 몇몇 당 간부가 체포된 것을 시작으로 수사망이 조여들었다. 수사망을 피해가며 비밀 조직을 지휘하던 홍도는 부득이 그해 7월 해외 망명길에 올랐다. 목적지는 소비에트러시아였다. 8월 1일에 블라디보스토크에 무사히 도착했다. 그는 환대를 받았다. 한글신문 《선봉》의 기자로 일한 데 뒤이어, 모스크바 동방노력자공산대학에 입학하여 혁명 이론과 전술을 본격적으로 연수할 기회를 가졌다.

소비에트로 망명한 홍도에게 무슨 일이

다시 김철수 노인의 회고담에 주목해보자. 그는 홍도가 시베리아에서 사망했노라 말하고 있다. 도대체 소비에트러시아로 망명한 홍도에게 무슨 일이 있었던 것일까? 홍도의 러시아 망명 사실은 조선 국내의 지인들에게 널리 알려져 있었다. 1932년 3월 서울에서 간행된 월간잡지 《동광》에는 망명자 홍도의 안부를 묻는 기사가 실렸다.

러시아에는 조선의 선배인 이동휘 씨도 있거니와, 청년 활동가로서도 상당한 인재가 집중되어 있으니, 필자가 아는 이름만 얼른 열거하여 보면 윤해, 박진순, 주종건, 홍진의(홍도) 등 제씨가 그것이다. …… 앞으로

세계전쟁이 인다면 그것은 소비에트러시아의 소위 세계혁명에 대하여
는 일대 호기회일 것이므로, 동양 방면에 대한 재러시아 동포의 활동이
상당히 유력시될 것을 넉넉히 추측할 수 있다.[14]

러시아에 망명한 사회주의자 가운데 한 사람으로 홍진의(홍도)의 이름
이 거론되고 있다. 이들 망명자에게 거는 국내 지인들의 기대는 컸다. 앞
으로 자본주의 열강의 모순이 격화되어 세계대전이 도래한다면 세계적
범위의 혁명적 위기가 고조될 것이다. 러시아는 세계혁명의 참모부를 자
임하고 있으므로 그때에는 소비에트러시아에 망명한 조선인 혁명가들의
역할이 강력하게 작용할 것이다. 이렇게 기대하고 있음을 본다. 낙관적
인 전망이었다.

그러나 실제는 달랐다. 1935년 12월 홍도가 연해주 포시에트 지구 우
스치시디미 마을에 거주하고 있을 때였다. 두만강 건너 조선·러시아 국경
선에 가까운 곳이었다. 그는 이웃 마을 베르흐네시디미에 있는 트랙터정
비소 정치부 보조관 일을 하고 있었다. 그달 19일 홍도는 비밀경찰 기구

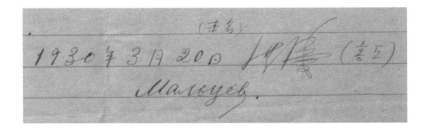

홍도의 자필 서명
한글, 한자, 러시아어 3개 언어로 쓰인
홍도의 1930년 3월 20일 자 자필 서명.

인 내무인민위원부 요원들에게 체포되고 말았다. 반혁명 활동 혐의였다. 스탈린 시기 소비에트 국가폭력이 맹렬하던 때였다. 홍도는 변변한 항변이나 해명도 못한 채 취조를 받아야 했다. 그리하여 체포된 지 11개월 만에 내무인민위원부 처분으로 5년 징역형을 선고받았다.[15]

그 후 홍도의 삶에 관한 정보는 발견되지 않았다. 시베리아 깊은 곳 케메로보 수용소에서 복역했다는 기록 외에는 알려진 것이 없다. 형기를 무사히 마쳤다면 아마 1940년 12월에는 출옥했을 텐데, 출옥 여부는 확인되지 않는다. 홍도가 시베리아에서 사망했다는 김철수의 증언은 구체적이지는 않지만 아마도 사실인 듯하다.

그에게 들씌워진 반혁명 혐의는 근거 없는 것이었다. 홍도는 스탈린 사후 소련 정부에 의해 무혐의로 인정받았다. 1955년 10월에 범죄구성요건 부재로 판정받아 복권됐다. 그의 조국에서는 훨씬 더 늦어서야 명예가 회복됐다. 사회주의자라는 이유로 그에게 눈길을 주지 않던 한국 정부는 마침내 해방된 지 61년이 지난 후 태도를 바꿨다. 한국 정부는 2006년에 그를 독립유공자로 인정하여 애국장을 수여했다.

37

공자와 레닌을 사랑한
조선 청년 김규열

전조선청년당대회 대표로 모스크바 유학

해외 유학을 끝마친 김규열金圭烈은 1926년 가을 무렵 국내로 돌아왔다.
모스크바에 위치한 동방노력자공산대학에서 3년간의 정규교육 과정을
마친 뒤였다. 고국을 떠난 지 3년 6개월 만이었다. 1890년생이므로 귀
국 당시에 조선 나이로 37세였다. 어느덧 청년기가 저물고 있었다.

　모스크바 유학은 1923년 3월에 열린 전조선청년당대회 덕분이었다.
3·1운동 이후 조선 청년의 의식을 사회주의 방향으로 전환시킨 획기적
집회로 손꼽히는 이 대회는 코민테른과의 연계를 수립할 목적으로 비밀
리에 대표자를 파견했다. 김규열은 3인 대표자 중 한 명이었다. 대표 업
무를 마친 뒤 공산대학 진학을 희망한 그는 다행히 입학 허가를 받을 수
있었다. 공산대학 재학 중에는 러시아어를 배우는 한편, 정치학, 유럽

및 동양혁명사, 러시아공산당사, 세계노동조합운동사, 군사교육, 유물사관, 정치경제학, 레닌주의, 당조직론 등의 과목을 이수했다. 두터운 유교 고전학 소양에 더해 최첨단의 사회주의 사상까지 익힌, 준비된 혁명가가 탄생했다.

귀국길에는 여덟 살 연하의 젊은 아내 박아니시야가 동행했다. 연해주 동포 2세였던 박아니시야는 공산대학에 함께 재학한 학우이자 사상의 동지였다. 사랑을 불태우던 두 젊은이는 결국 혼인하기로 합의했고, 졸업 이후 진로도 함께하기로 약속했다. 두 사람은 두만강 하류 조선·중국·러시아 3국 접경지대를 몰래 넘었다. 연해주 연추에서 북간도 훈춘으로, 거기서 다시 함북 국경지대로 잠입해 들어왔다.[16]

김규열은 경성에 도착하자마자 바로 사회주의운동에 복귀했다. 당시 사회주의운동은 급격한 전환기에 놓여 있었다. 두 차례에 걸친 대규모 검거 사건으로 인해 비밀결사 조선공산당 집행부가 교체되는 중이었다. 김재봉·강달영이 이끌던 구 집행부 구성원들은 투옥되거나 해외 망명길에 올랐고, 그를 계승한 김철수 집행부가 당의 면모를 일신하고 있던 때였다. 새 집행부는 당외 사회주의 세력을 통합하는 데 역점을 두었다. 그에 호응하여 당 밖에 존재하던 사회주의 비밀결사 고려공산동맹 구성원들이 잇달아 입당했다. 제1차로 1926년 11월에 140명이 입당했고, 이듬해 3월에 제2차로 나머지 100여 명의 인사들이 조선공산당에 들어왔다. '서울파'라고 불리던 비밀결사 고려공산동맹은 이때 해체됐다. 사람들 사이에 은밀히 회자되던 이른바 '통일공산당'이 출현했다. 조선 사회주의운동의 대통합이 실현되고 있었다.

동방노력자공산대학 1922~23년 입학생 명단

1922~23년 동방노력자공산대학에 입학한 재학생 명단 속의 김규열. 16번이다. 4번에 박아니시야도 보인다.
재학 중에 두 사람은 사랑에 빠졌고, 급기야 결혼까지 했다.

반지하에 활동 범위 두고 필봉을 휘두르다

김규열은 이 흐름을 탔다. 자신을 파견했던 서울파 사람들과 보조를 같이하여 조선공산당에 입당했다. 그는 활동의 동선을 '반지하' 상태에 두기로 결정했다. 반지하 상태란 합법 공개 영역의 사회운동 단체에는 전혀 가입하지 않고 비밀 영역에서만 활동하되, 일상적인 경제·문화 영역은 여느 보통사람과 다름없이 지내는 상태를 말한다. 그렇다고 해서 공개 사회운동에 아무런 영향력도 없었던 것은 아니다. 오히려 정반대였다. 그는 김만규라는 필명을 내걸고 종횡무진 필봉을 휘둘렀다. 《조선일보》를 비롯한 일간지와 《조선지광》이라는 저명한 진보 잡지 지면이 그의 문필 활동의 무대였다.

그는 민족통일전선 정책의 열렬한 지지자였다. 기고문을 통해 민족통일전선 단체 신간회 설립을 위해 조선의 모든 사상 단체를 해체할 것을 주장했다. 신간회 강화를 위해서라면 전조선사회단체중앙협의회라는 명칭의 상설적인 합법 노동자정당도 만들어서는 안 된다고 설파했다. 1926년 하반기부터 1927년 상반기까지 조선공산당이 견지했던 핵심 정책이었다. 김규열은 당의 입장을 대변하는 날카로운 이론가였다.

아내 아니시야도 가만있지 않았다. 아니, 남편보다 더욱 활발한 활동상을 보였다. 그녀는 박신우朴信友라는 조선식 이름으로 공개 사회운동에 발을 내딛었다. '신우'라는 이름은 러시아 이름 '아니시야'와 음가가 비슷했기 때문에 택했던 것으로 보인다. 그녀의 주요 무대는 근우회였다. 사회주의와 기독교계 여성들이 주축이 된 여성계의 민족통일전선 단체였다. 러시아에서 정규교육을 받았고, 동방노력자공산대학의 고등교육까지 이수한 박신우는 당시 조선 여성계 누구에게도 뒤지지 않는 고학력 인텔리였다. 근우회 발기총회와 창립총회에 주도적으로 참여했고, 집행부의 일원으로 선출됐다. 그녀가 맡은 직책은 선전조직부 상무위원이었다. 대인관계가 원만할 뿐 아니라 말 잘하고 글 잘 쓰는 사람이 맡는 직책이었다.

김규열에게 논적들이 생겼다. 그가 기고한 정치논설들에 반론이 따라붙었다. 예를 들면, 사상 단체 해체를 주장한 그의 논설에 대해 잡지 《이론투쟁》 1927년 4월호가 반론을 폈다. 이 잡지는 도쿄의 조선인 유학생들이 간행하던 사회주의 매체였다. '좌목군佐木君'이라는 필명을 사용한 사람과 최익한이라고 실명을 밝힌 두 논객이 김만규(=김규열)의 견해를 공박했다. 이 중에 최익한에게 눈길이 간다. 그는 김만규를 '속학적 혼합형'의 절충주의라고 몰아붙였다. 논의 수준이 낮고 사상 단체와 정당의 차이를 구분하지 못하는 흐릿한 견해라는 비판이었다. 한 번만 그런 게 아니었다. 최익한은 1928년 1~2월에 일간지에 기고한 연재 칼럼에서도 같은 비판을 되풀이했다.[17]

김규열과 최익한, 친밀하면서도 이론적으론 대립

김규열과 최익한, 두 사람의 논쟁은 사적인 말다툼이 아니었다. 그것은 사회주의 진영 내부의 소용돌이를 반영하는 논쟁이었다. 당시 '통일공산당' 내에는 새로운 분열의 움직임이 일어나고 있었다. 파벌 청산을 내세우는 신진 사회주의자들이 조선공산당 내부에 '레닌주의 동맹 Leninist League'이라는 비밀결사를 결성했던 것이다. 당 안에 있는 새로운 당이었다. 바위같이 단단한 결속을 지향하는 비밀 혁명 단체 내에서는 허용될 수 없는 사건이었다.

레닌주의 동맹은 영문 이니셜을 따서 '엘엘당' 혹은 '엠엘당'이라 불리곤 했다. 엠엘당은 당내에서 급격히 세력을 확장했다. 하나둘 당 중앙에 진출한 엠엘당 구성원들은 1927년 9월 기존의 당 집행부를 해산하고 자파만으로 새 집행부를 출범시켰다. 일종의 당내 쿠데타였다. 이 사건으로 인해 '통일공산당'은 엠엘당과 비엠엘당 두 그룹으로 분열되고 말았다. 엠엘당에 반대하는 사회주의자들은 '서상파'라 불렸다. 과거 서울파와 상해파 공산 그룹에 속했던 사람들이 다수를 점하고 있다는 의미였다.

김규열과 최익한의 논쟁은 바로 조선공산당의 새로운 분열을 압축적으로 보여주는 것이었다. 최익한은 당의 분열을 야기한 엠엘당의 중요 인물이었다. 반면 김규열은 엠엘당의 전횡에 반대하는 입장에 선 인물로 1927년 12월 서상파 사람들만으로 열린 조선공산당 제3차 대회에서 중앙집행위원으로 선출됐다.

동문수학한 최익한과 이론투쟁

여기서 잠시 눈을 돌려 두 사람의 개인적 인연에 대해 살펴보자. 두 사람은 비록 1927년 시점에 사회주의 양대 진영의 이론가로서 팽팽한 대립 양상을 보였지만, 사실은 서로 친밀한 사이였다. 공통점도 많았다. 김규열이 7년 연상이었으나 그것이 두 사람의 우정을 방해하지는 않았다.

두 사람은 유교 지식인 출신의 사회주의자였다. 보기 드문 사례였

김규열과 최익한

1927년 사회주의 양대 진영의 이론가로서 팽팽한 대립 양상을 보였던 김규열과 최익한.
김규열의 사진은 1933년 소련 정치보위부 경찰에게 체포된 뒤에 찍힌 것으로
초췌하지만 이목구비가 뚜렷하다. 최익한의 사진은 1930년 조선총독부 경기도 경찰부에서
찍은 것으로 일제감시대상 인물카드에 수록되었다.
＊출처: 국사편찬위원회

氏　　　名	年　齢	年　月　日生	指　紋　番　號
金　圭烈	身　長	尺　寸　分	No
	特　徵		

김규열

1919년 조선총독부 경기도 경찰부에서 만든
일제감시대상 인물카드 속 김규열의 모습.
＊출처: 국사편찬위원회

다. 둘 다 청소년기에 유교 고전학에 침잠한 경력을 공유하고 있었다. 전남 구례 출신의 김규열은 어려서부터 아버지 김택주의 엄격한 훈도 아래 전통교육을 받았다. 아버지는 엄격한 성리학자였다. 동학농민전쟁 때에는 농민군에 맞서 전통 질서를 옹호하는 민보군을 조직했고, 을사조약이 체결되자 반대 상소를 올렸으며, 3·1운동 때에는 유학자 137명이 연서한 파리장서에 서명한 유학자였다.[18] 김규열은 26세 되던 1915년에 아버지의 지시를 받아 경남 거창군의 저명한 유학자 면우俛宇 곽종석郭鍾錫의 문하에 들어갔다. 그리고 거기에서 최익한을 처음 알게 된다. 경북 울진 출신의 최익한도 젊은 유교 지식인으로 면우 문하에 들어가 수학하고 있었다.

두 사람은 동문수학하면서 두터운 교분을 쌓는다. 김규열은 1917년과 1919년 두 차례에 걸쳐 최익한을 초청하여 구례 화엄사를 유람하고 구례·남원 일대의 저명한 유학자들을 함께 방문했다. 그뿐인가. 스승 곽종석이 파리장서 사건으로 체포되어 대구지방법원에 송치됐을 때는 행동을 같이하기도 했다. 대구감옥에 수감된 노스승의 수발을 위해 대구 시내에서 함께 유숙했던 것이다. 스승이 감옥에서 병을 얻어 6월 22일에 출옥할 때까지 그랬던 듯하다.[19]

그해 여름에 두 사람은 함께 상경하기로 결심했다. 뒷날 작성된 경찰 신문기록에는 신학문을 연구하기 위해서였노라고 기재되어 있지만, 목적은 다른 데 있었던 것 같다. 두 사람 다 그해 가을과 겨울에 경성에서 비밀결사에 가담한 것을 보면 말이다. 불행히도 두 사람 다 경찰의 탄압을 받았다. 최익한은 독립군자금 모집 혐의로 체포되어 1921년 3월부터 1923년 3월까지 옥중에 갇혔다. 김규열도 다르지 않다. 3·1운동이 일어난 그해 겨울에 경성에서 비밀결사에 가담했음이 확인된다. 그 비밀결사는 임시정부 파견원과 은밀히 연계를 맺고, 불온 인쇄물을 제작·배포했다. 김규열은 그 사건에 연루되어 실형을 받았다. 1919년 12월에 체포되어 1922년 3월에 출옥했다.[20]

　두 사람은 옥중생활과 해외 유학을 거쳐서 사회주의자가 되었다는 점도 동일하다. 최익한은 도쿄 와세다대학 유학을 통해, 김규열은 모스크바 공산대학 유학을 통해 준비된 혁명가로 성장했다. 하지만 일본 유학과 소련 유학은 두 사람의 이론적·정책적 입장에 차이를 불러왔다. 두터운 우정과 상호 이해가 있었음에도 불구하고, 두 사람은 서로 다투는 사회주의 양대 진영의 대표 이론가라는 상극의 자리에 서게 됐던 것이다.

38

소련에서 스파이로 몰려 처형된
천황 모해범, 김중한

조선공산당 '서상파' 탄압 사건의 발단

스탈린 집정 시기 소련 국가폭력의 희생자들 가운데 '유동식'이라는 조
선 사람이 있다. 일본의 정치적 박해를 피해 소련으로 이주한 지 5년째
되는 망명자였다. 그는 1933년 5월 14일에 체포되어 1년간이나 엄중한
취조를 받았다. 그는 끝내 자유를 얻지 못했다. 유죄로 간주된 그에게 극
형이 선고됐고 결국 1934년 5월 21일에 총살되고 말았다. 향년 서른세
살이었다.

그의 혐의는 '일본제국주의의 스파이' 행위를 했다는 데 있었다. 도대
체 근거가 있는 것일까? 소련 오게페우(통합국가정치보위부) 심문관들은
유동식이 적성국가인 일본 영토를 빈번하게 왕래한 점을 문제 삼았다. 소
련 정부나 코민테른의 허락을 받지 않고 국경을 넘어서 일본제국 영토의

일부분인 조선으로 오갔다는 것이다. 신원이 불확실한 사람들을 안내하여 불법적인 월경을 방조한 혐의도 받았다. 조선·소련·중국 국경지대에 직업을 구해 장기간 체재한 사실도 문제였다. 그는 국경에서 불과 25킬로미터 떨어진 연해주 포시에트 지구의 얀치혜라는 곳에서 초등학교 교사 생활을 했었는데, 그것이 스파이 활동의 편의를 얻기 위한 위장일 뿐이라는 의심을 샀다.

유동식 혼자만 혐의를 받은 게 아니었다. 그와 가까이 지내던 주변 사람들에게도 불똥이 튀었다. 편지를 주고받은 사람들, 오랫동안 교제해온 사람들도 속속 체포됐다. 그들도 유동식과 마찬가지로 일본의 스파이이거나 스파이 활동의 편의를 제공했을 것이라는 의심을 받았다. 이와 같이 자신은 물론이고 가까운 친지, 동료들까지 불행의 구렁텅이로 빠뜨린 '소련 국가폭력에 의한 조선공산당 서상파 탄압 사건'의 발단이 됐던 바로 그 사람, 유동식은 과연 누구인가?

김중한, '박열 사건'의 공범으로 수감생활

그 사람의 본명이 밝혀졌다. 놀랍게도 김중한金重漢이었다. 세칭 '박열朴烈 사건의 공범'으로 지목된 아나키스트, 1923년 도쿄 대지진 당시 조선인 대학살의 소용돌이 속에서 천지를 떠들썩하게 뒤흔들었던 천황 암살 모의 사건의 연루자 김중한, 바로 그 사람이었다.

김중한은 천황 암살을 음모한 박열로부터 폭탄 구입을 요청받고 그를 위해 노력했다는 혐의로 일본 사법부의 재판을 받았다. '대역 범죄'에는 직접 가담하지 않았다는 사법관의 판단에 따라 '폭발물취체규칙 위반죄'

로 분리 재판을 받은 그는, 사형을 언도받은 박열과 가네코 후미코 부부보다는 훨씬 가벼운 형을 받았다.

1927년 2월 5일 김중한이 출옥했다. 체포된 지 3년 5개월 만이었다. 도쿄 서북부 외곽에 위치한 이치가야 형무소에서 형기를 마치고 나왔을 때, 그는 예기치 않은 위험에 노출됐다. 그의 동정이 신문 지상에 널리 보도됐기 때문이었다. 일본 극우 국수주의자들은 분노했다. 천황 폐하의 신변을 위협한 흉악한 범죄자를 고작 몇 년 만에 다시 세상에 내보내다니, 용납할 수 없는 일이었다. 현행 법률이 범죄자를 응징하지 못한다면 자신들이 직접 나설 수밖에 없다고 호언했다. 긴장감이 흘렀다. 출옥 후 요코하마의 지인 집에 머물던 김중한도 이 소문을 접했다. 그를 살해하려고 자객을 밀파했다는 정보를 들은 그는 이틀 만에 서둘러 길을 나서야 했다. 귀국길에 올랐다.

박열과 가네코 후미코 부부
소련 국가폭력에 의한 조선공산당 서상파 탄압 사건의 발단이 됐던 유동식은
'박열 사건의 공범'으로 지목된 김중한이었다. 사진은 천황 암살 모의 사건으로
사형을 언도받은 박열과 가네코 후미코 부부.

김중한(1927)
1927년 2월 24일 경성에서 가진 언론과의 인터뷰 당시 김중한.
《조선일보》1927년 2월 25일.

　경성에 도착해 보니 분위기가 달랐다. 비록 일본의 식민지이긴 하지
만 생명의 위협을 느끼진 않았다. 언론 인터뷰 요청도 있었다. 조선어로
간행되는 신문사 두 곳의 기자들이 그가 머물고 있는 시내 중심지의 한
여관을 찾았다. 분위기는 우호적이었다. 기사에 따르면 그는 검정 모직
양복을 입고 안경을 낀 모습이었고, 매우 이지적인 얼굴에 미소를 띠며
답했다. 오랜 철창 생활을 겪은 뒤인데도 조금도 초췌한 빛 없이 도리어
씩씩한 기운이 넘치고 있었다고 한다.[21]

　옥중에서 어떻게 지냈는가. 이 질문에 그는 자신의 독서와 사유 체험
에 관해 얘기했다. 심리, 윤리, 문학, 생물학 등에 관한 책들을 즐겨 읽었
는데, 특히 '원시 인류의 생활 상태'에 대해 많은 관심을 갖게 됐다고 한
다. 그때를 억압과 차별, 계급, 착취가 존재하지 않은 이상향의 시기로 상
정했기 때문인 듯하다. 그가 구사하는 언어에도 주목할 만하다. 인생의 본
질, 해방, 삶의 가치, 자기 파멸, 비애, 전투 등의 어휘가 그의 내면의식을
구성하는 주요 개념들이었다. 앞으로 어떤 생활을 하겠느냐고 묻자, 그는
답했다. 인생이란 영원히 계속되는 해방을 위한 투쟁이되 승리를 기약할

수 없는 것이지만, 그렇더라도 비애감에 굴복되지 않고 계속 전투를 해나가겠다고.[22] 이어서 "좀 더 사색을 하고 좀 더 연구를 하여, 이제부터는 좀 더 가치 있는 일을 하려고 합니다"라는 말로 인터뷰를 끝맺었다.

진남포서 사회주의운동 투신

평안남도 용강군 지운면 두륵리, 그의 고향이었다. 대동강 입구의 항구 도시 진남포에 이웃한 비옥한 농촌지대였다. 자택에서의 정양 기간은 길지 않았다. 김중한은 고향으로 돌아간 지 6개월 만에 신문 지면에 이름을 올리기 시작했다. 진남포를 무대로 한 사회운동에 적극적으로 뛰어들었던 것이다.

진우청년회라는 청년 단체가 그의 거점이었다. 이 청년 단체는 마르크스 사후 41주년을 맞아 사회주의 강연회를 개최했는데, 4명의 연사 명단에 김중한의 이름이 포함되어 있었다. 수년 전 무정부주의를 수용했던 김중한이 아닌가. 그는 아나키스트 진영을 떠나 마르크스주의 진영으로 몸을 옮기고 있는 중이었다. 그에게 '좀 더 가치 있는 일'은 사회주의운동을 뜻했던 것 같다. 뒷날 김중한이 직접 작성한 진술 조서에 보면, "나는 이병화, 양명 등 그곳에 있던 조선공산당 엠엘파와 연결되었습니다"라고 쓰여 있다.[23] 출옥 후 얼마 지나지 않아 김중한은 공산주의 비밀결사에 가담했던 것이다.

김중한은 합법 공개 영역의 대중운동에 헌신했다. 특히 청년운동의 확장과 사회 단체 연대 운동에 힘을 쏟았다. 그는 진남포 일원의 각종 청년 단체를 결속하여 진남포시 단일청년동맹 결성을 이끌었다. 또 재만동포

옹호동맹 설립에도 참여했다. 그것은 22개 사회 단체를 결속한 연합 단체였다. 평안도 일대 사회운동 단체들의 연대 활동에도 뛰어들었다. 평남 안주에서 열린 관서민중운동자대회에 참석하여 단상에 올라 축사를 했다.

가장 주목되는 것은 신간회 활동이었다. 1927년 12월 신간회 진남포지회 결성에 참가하고 간부 반열에 올랐다. 정치연구부 총무간사가 그의 직함이었다. 지회를 이끌고 가는 4인 집행부 가운데 한 사람이 된 것이다. 김중한의 활동 배경과 내용은 일반적인 아나키스트들과 달랐다. 보통 아나키스트들은 민족통일전선 단체인 신간회에 참여하지 않았다. 그들은 오히려 그를 적대시하기까지 했다. 김중한은 이때 옛 동료 아나키스트들과 절연했던 것 같다. 동향 출신의 아나키스트 최갑룡은 김중한이 관서민중운동자대회에 참석하여 축사한 사실에 대해 비애감을 느꼈다고 회고했다.[24]

김중한은 신간회 중앙기관에도 진출했다. 1929년 6월에 개최된 신간회 복대표위원회에 진남포구 대표위원으로 참석했다. '복대표'란 소수의 참석인원만으로도 전국대회를 개최할 수 있게끔 각 지회에서 선출된 대표들 중에서 다시 대표위원을 선발하는 제도였다. 복대표는 전국에 걸쳐 34명이었는데, 그중에는 허헌(경성구), 황상규(양산구), 이주연(단천구) 등 집행부를 담당하게 될 저명인사들이 포진해 있었다. 진남포구를 대표하는 김중한도 그중 한 사람이었다.

일본 경찰에게 김중한의 활발한 사회 활동은 눈엣가시였다. '대역 사건' 연루자가 근신하기는커녕 대중 선동에 열성을 보이다니, 가만둘 수 없었다. 사소한 꼬투리라도 있으면 서슴없이 검속, 구금했다. 그 탓에 김중한은 체포와 훈방을 빈번하게 되풀이해야만 했다. 낱낱이 꼽아보자. 1927년 8월 현지 관련 유력자와의 알력으로 인한 가택침입죄 사건으로 진남포경찰서에 10일간 구금됐고, 그해 10월 관서민중운동자대회에서 불온한 내용의 축사를 했다는 혐의로 안주경찰서에 6일간 구금당했으며, 1928년 5월에는 진남포경찰서의 갑작스런 가택수색을 겪었고, 11월에는 신간회 지회 활동의 불온 혐의로 진남포경찰서에 9일간 구금당했다. 1929년 6월에는 신간회 복대표위원회 참가하던 중 경성 종로경찰서에 며칠간 구금됐고, 마지막으로 그해 8월 공산주의 비밀결사 연루 혐의로 평양경찰서에 이틀간 구금당했다. 2년 남짓한 기간에 무려 6회에 걸쳐 태클을 당했던 것이다.

만주에서 '서상파'로 활동

'박열 사건 공범 김중한 씨 탈출', 그의 해외 탈출을 보도하는 1929년 9월 9일 자 신문기사의 제목이었다. 진남포 사회운동의 맹장으로 고투 중이던 김중한이 갑자기 자취를 감춰버렸다는 기사였다. 밤낮으로 그를 감시하던 진남포를 비롯한 인근의 경찰서가 발칵 뒤집혔고, 그의 거취를 엄중하게 뒤쫓고 있다는 내용도 있었다. 기자는 국경을 넘은 김중한이 만주 길림 방면으로 사라졌는데, 독립운동 단체 국민부에 가담한 것 같다는 추측 기사를 썼다.[25]

　기자의 추측은 절반만 맞았다. 국경을 넘은 김중한이 길림 방면으로 잠입한 것은 사실이었다. 그러나 국민부에 가담한 것은 아니었다. 뒷날 김중한이 작성한 진술 조서에 따르면, 그곳에서 조선공산당 재건설준비위원회라는 명칭의 비밀 공산주의 그룹에 가담했다. 이른바 '서상파'라고 불리는, 사회주의운동을 양분하고 있던 강력한 단체였다. 서상파에 가담하게 된 계기는 서상파의 지도자 윤자영에 대한 공감 때문이었다고

김중한(1934)

1934년 1월 9일 모스크바에서 정치보위부의
심문을 받을 당시 촬영한 초췌한 사진.

김중한 시신이 묻힌 묘지 입구

김중한의 시신이 묻혀 있는 모스크바 서북쪽 교외 바간코보 묘지 정문.

한다. 조선 사회주의운동의 역사와 이론에 관한 그의 식견과 삶에 대해 내면의 공감이 있었다는 것이다.

1929년부터 1934년까지, 다시 말하면 28세부터 33세까지 김중한의 마지막 삶은 망명지에서 이뤄졌다. 북간도와 연해주를 주 근거지로 하여 피억압 민족의 해방과 조선혁명의 승리를 위해 노력했다. 파란이 중첩한 구체적인 행적에 대해서는 충분히 알려져 있지 않으므로 달리 추적할 필요가 있다.

김중한의 죽음은 이중의 의미에서 비극적이다. 인간의 해방을 위한 노력이 온전히 평가받지 못하고 일본의 스파이라는 모욕적인 혐의로 단죄됐다는 점에서 그렇다. 또 하나는 그 비틀림과 망각이 무려 85년이나 계속되어왔다는 점이다. 정의를 위한 헌신이 그처럼 오랫동안 잊힌 채 방치될 수도 있다고 생각하니 서글프다.

처형된 김중한의 시신은 모스크바 서북쪽 외곽지대에 있는 바간코보 묘지에 묻혔다. 청년 시절에 그가 꿈꿨던 언어로 표현하자면, 해방을 위한 전투를 쉼 없이 계속했으나 도중에 스러지고 만 외로운 영혼이 지금도 거기에 묻혀 있다.

주석

1장 김사국과 가족

1 〈비극 接踵하는 고 김사국씨 가정 (2)〉, 《동아일보》1928년 1월 8일.

2 〈고 김사국씨 母堂 斷腸의 탄식〉, 《조선일보》1933년 5월 4일.

3 〈3·1절을 앞두고 떠오르는 피의 기록, 당시의 전국학생대표 康基德씨 담〉, 《경향신문》 1950년 2월 26일.

4 조봉암, 〈내가 걸어온 길〉, 《희망》, 1957년 2, 3, 5월호;《죽산 조봉암 전집》1, 세명서원, 1999, 344~345쪽

5 〈소식〉, 《청년조선》1, 1922년 2월 15일.

6 〈인쇄기 1대도 몰수〉, 《동아일보》1923년 1월 17일.

7 〈재옥 중의 金思民, 看守의 검으로 看守를 斫傷〉, 《조선일보》1923년 2월 2일.

8 〈김사민의 위독설〉, 《조선일보》1923년 5월 9일.

9 〈고 김사국 씨 母堂 斷腸의 탄식〉, 《조선일보》1933년 5월 4일.

10 〈동양학원 巡講, 의외의 禍로 중지〉, 《동아일보》1923년 7월 15일.

11 재간도총영사 鈴木要太郎, 〈기밀 제271호, 동양학원 학생 조사에 관한 건〉, 1923년 8월 27일;《불령단관계 잡건-재만주의 부》34, 국사편찬위원회 한국사데이터베이스.

12 〈간도 동양학원, 내지 巡講 계획〉, 《동아일보》1923년 7월 5일.

13 Ким-Хобан(김호반), Доклад(보고), 1923년 10월 30일, с.6, РГАСПИ ф.495 оп.135 д.83 л.108-114.

14 새밝, 〈고 박원희 여사 회상〉, 《삼천리》 3-12, 1931년 12월, 18쪽.

15 《매일신보》 1921년 7월 30일.

16 김사건, 〈장묘시설사용허가신청서〉, 1993년 12월 18일.

17 〈여성동우 창립〉, 《동아일보》 1924년 5월 11일.

18 車相瓚, 〈想像과 印象記, 만나보기 前과 만나본 後: 朴元熙氏〉, 《별건곤》 3, 1927년 1월, 43쪽.

19 〈路上의 人〉, 《별건곤》 4, 1927년 2월 1일, 39쪽.

20 〈비극 接踵하는 고 김사국씨 가정(3)〉, 《동아일보》 1928년 1월 9일.

21 〈고 김사국씨 母堂 斷腸의 탄식〉, 《조선일보》 1933년 5월 4일.

2장 김한

1 〈무산자회 간부의 검거〉, 《조선일보》 1923년 1월 30일.

2 〈李逸榮씨도 검거〉, 《조선일보》 1923년 1월 30일.

3 宋相燾, 《騎驢隨筆》, 한국사료총서 제2집, 국사편찬위원회, 1955, 320쪽.

4 〈열사의 후예들 6: 김상옥 의사의 미망인 鄭여사〉, 《동아일보》 1959년 11월 28일.

5 〈독립유공자 공적조서〉, 공훈전자사료관(http://e-gonghun.mpva.go.kr).

6 〈병상에 누운 대로 이혜수 양 공판〉, 《동아일보》 1923년 12월 26일.

7 〈폭탄과 권총의 대음모 김상옥 사건의 공판〉, 《동아일보》 1923년 5월 13일.

8 История и деятельность нейтральной коркомпартии: Доклад делегата Тену(중립공산당의 역사와 활동, 대표자 전우의 보고), с.7, РГАСПИ ф.495 оп.135 д.64 л.51-57.

9 조봉암, 〈내가 걸어온 길〉, 《죽산 조봉암 전집》 1, 1999, 344~345쪽.

10 〈金思國氏 永眠〉, 《동아일보》 1926년 5월 10일.

11 황석우, 〈나의 8인관〉, 《삼천리》 4-4, 1932년 4월, 29쪽.

12 《고등경찰보》 4, 281쪽, 283쪽.

13 우원식, 《어머니의 강》 아침이슬, 2011, 253쪽.

14 〈金翰씨 출옥〉, 《동아일보》 1927년 4월 24일.

15 우원식, 《어머니의 강》, 아침이슬, 2011, 97쪽.

[16] 〈경찰부 검거 사건 무증거로 속속 석방〉, 《조선일보》 1928년 10월 24일.

[17] 朝鮮總督府 警務局長, 〈朝保秘第1025号, 火曜派朝鮮共産黨再組織事件檢擧ニ關スル件〉, 1930년 7월 25일, 《現代史資料》 29, 1972, 238~239쪽.

[18] 임경석, 〈잡지 콤무니스트와 국제선 공산주의그룹〉, 《한국사연구》 126, 2004, 186쪽.

[19] 김단야, 〈1929년에 조선 가서 일하든 개요〉, 1937년 2월 23일, 4쪽, РГАСПИ ф.495 оп.228 д.439.

[20] Бывш.члена КП Кореи Ким-Чун-Сен /Лп-Сен-Тай/, Заявление : В Секретную Часть ИККИ (의견서, 코민테른 집행위원회 비서부 앞), 1937년 9월 28일, 2쪽, РГАСПИ ф.495 оп.228 д.439 л.9-12.

3장 김단야

[1] Ким Даня(김단야), автобиография(자전), 1937년 2월 7일, РГАСПИ ф.495 оп.228 д.439 л.56-65.

[2] 정세현, 〈3·1항쟁기의 한국 학생운동—국내 학생운동을 중심으로〉, 《논문집》 8, 숙명여자대학교, 1968, 5쪽.

[3] 국사편찬위원회 편, 《한국독립운동사 2》, 탐구당, 1966, 166쪽.

[4] 〈배재고등보통학교 3년생도 장용하 등 판결〉, 《독립운동사자료집 5, 삼일운동 재판기록》, 1971, 229쪽.

[5] 김팔봉, 〈片片夜話 71, 배재와 3·1운동〉, 《동아일보》 1974년 5월 23일.

[6] 김단야, 〈레닌회견 인상기, 그의 서거 1주년에 (1-11)〉, 《조선일보》 1925년 1월 22일~2월 3일.

[7] 김단야, 〈제주도를 眺望하면서, 상해가는 길에〉, 《조선일보》 1925년 1월 26일.

[8] Ким Даня(김단야), автобиография(자서전), 1937년 2월 7일, с.10, РГАСПИ ф.495 оп.228 д.439 л.56-65

[9] 이혜인, 〈혁신의 동요와 굴절: 1924-25년 조선일보의 혁신과 사원해직 사건〉, 《역사연구》 32, 2017, 184쪽.

[10] 朝鮮總督府警務局, 《朝鮮の治安狀況(昭和12年版)》, 神戶, 不二出版, 1984(復刻版), 444~448 쪽.

[11] 〈동아 만화, 이 주위에 순사성이나 쌓을는지?〉, 《동아일보》 1925년 9월 7일.

[12] 〈사설, 赤露 영사 부임에 際하여〉, 《조선일보》 1925년 9월 7일.

[13] Билль(빌리), Дорогие товарищи(친애하는 동무들), 1925년 9월 19일, c.1, РГАСПИ ф.495 оп.135 д.106 л.19-24.

[14] Secretary of C.E.C. YOUNG COMMUNIST LEAGUE of KOREA PARK Hun Young, Mandate of Comrade Kim Dan Ya: To Comrade Sharmanoff, 1925년 9월 10일, p.1, РГАСПИ ф.495 оп.154 д.257 л.8.

[15] 〈아들 소식 들으러 서울까지〉, 《조선인민보》 1946년 5월 2일.

[16] Ким Даня(김단야), автобиография(자서전), 1937년 2월 7일, c.10, РГАСПИ ф.495 оп.228 д.439 л.56-65.

[17] 김국화, 〈동방노력자공산대학 조선학부 연구〉, 성균관대학교 사학과 석사학위논문, 2013, 11쪽.

[18] отчетный доклад 5-й секции(한국학부 보고서), c.1-3, РГАСПИ ф.532 оп.1 д.427.

[19] 김남섭, 〈스딸린 대 테러의 성격〉, 《러시아연구》 15-2, 2005, 49쪽.

[20] 김단야, 〈나의 제출한 записка에 대한 보충 건〉, 1937년 3월 16일, РГАСПИ ф.495 оп.228 д.439 л.37-39.

[21] Бывш.члена КП Кореи Ким-Чун-Сен /Лп-Сен-Тай/ (전 조선공산당원 김춘성 곧 이성태), Заявление: В Секретную Часть ИККИ (의견서, 코민테른 집행위원회 비서부 앞), 1937년 9월 28일, РГАСПИ ф.495 оп.228 д.439 л.9-12.

[22] Ким Данъ Я(김단야), https://ru.wikipedia.org/wiki/

4장 홍범도

[1] 〈폭도 토벌 경황 제83호〉 1908년 5월 12일, 《한국독립운동사자료》 11(의병편 4), 국사편찬위원회, 1982, 1/4~1/5쪽.

2 김종준,《일진회의 문명화론과 친일 활동》, 신구문화사, 2010, 219쪽.

3 이인섭, 〈조선 인민의 전설적 영웅 홍범도 장군을 추억하면서〉, 1959,《이인섭과 독립운동 자료집》3, 독립기념관 독립운동사연구소, 2011.

4 강용권·김택,《홍범도 장군》, 장산, 1996, 75쪽.

5 장세윤,《홍범도의 생애와 항일 의병투쟁》, 독립기념관 한국독립운동사연구소, 1992, 81쪽.

6 장세윤,《홍범도의 생애와 항일 의병투쟁》, 146쪽.

7 〈탈초 홍범도 일지〉, 반병률,《홍범도 장군》, 한울, 2014, 70쪽.

8 장세윤,《봉오동·청산리 전투의 영웅 홍범도》, 역사공간, 2007, 53~77쪽.

9 반병률,《홍범도 장군: 자서전 홍범도 일지와 항일무장투쟁》, 한울, 2014, 243쪽.

10 이인섭, 〈홍범도 장군〉,《이인섭과 독립운동자료집 Ⅲ》, 독립기념관, 2011, 233~234쪽.

11 반병률, 〈주해 홍범도 일지〉,《홍범도 장군: 자서전 홍범도 일지와 항일무장투쟁》, 72쪽.

12 〈주해 홍범도 일지〉, 73쪽.

13 장세윤,《봉오동·청산리 전투의 영웅 홍범도》, 110쪽.

5장 김창숙과 두 아들

1 〈아들 환기換基에게, 계해(1923) 5월 북경 의원에 있을 때〉,《국역 심산유고》, 성균관대학 교 대동문화연구원, 1979, 382~383쪽.

2 김창숙, 〈벽옹 73년 회상기〉,《국역 심산유고》, 1979, 739~740쪽

3 김창숙, 〈벽옹 73년 회상기〉, 746쪽.

4 〈북경 유학이 從此 편리〉,《조선일보》1923년 10월 5일.

5 김창숙, 〈벽옹 73년 회상기〉, 763쪽.

6 〈아들 승우承宇에게〉(찬기燦基라고도 함), 1939년 겨울,《국역심산유고》, 성균관대학교 대 동문화연구원, 1979, 384쪽.

7 〈왜관지방 비밀결사, 재동경 조선인유학생연구회, 동경프롤레타리아연극계 조선진출 3사 건 검거 상황〉,《高等外事月報》8호, 조선총독부경무국보안과, 1938년 3월, 9~16쪽

8 〈이력서〉 1쪽.

9 김창숙, 〈벽옹 73년 회상기〉,《국역 심산유고》, 성균관대학교 대동문화연구원, 1979, 782쪽.

10 〈이력서〉 1쪽.

11 〈인터뷰: 격동의 세월에 온몸으로 맞섰던 심산 김창숙의 자부 손응교〉,《향토와 문화》15, 대구은행, 1999, 16~25쪽.

12 〈국경의 1년간 검거된 범죄 수〉,《매일신보》1928년 12월 23일.

13 김창숙, 〈벽옹 73년 회상기〉,《국역 심산유고》, 1979, 748쪽.

14 최미정, 〈봉화 해저마을 의성 김씨 문중의 유림단 의거 참여〉,《한국독립운동사연구》49, 2014, 96쪽.

15 김창숙, 〈벽옹 73년 회상기〉,《국역 심산유고》, 1979, 750쪽.

16 김창숙, 〈벽옹 73년 회상기〉,《국역 심산유고》, 1979, 753쪽.

6장 박진순

1 金世鎔, 〈2백만 재외동포 안위 장래―西伯利亞의 조선인 활동〉,《삼천리》1930년 10월, 9쪽.

2 〈新聞戰線總動員, '大合同日報'의 幹部公選〉,《동광》제29호, 1931년 12월 27일, 64쪽.

3 〈高警 제28235호, 上海在住 不逞鮮人의 近況〉, 1921년 10월 14일,《不逞團關係雜件―鮮人의 部―在上海地方》(3), 국사편찬위원회 한국사DB.

4 한국정신문화연구원 현대사연구소 편,《遲耘 金錣洙》, 한국정신문화연구원 현대사연구소, 1999.

5 류시현,《동경삼재》, 산처럼, 2016.

6 이항준, 〈제정러시아의 동아시아 정책과 한인 이주〉,《러시아·중앙아시아 한인의 역사(상)》, 국사편찬위원회, 2008.

7 Пак Диншунь(박진순). Автобиографические сведения в Интернациональную Контрольную Комиссию(이력서, 국제통제위원회 앞), 1928년 12월 22일, 1쪽, РГАСПИ ф.495 оп.228 д.481 л.76–82об.

8 《大東共報》제69호, 1909년 9월 9일.

9 Пак Диншунь(박진순). Автобиографические сведения в Интернациональную Контро

льную Комиссию(이력서, 국제통제위원회 앞), 1928년 12월 22일, c.2, РГАСПИ ф.495 о п.228 д.481 л.76-82об.

[10] 《독립신문》 1919년 10월 16일, 3면.

[11] 김슬기, 〈제1차 세계대전 시기 러시아 한인사회의 정치적 동향〉, 성균관대학교 사학과 석사학위논문, 22쪽.

[12] Пак Диншунь(박진순), Автобиография(自傳), 1937년 10월 10일, РГАСПИ ф.495 о п.228 д.481.

[13] 李智澤, 〈시베리아의 3·1운동〉, 《월간중앙》 1971년 3월, 194쪽.

7장 조훈

[1] Автобиография тов.Те-Хуна(조훈 동무의 자서전), 1927년 3월 28일, c.1, РГАСПИ ф.531 оп.1 д.247 л.14~17.

[2] 琿春副領事 北條太洋, 〈機密公信第10号, 汪淸縣ニ於ケル不逞鮮人ノ設定ニ係ル學校職員並生徒名簿ニ關スル件〉, 1916년 3월 11일, 3~5쪽, 《不逞團關係雜件-朝鮮人ノ部-在滿洲ノ部》 5, 국사편찬위원회 한국사DB.

[3] 四方子, 〈北墾島 ユ 過去와 現在〉, 《독립신문》 1920년 1월 1일.

[4] Автобиография тов.Те-Хуна(조훈 동무의 자서전), 1927년 3월 28일, 3쪽, РГАСПИ ф.531 оп.1 д.247 л.14~17.

[5] 작자미상, 〈高共靑一般進行情況〉 1쪽, РГАСПИ ф.533 оп.10 д.1908 л.1-11.

[6] 廣東中學校, 〈修業證書, 金昌一〉, 중화민국 11년(1922) 5월 2일, РГАСПИ ф.495 оп.228 д.440 л.5.

[7] 〈高共靑一般進行情況〉, 4쪽.

[8] 윤상원, 〈국제공산당과 국제공산청년회 속의 한인 혁명가〉, 《마르크스주의 연구》 55, 경상대학교, 2019.

[9] Ответы представителя ЦК Коркомсомола тов.П на вопросник КИМ,(국제공청의 질의에 대한 고려공청 대표자 Р동무의 답변), 3~4쪽, РГАСПИ ф.495 оп.135 д.112 л

л.111~120.

8장 빨치산 대장들

[1] 〈일제감시대상인물카드: 新井宗根 (朴宗根)〉, 1941년 3월 14일 촬영, 국사편찬위 한국사데이터베이스(http://db.history.go.kr).

[2] 박문우(박종근), 〈자서전〉, 1948년 8월 10일, 2쪽; РГАСПИ ф.495 оп.228 д.799 л.14-16.

[3] Зам.Председатель ЦК Трудовой партии Южной Корея Пак Хенен(남로당 부위원장 박헌영), Характеристика на заместителя заведующего отделом пропаганды ЦК Трудовой Паприи Южной Кореи, Пак Чен-гын (남조선노동당 중앙위 선전차장 박종근에 대한 평정서), 1948년 7월 31일; РГАСПИ ф.495 оп.228 д.799 л.9

[4] 〈사진: Guerrilla leader Pak Chong Kun〉, 《빨치산자료집 1》(문건편 1), 한림대학교 아시아문화연구소, 1996, 486쪽.

[5] 박소은, 〈느닷없는 사모곡: 남북 해외로 조각난 나의 가족사〉, 《이 여자, 이숙의》, 삼인, 2007, 423쪽.

[6] 정관호, 《전남유격투쟁사》, 선인, 2008, 35쪽.

[7] 김광운, 〈한국전쟁기 북한의 게릴라전 조직과 활동〉, 《군사》 48, 2003, 104쪽.

[8] 조선로동당경상북도당부 위원장 박종근, 〈조선로동당경상북도당부 결정서: 도당단체들의 강화를 위한 당면과업〉, 1951년 5월 2일, 3쪽.

[9] 경북도당부 박종근, 〈조선로동당중앙당본부 허가이 동지 앞〉, 1951년 5월 3일, 2쪽.

[10] 이선아, 〈한국전쟁기 강원·경북지역 빨치산 활동 연구노트〉, 《역사연구》 23, 2012, 198쪽.

[11] 제3유격지대 지대장 박종근, 〈제3유격지대 2개월간의 사업보고서(1951년 2월14일부터 1951년 4월20일까지)〉, 1951년 5월 3일.

[12] 김경대 기자, 〈전후 빨치산 비트 '최초 발굴'〉, 《시민의 소리》 2005년 2월 19일, http://www.siminsori.com/news(검색일: 2021년 4월 27일).

[13] 이현정 기자, 〈살아남은 빨치산들, '박영발 비트' 찾다〉, 《통일뉴스》 2005년 5월 10일, https://www.tongilnews.com/news(검색일: 2021년 4월 27일).

[14] 박창일(본명 박영발), 〈자서전〉, 1948년 8월 9일, РГАСПИ ф.495 оп.228 д.794 л.12-14об.

[15] 경성동대문경찰서, 〈피의자신문조서(朴榮發)〉, 昭和7년(1932) 9월 2일. 4쪽, 국사편찬위원회 전자사료관 85-국편-0259-0006.

[16] 김재훈, 〈1925-1931년 미가하락과 부채불황〉, 《한국경제연구》15, 2005, 233쪽.

[17] 이준식, 《농촌사회변동과 농민운동》, 민영사, 1993, 465쪽.

[18] 京城東大門警察署 巡査部長 金昇鍾, 〈좌익노동조합조직준비회사건 인지보고〉, 1932년 9월 2일, 1~2쪽, 국사편찬위 전자사료관 85-국편-0259-0005.

[19] 京城東大門警察署 道警部 奈良坂性依, 〈意見書: 孔元檜 外 28名〉, 1932년 10월 18일, 70~71쪽, 국사편찬위원회 전자사료관, 85-국편-0262-0002.

[20] 박창일(본명 박영발), 〈자서전〉, 1948년 8월 9일, 2~3쪽, РГАСПИ ф.495 оп.228 д.794 л.12-14об.

[21] 이상의, 〈구술로 보는 일제하의 강제동원과 인천조병창〉, 《동방학지》188, 2019, 108쪽.

[22] Зам.Председатель ЦК Трудовой партии Южной Корея Пак Хенен(남로당 부위원장 박헌영), Характеристика на инструктора отдела труда ЦК Трудовой Паприи Южной Кореи, Пак Ен Бала (남조선노동당 중앙위 노동부원 박영발에 대한 평가서), 1948년 7월 31일. РГАСПИ ф.495 оп.228 д.793 л.7.

[23] 〈從軍落穗 지리산〉, 《동아일보》1954년 4월 12일.

[24] 김경대, 〈박영발 위원장, 동지가 죽었다〉, 《시민의 소리》2005년 2월 24일.

[25] 방준표, 〈간부리력서〉, 1948년 8월 10일, 2쪽, РГАСПИ ф.495 оп.228 д.794 л.12-13об.

[26] 〈동래청년 12명, 검사가 석방〉, 《동아일보》1929년 11월 9일.

[27] 〈통영격문범 3명은 송국〉, 《동아일보》1932년 5월 18일.

[28] 김준(방준표), 〈자서전〉, 1948년 8월 10일, 1쪽, РГАСПИ ф.495 оп.228 д.794 л.14-16об.

[29] 안홍선, 〈경성사범학교의 교원양성교육 연구〉, 서울대 교육학과 석사학위논문, 2004, 154쪽.

[30] 김준(방준표), 〈자서전〉, 1948년 8월 10일, 1~2쪽. РГАСПИ ф.495 оп.228 д.794 л.14-16об.

[31] 〈용산철도공장, 일반에 縱覽〉, 《조선일보》1934년 6월 28일.

[32] 방준표, 〈간부리력서〉, 1948년 8월 10일, 1쪽, 3쪽, РГАСПИ ф.495 оп.228 д.794 л.12-13об.

[33] 〈환영의 깃발을 고양, 미소대표환영 시민대회〉, 《조선일보》1946년 1월 24일.

[34] 방준표, 〈간부리력서〉, 1948년 8월 10일, 3쪽, РГАСПИ ф.495 оп.228 д.794 л.12-13об.

[35] 김준(방준표), 〈자서전〉, 1948년 8월 10일, 3쪽, РГАСПИ ф.495 оп.228 д.794 л.14-16об.

[36] Зам.Председатель ЦК Трудовой партии Южной Корея Пак Хенен(남로당 부위원장 박헌영), Характеристика на зав.отделом труда провинциального комитета Трудовой Паприи Южной Кореи, Пан Дюн Пе (남조선노동당 경남도당 로동부장 방준표에 대한 평가서), 1948.7.31. РГАСПИ ф.495 оп.228 д.794 л.9.

[37] Учевная Характеристика на слушателя Корейской партийной школы Пан Дюн Пе (조선당학교 수강생 방준표의 학업 평가서), 1950년 7월 25일, РГАСПИ ф.495 оп.228 д.794 л.4.

[38] 김준(방준표), 〈자서전〉, 1948년 8월 10일, 3쪽, РГАСПИ ф.495 оп.228 д.794 л.14-16об.

9장 여성

[1] Кореева, 〈이력서〉, 1930년 3월 24일, РГАСПИ ф.495 оп.228 д.480 л.6-9об.

[2] 〈동방노력자공산대학 특별과(спецсектор) 조선인 학생 명단〉 РГАСПИ ф.532 оп.1 д.424, л.22об.

[3] 〈공산주의인터내셔날 규약〉, 1928년 8월 29일, 《코민테른 자료선집》 1, 동녘, 1989, 72쪽.

[4] 신의주경찰서 도경부보 茅根龍夫, 〈피의자 신문조서(주세죽)〉, 1925년 12월 4일; 《한국공산주의운동사─자료편》 1.

[5] 〈캄캄한 밤중에 無言劇의 一場面〉, 《동아일보》 1926년 7월 23일.

[6] 〈30여 경관 총출동〉, 《동아일보》 1927년 9월 21일.

[7] 〈주세죽 관계 자료〉, 《역사비평》 1997년 여름호, 145쪽.

[8] 〈구술자료 김소중 소장본〉, 한국정신문화연구원 현대사연구소 편, 《遲耘 金錣洙》, 한국정신문화연구원 현대사연구소, 1999, 105쪽.

[9] 일기자, 〈병상에 누운 김마리아 (5)〉, 《동아일보》 1920년 6월 6일.

[10] 金永三, 《김마리아》, 태극출판사, 1978 중판, 236쪽.

[11] 〈구술자료 김소중 소장본〉, 한국정신문화연구원 현대사연구소 편, 《遲耘 金錣洙》, 104쪽.

[12] 박용옥, 《김마리아: 나는 대한의 독립과 결혼하였다》, 홍성사, 2003, 274~286쪽.

[13] 〈김마리아 양의 근황〉, 《신한민보》 1932년 11월 3일.

[14] 〈구술자료 김소중 소장본〉, 한국정신문화연구원 현대사연구소 편, 《遲耘 金錣洙》, 108쪽.

[15] 〈지방매일, 함경남도 함흥〉, 《매일신보》 1914년 5월 9일.

[16] 최은경, 〈일제 강점기 조선 여자 의사들의 활동〉, 《코기토》 80, 2016년 8월, 291쪽.

[17] 이덕요, 〈인습타파가 목전의 문제〉, 《동아일보》 1927년 7월 2일.

[18] 〈현대 장안 호걸 찾는 좌담회〉, 《삼천리》 1935년 11월, 87~88쪽.

[19] 경성종로경찰서장, 〈京鍾警高秘 第11312号, 槿友會執行委員會 ノ件〉, 1927년 10월 5일. 국사편찬위원회 한국사데이터베이스.

[20] 한위건 씨 부인 李素山, 〈결혼하기 전과 결혼한 후, 생활상 일대 轉機〉, 《별건곤》 4, 1927년 2월, 89쪽.

[21] 〈어떠한 결심과 어떠한 희망으로써 그들은 새해를 맞이하나?〉, 《매일신보》 1931년 1월 3일.

[22] 觀相者, 〈사랑이 잡아간 여인상〉, 《별건곤》 57, 1932년 11월, 40쪽.

[23] 〈婦女世界 巡廻隊 강연〉, 《조선일보》 1927년 4월 25일.

[24] 경성 종로경찰서장, 〈근우회 집행위원회의 건〉, 1927년 6월 17일, 《사상문제에 관한 조사자료》 2, 경성지방법원 검사국 문서; 국사편찬위원회 한국사데이터베이스.

[25] 장원아, 〈근우회와 조선여성해방통일전선〉, 《역사문제연구》 42, 2019, 392쪽.

[26] 조선총독부 도순사 細上玖市, 〈金河龍 신문조서〉, 1930년 7월 2일; 국사편찬위원회 편, 《한민족독립운동사자료집》 50(동맹휴교 사건 재판기록 2), 2002.

[27] 《스탈린시대 정치탄압 고려인 희생자들 (자료편)》, 한국독립운동사자료총서 제48집, 독립기념관 한국독립운동사연구소, 2019, 715쪽, 734쪽, 740쪽, 745쪽, 764쪽.

[28] 조선총독부 검사 伊藤憲郎, 〈송계월 신문조서〉, 1930년 1월 30일, 《한민족독립운동사자료집》 51 (동맹휴교 사건 재판기록 3), 국사편찬위원회, 2002.

[29] 김성민, 〈광주학생운동연구〉, 국민대 박사학위논문, 2007, 206쪽.

[30] 서대문경찰서, 〈의견서〉, 1930년 1월 30일, 《한민족독립운동사자료집》 51 (동맹휴교 사건 재판기록 3), 국사편찬위원회, 2002.

[31] 紅衣童子, 〈美人薄命哀史, 早逝한 文壇의 名花 宋桂月孃〉, 《삼천리》 제7권 제3호, 1935년 3월, 142쪽.

[32] 洪九, 〈1933年 女流作家群像(續)〉, 《삼천리》 제5권 제3호, 1933년 3월.

33 송계월, 〈가두연락의 첫날〉, 《삼천리》 제4권 제3호, 1932년 3월, 110~112쪽

34 白樂仙人, 〈現代 '長安豪傑' 찾는(座談會)〉, 《삼천리》 제7권 제10호, 1935년 11월, 88쪽.

35 〈천하 대소 인물 평론회〉, 《삼천리》 제8권 제1호, 1936년 1월, 44쪽.

10장 대중 속 지도자

1 강용흘姜鏞訖, 장문평 옮김, 《초당》, 종합출판범우, 2015.

2 김욱동, 《강용흘, 그의 삶과 문학》, 서울대학교출판부, 2004, 4~5쪽.

3 심훈, 〈어머님께〉, 1919년 8월 29일, 《그날이 오면》, 한성도서주식회사, 1949.

4 조선총독부, 〈소요사건검사처분인원표〉, 1919년 7월 8일; 국회도서관, 《한국민족운동사료 (3·1운동편 其二)》 1978, 223~228쪽.

5 〈張載性씨 수훈 취소〉, 《동아일보》 1962년 3월 1일.

6 光州警察署 道警部補 福本直能, 〈檢證調書〉, 1929년 12월 17일, 《思想月報》 1-11, 1932년 3월, 254쪽.

7 〈광주민전사무소를 백여 명이 습격 테로〉, 《경향신문》 1947년 7월 15일.

8 〈남로 孔慶漢등 검거〉, 《조선일보》 1949년 4월 7일.

9 〈독립유공자 공적 기준 시기 1945년 8월 14일 이전 한정해야〉, 《연합뉴스》 2019년 5월 2일.

10 황광우, 〈광주 학생독립운동 장재성, 부끄러운 광주〉, 《남도일보》 2020년 1월 27일.

11 〈6종 격문을 인쇄, 전조선 각지에 배부〉, 《동아일보》 1929년 12월 28일, 호외.

12 〈격문 사건 逐日확대, 今曉에 40여명 검거〉, 《동아일보》 1929년 12월 6일.

13 〈張錫天 懷中에 단도를 발견〉, 《동아일보》 1930년 1월 1일.

14 朝鮮總督府 警務局長, 〈朝保秘第465號 朝鮮共産靑年會竝朝鮮學生前衛同盟檢擧ニ關スル件〉, 1930년 4월 15일; 현자29, 375쪽.

15 안태정, 《조선노동조합전국평의회》, 현장에서미래를, 2005(제2판), 100쪽.

16 김일수, 〈연혁〉, 1936년 4월 3일, 1~15쪽, РГАСПИ ф.495 оп.228 д.440 л.12-20об.

17 Зав.секцией Ким-Даня(학과장 김단야), Харатеристика Ким-Ир-Су(김일수 평정서), 1935년 6월 7일, РГАСПИ ф.495, оп.228, д.134, л.10.

[18] Анкета Ким−Ир−Су(김일수 신상조사서), 1935년 7월 17일, РГАСПИ ф.494, оп.1, д.480, л.72−73об.

[19] Отношение от 8/Ⅲ−37 г. за N4/585 (1937년 3월 8일부 공문서, 번호 4/585), РГАСПИ ф.495 оп.228 д.134 л.2.

[20] 〈許國澤〉, (隆熙2년 5월 16일생), 《일제감시대상인물카드》, 국사편찬위원회 한국사데이터 베이스.

[21] 한설야, 《설봉산》, 평양, 조선작가동맹출판사, 1958(재판), 355쪽. 이 자료를 성균관대 김성수 교수에게서 제공받았다. 감사의 뜻을 드린다.

[22] 〈성진농민조합 사건 81명, 10일 송국〉, 《동아일보》 1932년 9월 14일.

[23] 〈경관과 지주협력 50여 촌민 검거〉, 《조선일보》 1932년 1월 3일.

[24] 〈친모 살해한 양 자매, 控訴公判 금일 개정〉, 《동아일보》 1932년 11월 15일.

[25] 《매일신보》 1932년 11월 19일.

[26] 김일수, 〈연역(이력서)〉, 1936년 4월 3일, 6쪽, РГАСПИ ф.495 оп.228 д.440 л.12−20об.

11장 사회주의 개척자

[1] 전명혁, 〈1930년대 초 사회주의 잡지 '이러타'의 성격과 지향〉, 《역사연구》 34, 2018.

[2] 님 웨일즈, 조우화 옮김, 《아리랑》, 동녘, 1992(개정 4판), 96~97쪽.

[3] 김아파나시, 〈레닌과의 회견기〉, 《태평양의 별》 1929년 1월 22일; 김 블라지미르, 조영환 옮김, 《재소 한인의 항일투쟁과 수난사》, 국학자료원, 1997, 177~180쪽.

[4] 李東輝, 〈동아일보를 통하여 사랑하는 내지 동포에게 (5)〉, 《동아일보》 1925년 1월 22일.

[5] 이광수, 〈상해의 2년간〉, 《삼천리》 4−1, 1932년 1월, 29쪽.

[6] 〈소식〉, 《학지광》 17, 1918년 8월, 78쪽.

[7] 姜德相 編, 《現代史資料》 26, 東京: みすず書房, 1967, 9쪽.

[8] 〈中第274號, 新亞同盟黨組織ニ關スル件〉 大正6年(1917) 3月 14日, 1~12쪽; 《不逞団関係雜件一朝鮮人ノ部在內地(2)》.

[9] 〈최팔용씨 迎送〉, 《동아일보》 1920년 5월 2일, 4면.

[10] 〈崔八鏞氏〉,《동아일보》1922년 11월 4일, 3면.

[11] 한국정신문화연구원 현대사연구소 편,《지운 김철수》, 1999.

[12] 洪濤(Мальцев),〈리력서〉, 1930년 3월 20일, 1쪽, РГАСПИ ф.495 оп.228 д.384 л.25-26.

[13] 김영만·김철수,〈중앙집행위원 명부〉, 1928년 2월 24일, с.1 РГАСПИ ф.495 оп.135 д.155 л.9.

[14] 〈國際波瀾에 부대끼는 海外同胞의 安否〉,《동광》제31호, 1932년 3월.

[15] 〈홍도 Хон До, 말리체프 Мальцев〉,《스탈린시대 정치탄압 고려인 희생자들 (인명편 2)》, 한국독립운동사자료총서 제47집, 독립기념관 한국독립운동사연구소, 2019, 601쪽.

[16] 오게페우 특별부 제1과장 전권대리 바산고프,〈김규열 심문조서〉, 1933년 11월 29일;《스탈린시대 정치탄압 고려인 희생자들 (자료편)》, 독립기념관 한국독립운동사연구소, 2019, 736쪽.

[17] 최익한,〈사상단체해체론〉,《이론투쟁》1927년 4월, 32쪽(朴慶植 編,《朝鮮問題資料叢書》第5卷, 東京, アジア問題研究所, 1983); 최익한,〈1927년 조선 사회운동의 빛(4)〉,《조선일보》1928년 1월 30일.

[18] 김봉곤,〈호남 지역의 파리장서운동〉,《한국독립운동사연구》50, 2015, 24~30쪽.

[19] 송찬섭,〈일제강점기 崔益翰(1897~?)의 사회주의 사상의 수용과 활동〉,《역사학연구》61, 2015.

[20] 경성복심법원,〈판결, 大正9年刑控제701호,702호〉, 1920년 12월 4일; 독립운동사편찬위원회 편,《독립운동사자료집》13(학생독립운동사자료집), 1977, 1466~1469쪽.

[21] 〈박열 사건 공범 김중한 씨 입경〉,《조선일보》1927년 2월 25일.

[22] 〈박열 공범자 金重漢씨 입경〉,《동아일보》1927년 2월 25일.

[23] 오게페우 특별부 제1과장 전권대리 바산고프,〈유동식(김중한) 심문조서〉, 1934년 1월 13일,《스탈린시대 정치탄압 고려인 희생자들(자료편)》, 독립기념관, 2019, 765쪽.

[24] 박환,《식민지시대 한인 아나키즘운동사》, 선인, 2005, 317쪽.

[25] 〈박열 사건 공범 金重漢씨 탈주〉,《동아일보》1929년 9월 9일.

찾아보기

독립운동 열전 ❷
―잊힌 인물을 찾아서

◉ 2022년 9월 2일 초판 1쇄 인쇄
◉ 2022년 9월 9일 초판 1쇄 발행

◉ 지은이   임경석
◉ 펴낸이   박혜숙
◉ 펴낸곳   도서출판 푸른역사
            우) 03044 서울시 종로구 자하문로8길 13
            전화: 02) 720-8921(편집부) 02) 720-8920(영업부)
            팩스: 02) 720-9887
            전자우편: 2013history@naver.com
            등록: 1997년 2월 14일 제13-483호

ⓒ 임경석, 2022

ISBN   979-11-5612-227-2   04900
        979-11-5612-225-8   04900 (세트)